Oosterse filosofie

De grootste denkers
van de oudheid
tot de moderne tijd

Oosterse filosofie

De grootste denkers
van de oudheid
tot de moderne tijd

KEVIN BURNS

Voor Andy, Tom, Alex en Alex, die het mogelijk gemaakt hebben.
Voor hun raad, inzet en steun wil ik Carla en Siobhan bedanken. Ik wil hier ook mijn erkentelijkheid betuigen aan professor Chad Hansen, voor zijn onschatbare adviezen op het gebied van de klassieke Chinese wijbegeerte, en aan Macksood A. Aftab voor zijn hulp bij het hoofdstuk over de islam.

Oorspronkelijke uitgave:
Arcturus Publishing Limited
26/27 Bickels Yard, 151-153 Bermondsey Street
London SE1 3HA

Oorspronkelijke titel: Eastern Philosophy
Tekstverzorging: de Redactie, Amsterdam
Vertaling: Johan de Bakker, Hanneke Bos, Jérôme Gommers
Bewerking: Ron de Heer

Oosterse filosofie – De grootste denkers van de oudheid tot de moderne tijd is een uitgave van Atrium in opdracht van Uitgeverij Elmar b.v., Rijswijk

© MMIV Arcturus Publishing Limited, London
© MMIV Uitgeverij Elmar b.v., Rijswijk

OPMERKING
De auteur, de medewerkers en de uitgevers aanvaarden geen enkele aansprakelijkheid, uit welke hoofde ook, voor enig gevolg dat direct of indirect voortvloeit uit de in deze uitgave vermelde gegevens.

Alle rechten voorbehouden. Niets uit deze uitgave mag worden verveelvoudigd, opgeslagen in een geautomatiseerd gegevensbestand, of openbaar gemaakt, in enige vorm of op enige wijze, hetzij elektronisch, mechanisch, door fotokopieën, opnamen of enige andere manier, zonder voorafgaande schriftelijke toestemming van de uitgever.

ISBN 90 5947 077 X
NUR 739

Fotoverantwoording

Hulton Getty Images Ltd: blz. 17, 28, 31, 33, 71, 72, 73, 76, 78, 79, 80, 81, 82, 89, 92, 96, 99, 113, 115, 121, 123, 135, 137, 138, 139, 145, 160, 161, 169, 174, 175, 177, 178, 179, 181, 182, 185, 186
Mary Evans Picture Library: blz. 18, 19, 21, 22, 23, 39, 54, 83, 84, 102, 107, 109, 110, 120, 126, 129, 156, 163, 171, 188

OOSTERSE FILOSOFIE

Alles moet zo simpel mogelijk worden gemaakt, maar niet simpeler.
TOEGESCHREVEN AAN ALBERT EINSTEIN

INHOUD

DEEL I: INDIA	9
Indiase filosofie: een inleiding	10
De belangrijkste *Upanishaden*: verschillende auteurs	13
Chārvāka	16
Boeddhisme in India	19
De Boeddha (Siddhārtha Gautama)	21
Vardhamāna	27
De zes orthodoxe systemen in de Indiase filosofie	30
Gautama	32
Wat is een sūtra?	34
Kanāda	35
Kapila	36
Patanjali	38
Jaimini	40
Bādarāyana	42
De *Bhagavad Gītā*	45
Nāgārjuna	48
Vasubandhu	51
Gaudapāda	55
Shankara	57
Rāmānuja	63
Madhva	67
Vivekānanda	69
Mohandas Gandhi	71
DEEL II: HET MIDDEN-OOSTEN	75
Islamitische filosofie: inleiding	76
Zarathoestra (Zoroaster)	83
Rābi'ah al-'Adawiyah	86
Al-Kindī	88
Al-Hallāj	90
Al-Fārābī	93
Al-Ash'ari	97

Avicenna (Ibn Sīnā)	100
Al-Ghazālī	103
Averroës (Ibn Rushd)	107
Rūmī	111
Ibn Khaldūn	114

DEEL III: HET VERRE OOSTEN CHINA, KOREA EN JAPAN — 119

Chinese filosofie: inleiding	120
Confucius (Kongfuzi, K'ung Fu-Tsu)	123
Mozi (Mo Tzu)	133
Laozi (Lao Tzu)	137
Zhuangzi (Chuang Tzu)	141
Mencius (Mengzi, Menge K'e)	146
Xunzi (Hsun Tzu)	149
Hanfeizi (Han Fei Tzu)	153
Huineng	157
Fazang (Fa Tsang)	160
Zhang Zai	162
Zhuxi (Chu Hsi)	164
Wang Yangming	168
Dai Zhen (Tai Chen)	171
Mao Zedong (Mao Tse-Tung)	174
Koreaanse filosofie	179
Japanse filosofie	181
Honen	183
Shinran	184
Eisai	186
Dōgen	187
Nichiren	190
Nishida Kitaro	192
Beknopte bibliografie	194
Noten	199
Register	201

Deel I

INDIA

INDIASE FILOSOFIE: EEN INLEIDING

Het kenmerk bij uitstek van de Indiase filosofie, ongeacht de stroming, is spiritualiteit.

De hoofdgoden van het hindoeïsme: Brahma is het scheppende aspect van het goddelijke, Vishnu houdt de schepping in stand en Shiva vertegenwoordigt het principe van ontbinding, van de vernietiging van het kwaad en van transcendentie.

De oudste literatuur van de mensheid, de Veda, is nog voor 1200 v.C. opgetekend.[1] Dat feit is alleen al voldoende reden om speciale aandacht te besteden aan de Indiase filosofie. Er zijn vier Veda's: de *Rig Veda*, de *Yajur Veda* (of *Ayur Veda*), de *Sāma Veda* en de *Atharva Veda*. De Rig Veda is het oudste en belangrijkste boek, de Atharva Veda is waarschijnlijk het laatst ontstaan. De Veda's bestonden aanvankelijk uit heilige liederen (mantra's). Toen de godsdienst een formeler karakter kreeg, kwamen daar religieuze voorschriften, de Brāhmana's, bij. Nog weer later, zo tussen 1000 en 200 v.C., werden de *Upanishaden*, filosofische verhandelingen, toegevoegd. Elk van de Veda's die we nu kennen omvat deze drie elementen. Het mantra- of Samhitā-deel zou het werk zijn geweest van de Ariërs, een Centraal-Aziatische stam die Iran en India veroverde. Wellicht hebben de Ariërs hun liederen opgetekend omdat zij op weerstand van de inheemse Indiase volken stuitten en hun cultuur duidelijker wilden definiëren. De

---

DE BELANGRIJKSTE NASTIKA
(ONORTHODOXE) FILOSOFIEËN

Boeddhisme
Chārvāka
Jainisme

DE ZES ASTIKA
(ORTHODOXE) FILOSOFIEËN

Nyāya
Vaisheshika

Sānkhya
Yoga

Mīmāmsā (of Purva-Mīmāmsā)
Vedānta (of Uttara-Mīmāmsā)

vedische gezangen in de Samhitā hebben veel gemeen met de zoroastrische *Avesta*, misschien wel meer dan met de zeer Indiase Brāhmana's en *Upanishaden*.

De Indiase filosofie wordt traditioneel onderscheiden in *astika*, of orthodoxe, scholen en scholen die *nastika*, of onorthodox, zijn. Deze tweedeling dateert van 600–200 v.C., de tijd waarin de hoofdtraditie het sterkst ter discussie stond. De orthodoxe scholen beschouwen de Veda in naam als de goddelijke openbaring, maar de werkelijkheid ligt ingewikkelder. Ook nu nog worden de Veda's in India algemeen als de openbaring en bron van alle kennis gezien, maar dat betekent niet dat ze ook gelezen worden. De term 'Veda' wordt losjes gebruikt voor een heleboel begrippen, van de boeken zelf tot de goddelijke, transcendente, openbarende kracht waarover moderne denkers als Vivekānanda het hebben.

De Pūrva-Mīmāmsā baseert zich als enige school serieus op de twee oudste onderdelen van de Veda. Hierna is de Uttara-Mīmāmsā, beter bekend als de Vedānta, de meest orthodoxe stroming. *Veda-anta* betekent 'einde van de Veda', wat wil zeggen dat men zich op het laatste deel van de goddelijke openbaring, de *Upanishaden*, richt. Maar ook nu is geen sprake van eenduidigheid. In de *Upanishaden* wordt bewust afstand genomen van de geritualiseerde religie in de Brāhmana's en in mindere mate van de natuurgodsdienst van de oude vedische hymnen. Aanhangers van de Vedānta, sinds het begin van onze jaartelling de belangrijkste stroming in India, hechten in feite weinig belang aan een groot deel van de Veda. Bij de vier andere orthodoxe scholen neemt Sānkhya een atheïstisch of agnostisch standpunt in over God, zodat men zich kan afvragen hoe orthodox deze school is. Yoga is theïstisch, maar bouwt voort op Sānkhya, niet op de Veda. Nyāya gaat uit van de logica, Vaisheshika is een realistische filosofie die de aard van de fysieke werkelijkheid bestudeert. Verder zijn sommige filosofieën en religies die tot de onorthodoxe stromingen worden gerekend nauwer verwant aan bepaalde orthodoxe stelsels dan aan elkaar. Zo vertoont het boeddhisme ondanks alle antagonisme een opmerkelijke affiniteit met de Vedānta.

Kortom, de traditionele definitie van orthodoxie is hier niet toereikend. Vergeleken met andere filosofische tradities kent de Indiase filosofie een bijzondere flexibiliteit en openheid. In de *Bhagavad Gītā*, het belangrijkste en invloedrijkste boek uit de Indiase cultuur, verwoordt Krishna, een incarnatie van God, het als volgt: 'Hoe mensen ook nader tot mij komen, ik verwelkom ze, want het pad dat ze vanuit alle richtingen volgen, voert naar mij.' Deze woorden moeten niet worden opgevat als een halfslachtig oecumenisme, maar als de centrale gedachte in het hindoeïsme, waarin het goddelijke wordt beschouwd als iets dat elk menselijk weten, elke vorm van devotie of elke levenswijze ver te boven gaat. Die opvatting leidt tot een grote tolerantie en moedigt alternatieve benaderingen zelfs aan. K.M. Sen zei hierover: 'Het hindoeïsme is een vergaarbak van allerlei religieuze experimenten.' In de vroege Indiase filosofie stond niet de normgevendheid van de Veda ter discussie, maar het gezag van de kaste der brahmanen.[2] De onorthodoxe stromingen zijn die groepen die de brahmanen en het kastenstelsel verwierpen, zoals de materialistische *chārvāka's*, de *jaina's*, de *ajivika's* en de boeddhisten. Vanaf het jaar 1000 verzetten ook enkele orthodoxe sekten zich tegen het kastenstelsel en kregen ook hindoes uit lagere kasten de kans te studeren en volwaardig aan het leven deel te nemen, maar dat is een veel latere ontwikkeling.

Ganesha, een van de populairste hindoegoden.

Inmiddels is het woord 'hindoe' gevallen, een onvermijdelijke, maar in veel opzichten onbevredigende term. Strikt genomen stamt het af van de Sind, of Indus; de volken die ten westen van deze rivier woonden duidden er de mensen aan de overkant mee aan. 'Hindoe' is in die zin verwant aan 'Indiaas'. Zoals zo vaak bij oosterse stelsels, valt nauwelijks te zeggen waar de filosofie ophoudt en de religie begint. Het is zelfs de vraag of het hindoeïsme wel een godsdienst is: het kent geen grondlegger, geen dogma's en geen vaste geloofspraktijk en ook bestaat er geen 'bekeringstraditie'. Boeddha zette zich er dan wel tegen af, zijn doctrines (die alle terug te vinden zijn in de orthodoxe stelsels) zijn veel vastomlijnder dan wat hij verwierp. Toch zou het onterecht zijn om de hindoeïstische traditie als een vormeloos geheel te beschouwen; het is eerder zo dat zij zo rijkgeschakeerd is dat zij zich niet in regels laat vangen. Daarnaast moet onderscheid worden gemaakt tussen de hindoeïstische religie of religies en het oudere geloofsstelsel van het 'brahmanisme', dat tot ongeveer 500 domineerde.

Het lijkt weinig zinvol om *astika* en *nastika* als maatgevend te nemen. In de traditionele visie zijn de onorthoxe *nastika*-scholen rebelse richtingen die zich van de grote traditie hebben losgemaakt. Maar zoals gezien laat de traditie zelf zich onmogelijk definiëren. We spreken van de hindoeïstische, jainistische of boeddhistische leer, maar er valt heel wat voor te zeggen om ze als één groep te beschouwen. India is weliswaar groot, maar vormt een geografische eenheid: het wordt aan drie kanten omringd door zee en aan de vierde door het hoogste gebergte ter wereld. De filosofieën hebben er een zeer eigen gezicht en hebben meer met elkaar gemeen dan met de wijsbegeerte van Griekenland of China of het Midden-Oosten. Het kenmerk bij uitstek van de Indiase filosofie, ongeacht de stroming, is spiritualiteit. In geen andere cultuur houdt men zich zo onvermoeibaar bezig met de menselijke geest en zijn relatie tot het universele.

In dit deel van het boek wordt eerst ingegaan op de *Upanishaden*, de meest fundamentele geschriften van de Indiase filosofie. Daarna wordt aandacht besteed aan de onorthodoxe scholen die in de 6de eeuw v.C. ontstonden, gevolgd door de zes orthodoxe stromingen. Hoewel de laatste over het algemeen al eerder bestonden dan de onorthodoxe richtingen, kregen ze pas duidelijk gestalte in reactie op de uitdaging van de nieuwe filosofieën. Vervolgens wordt ingegaan op de *Bhagavad Gītā*, die ongeveer van de 4de eeuw v.C. stamt. Ten slotte komen het boeddhisme en de Vedānta, de twee belangrijkste Indiase stromingen van na het begin van de jaartelling, uitgebreid aan bod.

INDIA

DE BELANGRIJKSTE UPANISHADEN
Verschillende auteurs, 1000-200 v.C.

Wie iets over Indiase denkers wil zeggen, moet eerst aandacht besteden aan de *Upanishaden*, ook al zijn de auteurs onbekend. De teksten vormen de grondslag voor alle orthodoxe Indiase denkrichtingen (behalve de Mīmāmsā) en tevens voor veel onorthodoxe stromingen, waaronder het boeddhisme. 'Latere wijsgerige richtingen vertonen een bijna pathetische drang om hun doctrines op een lijn te brengen met de *Upanishaden*, ook al kunnen ze ze er niet allemaal op terugvoeren.' Als de auteurs van de *Upanishaden* met naam en toenaam bekend waren geweest, hadden ze een prominente plaats gekregen in dit boek. Nu zijn de commentaren van anderen essentieel.

Het woord *upanishad* wordt verschillend herleid, maar betekent waarschijnlijk 'het zitten [bij een leraar] om lering'. Een upanishad is een filosofische discussie (of een aantal daarvan), die vaak de vorm aanneemt van een dialoog tussen een leraar en zijn leerling. In de dramatischer stukken kan het ook om een wedstrijd tussen wijze mannen of een dialoog tussen een jongen en de god van de dood gaan. In één geval brengt een vorst aan het licht dat de wijze die hem onderricht oppervlakkig is. Andere upanishaden zijn uiteenzettingen zonder een dramatische context. Er zijn 108 upanishaden; tien tot zestien ervan worden als essentieel beschouwd.

Het belangrijkste commentaar op de *Upanishaden* is dat van **Shankara**. Sommige, misschien zelfs veel van zijn commentaren, zijn wellicht het werk van een andere *Shankaracharya* of Shankara-leraar, maar dit laat onverlet dat de Advaita Vedānta-leer die hij in navolging van **Bādarāyana** en **Gaudapāda** aan de *Upanishaden* ontleende in een adem wordt genoemd met de *Upanishaden*. Denkers uit de bredere Vedānta-traditie, zoals **Rāmānuja** en **Madhva**, kwamen met hun eigen theorieën over wat de *Upanishaden* te zeggen hadden. Objectief bezien wordt geen van deze alternatieve inzichten ook 'werkelijk' onderricht in de *Upanishaden*. Alle pogingen om de teksten een eenduidige filosofie toe te dichten verhullen echter de ware aard van de *Upanishaden*: een grandioze collectie gedachten over de fundamenteelste vragen waarvoor de mensheid zich geplaatst ziet. Een wetenschappelijke analogie vormen de theorieën over de aard van het licht. Er zijn bewijzen dat het gedrag van het licht overeenkomt met dat van deeltjes, maar ook met dat van golven. De huidige wetenschap komt echter niet verder dan te stellen dat licht, afhankelijk van iemands standpunt, zowel een deeltje als een golf is, of dat de aard van het licht iets anders is, dat deze twee kwaliteiten in zich bergt. Radhakrishnans commentaar is verhelderend: de *Upanishaden* 'vertonen eerder de consistentie van de intuïtie dan van de logica.' Net zoals wetenschappers moeten toegeven dat de aard van het licht bij de huidige stand van zaken niet logisch te verklaren is, zo moeten filosofen toegeven dat de verschillende metafysische theorieën in de *Upanishaden* weliswaar niet geheel consistent zijn, maar los van elkaar en intuïtief gezien wel degelijk geldig zijn. Kortom, hoewel de teksten hun tekortkomingen kennen, staat hun belang niet ter discussie.

De oudste upanishaden zijn geschreven na de oudste stukken van de Veda's. In die oudere upanishaden wordt doorgaans met respect gesproken over de vedische hymnen. Waar het de Brāhmana's, de beschrijving van de riten en offers van de oude religie in de Veda's betreft, varieert de houding van respectvolle distantie tot geamuseerde geringschatting. In het algemeen betrachtten de upanishadische denkers de cultuur die aan de wieg stond van hun filosofie met het

Shankara

nodige respect, zonder alle rigide bijgeloof te accepteren.[3] De eerste zes upanishaden zijn prozateksten, die waarschijnlijk tussen 1000 en 300 v.C. zijn ontstaan. De latere zijn in dichtvorm geschreven en verwijzen naar de *Gītā* en naar latere filosofieën als Sānkhya en Yoga.

Het concept van een alomvattende werkelijkheid, van een fundamenteel en transcendent goddelijk principe, is al in de Veda's te vinden; het komt overeen met het *brahman* of Absolute uit de *Upanishaden*. Nieuw in de *Upanishaden* is het begrip *ātman* of Zelf. In de Veda's was al sprake van een objectief God-wezen. De upanishadische denkers zetten daar een subjectief Mens-wezen naast. Ze redeneerden als volgt: ik ben niet het lichaam, want het lichaam is niet permanent en is onderhevig aan groei en verval; ik ben niet de geest, zijn gedachten, gevoelens en dromen, want ook deze zijn veranderlijk en vergankelijk; ik ben niet het bewustzijn in een diepe slaap, want hoewel de waarneming daar bevrijd is van dualisme en verdeeldheid, houdt dat op zodra ik ontwaak; wat ik ben is de getuige van alles wat in al deze toestanden blijft voortduren.[4] Het ātman is dus het eeuwige subject. Alles wat wordt waargenomen is een object en daarom extern; alleen dat wat alles waarneemt, maar niet zelf waargenomen kan worden, is het ware Zelf, het ātman. Hoewel het alleen maar negatief kan worden gedefinieerd, is het ātman een positief wezen, dat alles omvat. Dit begrip moet overigens niet worden verward met het ego of, in het Sanskriet, *ahankāra*, het kunstmatige begrip van het individuele zelf.

Een van de belangrijkste vragen in de filosofie betreft de relatie tussen de mens en God, of tussen de wereld en het transcendente. In de *Upanishaden* wordt gesteld dat het ātman het brahman in zich draagt: 'sa Ātman tat tvām asi' ('dat Zelf, jij [het brahman] bent dat.'[5] Als dit concept als enige uit de *Upanishaden* aan ons was overgeleverd, dan was dat al voldoende geweest om de cultuur waaruit het voortkwam uit te roepen tot een van de hoogtepunten in de geschiedenis van de mensheid. Het is een van de weinige waarachtig essentiële denkbeelden in de filosofie die iedereen zou moeten bestuderen en vervolgens aannemen of verwerpen.

Dat gezegd hebbende, is de volgende vraag wat de relatie tussen de Absolute werkelijkheid en de wereld is. De meeste moderne denkers zeggen in navolging van Shankara dat de wereld een illusie of *maya* is die over de fundamentele werkelijkheid van het brahman heen ligt. Dit idee lijkt niet gesteund te worden door de *Upanishaden*, die de werkelijkheid van de kosmos nergens ontkennen. Wie zegt dat de uiteindelijke werkelijkheid het brahman of ātman is, zegt daarmee nog niet dat de wereld onwerkelijk is. De doctrine van de illusie of *vivarta* ontstond pas in het Madhyāmika-boeddhisme van **Nāgārjuna**; daar heet het *shūnyata* (leegte). Hierna werd het overgenomen door de vedāntins, te beginnen met Gaudapāda. Het concept van de wereld als illusie is een mogelijke interpretatie van de *Upanishaden*, maar staat er niet echt centraal. De volgelingen van Rāmānuja staan een alternatieve interpretatie voor, die inhoudt dat het upanishadische denkbeeld een beperkt 'non-dualisme' of *vishishta-advaita* is: de wereld is werkelijk, maar dan op een lager niveau dan het brahman. De advaitins beweren dat de ultieme werkelijkheid één en onveranderlijk is, de vishishtadvaitins beschouwen de wereld als de uiting van het ultieme. Misschien is de beste benadering dat de upanishadische filosofie beide mogelijkheden in zich bergt, maar ze niet in tegenspraak met elkaar beschouwt.

De twee belangrijkste commentatoren van de *Upanishaden* verschillen ook van mening over de aard van God. Voor Rāmānuja is de God van de *Upanishaden* de Ishvara, de geliefde Heer of Saguna Brahman. Voor Shankara is God de ondefinieerbare Nirguna Brahman, onpersoonlijk, absoluut, één zonder gelijke. Beide scholen beschouwen elkaars visie van het ultieme als het voorstadium van het eigen ultieme. Shankara's benadering is verheven, koud en bovenmenselijk, Rāmānuja's warm en devotief. Maar ook nu geldt: het is niet nodig te kiezen. De *Upanishaden* bieden geen uitsluitsel en lijken dat ook niet nodig te vinden.

Deze korte verhandeling zou de indruk kunnen wekken dat de *Upanishaden* droog en intellectueel zijn. Niets is minder waar. Vooral de vroegere prozastukken, zoals de prachtige *Brihadāranyaka*, zijn speels, literair en vermakelijk en weerspiegelen het plezier van een filosofie die niet aan beperkingen is gebonden. Veel upanishaden hebben de vorm van een dialoog en lopen daarmee vooruit op de socratische benadering of de filosofische sfeer die men uit de *Analecten* van **Confucius** proeft. De overweldigende indruk die de *Upanishaden* achterlaten is die van een open gemeenschap van hartstochtelijke denkers die in de echte wereld leven, maar over de grenzen van die wereld kijken. De grote denkers van de *Upanishaden* zijn zich er zeer van bewust dat de ideeën die ze onderzoeken gedurfd en onwaarschijnlijk zijn voor gewone zielen, en beleven plezier aan die paradox. Een koning roept alle asceten bijeen om te beslissen wie de wijste is. De winnaar krijgt duizend koeien, elk behangen met een zak goud. Yājnyawalkya, de grote wijze uit de Brihadāranyaka, verzoekt zijn leerling de koeien te gaan halen. Grote commotie: hoe kan Yājnyawalkya beweren de wijsheid in pacht te hebben? 'Ik buig voor de wijste,' antwoordt Yājnyawalkya, 'maar ik wil de koeien.' Tijdens de ondervraging die hierop volgt blijkt hij inderdaad de wijste te zijn, maar het feit dat hij zich noch wijs, noch onwetend wil noemen is karakteristiek voor de geest van de *Upanishaden*. Wie voorgeeft wijs te zijn, ontkent daarmee zijn wijsheid, maar ook wie niet voorgeeft wijs te zijn, ontkent daarmee zijn wijsheid.

CHĀRVĀKA
circa 600 v.C.

De naam van de materialistische filosoof Chārvāka zou zijn afgeleid van een woord dat 'zoetgevooisd' betekent en dan wellicht verwijst naar het belang van genot, een sleutelbegrip. Zijn leer staat ook bekend als Lokāyata, '[de filosofie] van de wereld' of 'van de mensen', en was tot de Middeleeuwen vrij populair. Dit was misschien meer te danken aan het feit dat de leer een handige verklaring voor pragmatisch eigenbelang bood dan aan een werkelijke interesse in de filosofische boodschap, net zoals het epicurisme in het Westen als een excuus voor hedonisme werd gebruikt. Chārvāka zou zijn leer hebben opgetekend in de verloren *Bārhaspatya Sūtra's*. Aangezien niets van zijn hand en slechts weinig van zijn volgelingen (de Chārvāka's) bewaard is gebleven, is veel van wat hierna volgt speculatief. Het is vaak moeilijk te bepalen wat tot de oorspronkelijk leer van Chārvāka behoort en

> *'Geniet van het leven, zolang je leeft. Geniet zelfs door te lenen, want eenmaal gecremeerd is er geen weg terug.'*

wat later is toegevoegd. Het enige grote, systematische werk over zijn filosofie is bijna een millennium na Chārvāka geschreven, de *Tattvopaplavasimha* van Jayarasi. Deze stelt dat niets bestaat, behalve de waarneming van de zintuigen, en dat moraliteit daarom een illusie is. Nogmaals, dit kan een corruptie zijn van Chārvāka's oorspronkelijke leer. De filosofie is vooral bekend doordat andere scholen, zowel hindoeïstische als boeddhistische, haar veelvuldig hebben verworpen als de laagste vorm van filosofie en ethiek. Eén aforisme van Chārvāka is een bekend hindoeïstisch gezegde geworden en is tekenend voor de school: 'Geniet van het leven, zolang je leeft. Geniet zelfs door te lenen, want eenmaal gecremeerd is er geen weg terug.'

Chārvāka was onorthodox in de zin dat hij het gezag van de Veda en het bestaan van God, een leven na de dood en het Zelf verwierp. Van de drie door de orthodoxe scholen geaccepteerde *pramāna's* of manieren om kennis te verwerven, verwerpt hij de deductieve afleiding en de openbaring, of verbale getuigenis. Chārvāka accepteert alleen de zintuiglijke waarneming en loopt daarmee in zekere zin vooruit op de moderne empirici, met name David Hume. Chārvāka's redenering ten nadele van de deductieve afleiding is als volgt. Het klassieke Indiase voorbeeld is: 'Waar rook is, is vuur. Er is rook in de berg. Daarom is er vuur in de berg.' Chārvāka stelt dat we pas weten of onze eerste veronderstelling waar was, als we alle gevallen van rook en vuur hebben gezien. Als we alle gevallen *hadden* gezien, dan hadden we het bestaan van vuur in de berg niet hoeven afleiden, omdat we het al gezien hadden. Het is dus ofwel onmogelijk, ofwel onnodig om feiten af te leiden. Dit loopt vooruit op de Westerse kritiek op het deductief en inductief redeneren.

Chārvāka's aanval op de getuigenis is nog krachtiger: als iemand mij iets vertelt, moet ik uit zijn of haar woorden een feit afleiden, zoals 'ik heb vuur gezien', dat ik niet zelf heb

INDIA

Gelovigen in de Ganges tijdens de Kumbha Mela in Varanasi (Benares). Dit feest vindt plaats op de heiligste locatie van de hindoes: het punt waar de heilige rivieren Ganges, Yamuna en de onzichtbare Sarasnati samenstromen. Wie zich hier onderdompelt, zou het lichaam en de ziel reinigen en verlost zijn van de voortdurende cyclus van geboorte en dood.

waargenomen. Maar niet alleen de afleiding is ongeldig, ook de woorden zelf kunnen een leugen zijn. Daarom is de getuigenis nog onbetrouwbaarder. Dit laatste voorbeeld laat meteen zien dat de kennis die men kan vergaren vanuit zo'n streng positivistisch standpunt beperkt is: we mogen de afleiding en de getuigenis niet eens als hypothese accepteren ('laten we eens aannemen dat Kate de waarheid sprak toen ze zei dat het huis in brand stond'). Jayarasi voert dit tot het uiterste in zijn *Tattvopaplavasimha* ('De leeuw die alle categorieën verslindt'). Niet alleen de getuigenis en de afleiding zijn ongeldig, zelfs de zintuiglijke waarneming is niet geheel betrouwbaar. We kunnen dus niets met zekerheid weten over de wereld. Alleen de Chārvāka-filosofie is hier acceptabel, omdat ze geen veronderstellingen doet en zich beroept op het gezonde verstand.

Een groot probleem voor de Chārvāka's is het evidente bestaan van het bewustzijn. Hun verklaring vertoont overeenkomsten met de theorie van de 'oersoep', waaruit alle leven is voortgekomen, maar ditmaal is de analogie de bereiding van sterke drank: geen van de ingrediënten is alcoholisch, maar door vermenging en fermentatie ontstaat alcohol. Aldus is het bewustzijn (en het leven zelf) het resultaat van de juiste combinatie van elementaire substanties. Omdat alleen materie reëel is en de afleiding ongeldig, kunnen we het bestaan van het Zelf, God, een leven na de dood of alles wat zich aan de zintuiglijke waarneming onttrekt niet bewijzen. Chārvāka's visie kent overeenkomsten met die van de huidige wetenschapstheoretici, die een ethisch systeem moeten zien te bouwen op een materialistische fundering. Chārvāka had dat probleem natuurlijk niet.

Chārvāka's pijlen richten zich met name op de Mīmāmsā[6], die zich concentreert op de vedische rituelen en levenswijze. De Veda's verplichtten de gelovigen tot het uitvoeren van rituelen en het doen van schenkingen aan de priesters, de brahmanen, teneinde de goedkeuring van de goden en voorouders te verdienen. Volgens de Chārvāka's hadden de brahmanen dit stelsel ontworpen om er zelf beter van te worden. De Mīmāmsā was een makkelijke prooi voor de alles verslindende leeuwen van Chārvāka, maar kwam later sterker uit de aanvallen tevoorschijn, zoals in het rationelere werk van Kumarila.

Brahmaan, die ogenschijnlijk zonder steun in de lucht zweeft. De priesters werden door Chārvāka en zijn volgelingen aangevallen op hun op eigenbelang gerichte leer.

Dit is één voorbeeld van het effect dat de Chārvāka's met hun nietsontziende kritiek hadden op andere filosofieën, die zich noodgedwongen moesten verdedigen en hun ideeën beter vormgeven. Radhakrishnan zegt hierover in zijn *Indian Philosophy*:

'Zodra mensen vrij van vooronderstellingen en religieuze bijgelovigheid beginnen na te denken, komen ze al snel terecht bij het materialisme, hoewel een diepere reflectie hen ervan wegvoert.' De leer van Chārvāka is ondanks al zijn tekortkomingen een natuurlijke, positieve stap, die wegleidt van een rigide ritualisme.

Van de vier traditionele hindoewaarden verwerpt Chārvāka *dharma* (plicht) en *moksha* (bevrijding), omdat ze niet op de zintuigen berusten. Over de andere twee zegt Chārvāka dat het hoofddoel in het leven *kama* (genot) is en *artha* (rijkdom) het belangrijkste middel om dit te bereiken. Het genot dat men moet nastreven betreft eten, drinken, zang en vrouwen. Elk middel, mits succesvol, is geoorloofd. De Chārvāka's probeerden wel om ongebreidelde genotszucht in te tomen, omdat dit tot ellende en ziekte kan leiden. Als vanzelfsprekende aanhangers van het credo 'het doel heiligt de middelen' zouden de Chārvāka's veel machiavellistische handboeken voor machthebbers hebben geschreven. Een voorbeeld is de *Artha-Shāstra* ('Handboek van het gewin', circa 300 v.C.) van Kautilya. Hij was eerste minister van koning Chandragupta, stichter van de Maurya-dynastie. De *Artha-Shāstra* beschrijft hoe een vorst zijn macht kon behouden en uitbouwen en behandelt praktische zaken als belastingheffing, de benoeming van ministers, oorlogsvoering en, bovenal, het instellen van een geheime dienst. Hoewel Kautilya iedereen als corrumpeerbaar en dus een potentiële vijand beschouwt, stelt hij, niet zonder eigenbelang, dat de enige persoon waarin de vorst absoluut vertrouwen moet stellen de minister is die zijn rijk voor hem bestuurt. Net als met Machiavelli is het echter eenvoudiger om morele verontwaardiging te voelen over Kautilya dan om aan te tonen dat zijn advies doorgaans niet uiterst praktisch is.[7]

BOEDDHISME IN INDIA

In India ontwikkelde het boeddhisme zich in drie stadia. Het eerste is dat van de lessen van Boeddha en de vastlegging van zijn leer door zijn directe opvolgers.[8] Het tweede is dat van het Hīnayāna (of Theravāda), dat de negatieve aspecten van het boeddhisme benadrukte. Dit stadium valt historisch gezien samen met het bewind van koning Ashoka, die de leer in grote delen van India propageerde en erin slaagde een opmerke-

deed het niet voor het merendeel van de mensen. De term Hīnayāna is natuurlijk afkomstig van de Mahāyāna's; zelf noemden ze zich Theravadins, omdat ze zich aan de oorspronkelijke leer van Boeddha hielden.

Radhakrishnan zegt over het Mahāyāna-boeddhisme dat 'het zich praktisch niet onderscheidt van de religie in de *Bhagavad Gītā*'. Daarmee wil hij zeggen dat het net als het hindoeïsme van de *Gītā* gelooft in een ultieme werkelijkheid, een levende oppergod, een groot aantal mindere goden en een fun-

lijk grote boeddhistische staat te vestigen. Geleidelijk aan vonden echter steeds meer boeddhisten dat de Hīnayāna-leer een emotionele kant ontbeerde; velen stonden dan ook hervormingen voor. Uit dat schisma kwam het Mahāyāna-boeddhisme voort. *Mahāyāna* betekent 'Grote Voertuig', in tegenstelling tot het 'Kleine Voertuig' of *Hīnayāna*: volgens de Mahāyāna's bracht het Hīnayāna-boeddhisme slechts een enkele doorgewinterde asceet naar het doel en vol-

damenteel zelf of de ziel. De alomvattende werkelijkheid, in de *Gītā* brahman genoemd, wordt het *dharmakāya*, de Almachtige Heer is niet Krishna, maar Boeddha, de goden zijn hindoegoden in een boeddhagedaante en het ātman of opperste zelf is de ziel, die nu een eeuwig bestaan kent. De meeste boeddhisten zullen het niet met Radhakrishnans visie eens zijn, of met zijn mening dat de leer van Boeddha voortborduurt op ideeën uit de *Upanishaden*. Toch is het geen onredelijk standpunt. De Mahāyāna's stonden, in navolging van Boeddha, bekeerlingen toe hun oude geloofspraktijk grotendeels aan te houden. Waar ze echter verder in gingen dan Boeddha was in hun bereidheid om het boeddhisme te laten beïnvloeden door het geloof en bijgeloof van de bekeerlingen.

Het probleem met het Hīnayāna-boeddhisme was dat het een vrij intellectuele, negatieve, wereldverzakende filosofie was. Het bevatte maar weinig dat liefde en devotie opriep in de mensen en schoot als religie duidelijk tekort. Waar Boeddha zich niet over wilde uitspreken, was het Hīnayāna-boeddhisme glashelder. Hoewel het waarschijnlijk dichter bij Boeddha's leer bleef, was het gebrek aan ethisch engagement en compassie in de Hīnayāna-leer merkwaardig in tegenspraak met de Boeddha die we in de oude *sūtra's* van de Theravāda vinden. Het Mahāyāna-boeddhisme ontwikkelde daarentegen een pragmatische houding en accepteerde zeer uiteenlopende religieuze benaderingen. Net zoals Krishna zegt: 'Hoe mensen ook nader tot mij komen, ik verwelkom ze, want het pad dat ze vanuit alle richtingen volgen, voert naar mij', zo accepteert het Mahāyāna-boeddhisme allen die willen komen op hun eigen voorwaarden. Waar het Hīnayāna de *arhat* als ideaal zag – de asceet die de wereld verzaakte om op te gaan in het *nirvāna* – heeft het Mahāyāna de *bodhisattva*, de 'boeddha die nog moet worden', die zijn eigen bevrijding uitstelt uit compassie met de mens. In het Mahāyāna-boeddhisme is dan ook veel meer terug te vinden van het sociale engagement dat Boeddha inspireerde dan in het Hīnayāna, dat de leer in feite strikter volgde.

De belangrijkste stromingen binnen het Mahāyāna-boeddhisme zijn de Madhyāmika of School van het Middenpad van Nāgārjuna en de Yogācāra van Vasubandhu. De eerste staat bekend als Shūnyavāda, de Leer van de Leegte, de tweede als Vijnānavāda, de Leer van het Bewustzijn. Beide stromingen komen verderop in dit deel uitgebreid aan bod, maar een paar opmerkingen zijn hier op hun plaats. Hoewel Vasubandhu naar men denkt later leefde dan Nāgārjuna, wordt zijn filosofie als minder vooruitstrevend beschouwd. Vasubandhu's Leer van het Bewustzijn houdt in dat het bewustzijn, de geest, de enige werkelijkheid is. *Nirvāna* is de totale uitdoving van alle gedachten, het opgaan in het ene bewustzijn dat aan alles ten grondslag ligt. Dat bewustzijn is ongedifferentieerd en één. Nāgārjuna accepteert het standpunt dat de materiële wereld in zekere zin onwerkelijk en leeg is, maar past die redenering ook toe op de geest. Hij betreedt een 'middenweg' tussen de absolute ontkenning van de werkelijkheid en de absolute bevestiging ervan. Er valt heel wat voor te zeggen dat Nāgārjuna's filosofie de echte erfgenaam van de leer van Boeddha is.

Grofweg gezien verspreidde het Hīnayāna-boeddhisme zich in Zuid-Azië (Sri Lanka, Myanmar) en deed het Mahāyāna-boeddhisme opgang in het noorden, in Tibet, China, Mongolië, Korea en Japan. Het Hīnayāna gebruikt het Pāli van de vroege boeddhistische canon, het Mahāyāna bedient zich in India doorgaans van het Sanskriet – nog een aanwijzing voor de hindoeïstische invloed. Vroeger werd wel van denkers als Kumarila Bhatta en Shankara gezegd dat ze het boeddhisme met succes onderdrukten, maar de waarheid is dat de leer aan kracht inboette en plaats moest maken voor een hindoeïstische religie en filosofie met een nieuw elan. Het boeddhisme stierf hier een zachte dood, nadat het belangrijk had bijgedragen aan het Indiase denken en geloof. Elders bleef het boeddhisme tot op heden floreren.

DE BOEDDHA (SIDDHĀRTHA GAUTAMA)

circa 563–circa 483 v.C.

Boeddha leefde in een tijd waarin het gistte van de intellectuele ontwikkelingen. In Noordoost-India ontstond aan de oevers van de Ganges een nieuwe tak van de Indiase beschaving, die de lessen van de *shramana's* of rondtrekkende heiligen aantrekkelijker en toegankelijker vond dan die van de brahmanen. De stichter van het jainisme, **Vardhamāna**, was waarschijnlijk een jongere tijdgenoot en was bekend bij Boeddha's volgelingen. Ook Gosala, de stichter van de Ajivika's, een sekte die uiteindelijk zo'n 1800 jaar lang bestond, kwam uit deze omgeving. In het noordwesten van India hadden brahmanen de vroege upanishaden geschreven en kwamen er steeds nieuwe bij. Ook elders stonden rond dezelfde tijd opmerkelijk veel grote denkers op, zoals **Confucius** in China en Socrates in Griekenland.

De Boeddha die wij met een hoofdletter aanduiden werd als Siddhārtha in de rijke familie Gautama geboren. *Boeddha* betekent de 'Verlichte' of 'Ontwaakte'. Het traditionele verhaal over hem gaat als volgt: zijn moeder had de nacht voor zijn geboorte een droom, waarin een prachtige witte olifant via haar zijde bij haar binnendrong. Droomuitleggers en mensen die de tekens op het lichaam van een baby kunnen lezen waren het erover eens dat de baby een universeel heerser of een boeddha zou worden. Volgens de voorspelling zou hij het eerste worden als hij thuisbleef en het laatste als hij weg zou gaan. Uit angst dat zijn zoon een rondtrekkende asceet zou worden, voedde Gautama's vader hem in grote luxe op en probeerde hem af te schermen voor de realiteit van het gewone leven.

Desondanks had Gautama op zijn negenentwintigste de ontmoetingen die hem definitief deden besluiten zich op het spirituele pad te begeven. Tijdens een rit buiten het paleis zag hij een oude man, de volgende dag een zieke en de dag daarna een dode man. Toen hij nadacht over deze openbaring van het lijden dat het leven kenmerkt, ontmoette hij een asceet in een saffraangeel gewaad. Wat hem trof was diens vredige uitstraling, in weerwil van alle kwaad in de wereld. Gautama besloot die vredigheid voor zichzelf te ontdekken. Die nacht verliet hij heimelijk het paleis en zijn slapende

Het Grote Vertrek: Siddhārtha verlaat zijn vaderlijk paleis en zijn gezin nadat vier tekenen (ouderdom, ziekte, dood en een kluizenaar) hem doen besluiten als asceet te leven.

vrouw en pasgeboren zoon om een leven als rondtrekkende asceet te beginnen.

In de jaren die nu volgden onderging Gautama zijn leerschool. Hij zocht onderricht bij geleerde brahmanen en onderwierp zich aan ontberingen. Uiteindelijk zag hij in dat een leven van zelfkwelling hem niet zou bieden wat hij zocht, waarna zijn metgezellen zich van hem afkeerden, overtuigd dat hij het spirituele pad had verlaten. Na enige tijd bereikte Gautama echter toch zijn Verlichting toen hij onder een *bodhi*-boom mediteerde; hij was nu 35 jaar. Als de Boeddha trok hij door het land om zijn *dharma* (leer) te verkondigen en vestigde hij zijn gemeenschap van monniken, of *sangha*. Boeddha zou op tachtigjarige leeftijd zijn gestorven.

Het staat vast dat Boeddha een groot aantal predikingen heeft achtergelaten, die na zijn dood door een raad van volgelingen zijn opgetekend. Ze staan bekend als de Theravāda, ter onderscheiding van de toevoegingen die, gezien hun goddelijke inspiratie, later in de orthodoxe canon zijn opgenomen. Hoewel de Theravāda in het Pāli is geschreven, worden in dit boek meestal de Sanskriet-termen gebruikt, ter wille van de consistentie met andere Indiase denkers en de Mahāyāna-

De heilige bodhi-*boom (Indiase vijg) in Anuradhapura is een loot van de boom in Noord-India waaronder Boeddha al mediterend zijn Verlichting bereikte.*

boeddhisten. Boeddha's oorspronkelijke leer bevat enkele opvallende aspecten. In zijn eerste preek, die hij direct na zijn Verlichting voor zijn metgezellen hield, onderwees Boeddha de Vier Waarheden: het leven bestaat uit lijden *(dukha)*; dit lijden wordt veroorzaakt door dorst *(tanha)*, of begeerte; er is een manier om dit lijden op te heffen; de uitweg uit het lijden is het Achtvoudige Pad. Dit pad bestaat uit: het juiste begrip, juiste gedachten, juist spreken, juist handelen, juist leven (werken), juiste inspanningen, juist bewustzijn en juiste concentratie.

Aan deze schijnbaar eenvoudige leer ligt een opmerkelijk genuanceerde filosofie ten grondslag. Ten eerste zijn daar de Drie Kenmerken van het Bestaan, die inhouden dat het leven vergankelijk is, geen Zelf kent en uit lijden bestaat. Hoewel alles tijdelijk is, dorsten wij ernaar om de vergankelijke zaken die we waarnemen als echt en blijvend te beschouwen. Het belangrijkste van die tijdelijke zaken is het Zelf. In tegenstelling tot wat de orthodoxe leer van de traditionele vedische religie van zijn tijd stelde, verklaarde Boeddha dat er geen consistent Zelf of ātman bestaat. Dit aspect van zijn leer wordt *an-ātman* (het 'niet-zelf' of 'lege') genoemd. Het is te vergelijken met vuur, dat een continu bestaan lijkt te hebben, maar van moment tot moment verandert. Gezien de vergankelijke natuur van het leven kan het onze dorst nooit lessen, en daarom is ons bestaan vol kwellingen.

Deze drie kenmerken zijn weer afgeleid van het fundamentele inzicht van Boeddha, namelijk dat van de afhankelijke oorsprong *(pratitya-samutpada)*. Dit stelt dat alles een oorzaak heeft en op zijn beurt weer de oorzaak van andere dingen is. Voor Boeddha was deze doctrine de middenweg tussen die van de 'eeuwigheidsdenkers', zoals de orthodoxe hindoefilosofen die in een eeuwig bestaan geloven, en die van de 'annihilatiedenkers', die niet alleen het bestaan, maar ook de oorzakelijkheid ontkennen. Boeddha ontkent dat dingen werkelijk bestaan, maar ontkent de oorzakelijkheid niet. Zo kan zelfs zonder een consistente Zelf of God de illusie van continuïteit ontstaan door de eindeloze keten van oorzaak en gevolg. Boeddha's opvolger **Nāgārjuna** borduurde voort op dit idee en stond zo aan de bron van de invloedrijke school van de Madhyāmika (Weg van het Midden).

Boeddha ontwikkelde het traditionele hindoeconcept van het *karma* (letterlijk: 'handeling') verder aan de hand van zijn ideeën over de oorzakelijkheid. Hij stelde dat een persoon uit vijf elementen of *skandha*'s bestaat: lichaam, gevoel, waarneming, impuls (emotie) en bewustzijn. Deze zijn, naar gelang van iemands handelingen in het verleden, op een bepaalde manier gerangschikt en worden in toekomst beter of slechter gehergroepeerd, afhankelijk van iemands acties in het heden. Na het overlijden van een mens leidt de bewustzijns-*skandha* zijn karmische last naar zijn wedergeboorte in een nieuw lichaam. Net als de hindoeïstische denkers zocht Boeddha in zijn leer naar een manier om uit deze kosmische kringloop te ontsnappen.

Dit brengt ons bij het bekendste, typisch boeddhistische concept, dat van het *nirvāna* (in het Pāli: *nibbana*) of 'uitdoving'. Het *nirvāna* wordt uitgelegd als de hemel of als een vorm van annihilatie, maar betekent letterlijk de uitdoving van de vlammen der begeerte, haat en waan. Boeddha weigerde zich uit te spreken over de aard van het *nirvāna* of over wat er na de dood gebeurt met een verlichte ziel, maar hij stelde wel dat er voorbij de illusie van het bestaan een rijk of substantie 'zonder oorsprong' bestond, dat de mens een ontsnapping bood.

Er bestaat veel discussie over wat Boeddha nu werkelijk geloofde. Centraal staan drie vragen: is er een absolute werkelijkheid, is er een permanent Zelf en staat het *nirvāna* voor het bestaan of voor de annihilatie? Volgens de moderne Indiase filosoof Radhakrishnan komen deze vragen op hetzelfde neer, namelijk: geloofde Boeddha in een ultieme werkelijkheid? Boeddha wilde niet over dergelijke kwesties speculeren, maar kunnen we niettemin aannemen dat hij een atheïst was? We zagen aan het begin van dit hoofdstuk al dat Boeddha leefde in een tijd van grote intellectuele beroering. Wie zijn leer naast die van de *Upanishaden* legt, ontdekt veel overeenkomsten. Beide streven naar bevrijding, beide nemen afstand van de oude vedische traditie. De *Upanishaden* bevatten heel wat uitspraken die van Boeddha afkomstig konden zijn. Als we kijken naar de definitie van het brahman als 'noch dit, noch dat' of naar het concept van het brahman als stilte, en als we dan het woord *brahman* vervangen door *nirvāna*, dan lijkt het resultaat uiterst boeddhistisch.

Wat Boeddha niet doet is de werkelijkheid beschrijven aan de hand van positieve begrippen. De *Upanishaden* definiëren de werkelijkheid daarentegen met zowel negatieve als positieve begrippen:

> *De wijze is zich overal bewust van hetgeen onzichtbaar, ongrijpbaar, zonder bron, zonder waarneming, zonder lichaam is,*
> *Van hetgeen oneindig, veelvormig, alomvattend, uiterst subtiel en onverminderd, en de bron van alles is.*
>
> Mundaka-upanishad 1.i.6.

Boeddha gebruikt slechts het negatieve, zoals wanneer hij stelt: 'vergankelijk zijn alle samengestelde dingen . . . smartelijk zijn alle samengestelde dingen . . . alle dingen zijn zonder Zelf' (Dhammapada 278–280).

De discussie over deze kwestie duurt nog steeds voort. Boeddhistische geleerden als Walpola Rahula ontkennen categorisch dat Boeddha ook maar iets onderwees dat op de upanishadische denkbeelden lijkt. In hun opinie staan de fundamentele aannames van het boeddhisme lijnrecht tegenover die van de *Upanishaden*. Anderen stellen echter dat Boeddha's ontkenning van de werkelijkheid van het Zelf of van de ultieme werkelijkheid op hetzelfde neerkomt als de uitspraak in de *Upanishaden* dat het onmogelijk is om iets van betekenis te zeggen over de ultieme werkelijkheid. Zeker is dat in een deel van het latere boeddhisme, zoals het 20ste-eeuwse Japanse Zen-boeddhisme van Nishida, het upanishadische standpunt overheerst:

INDIA

> *Zoals benadrukt in het elementaire boeddhistische denken, hebben het Zelf en het universum dezelfde grondslag, of liever nog, zijn zij hetzelfde.*

Walpola Rahula's standpunt snijdt hout als men het boeddhisme als een uitzonderlijke, op zichzelf staande leer beziet. Binnen de context van een overzicht van oosterse denkwijzen, zoals dit boek, heeft het waarschijnlijk meer zin om de boeddhistische metafysica te zien als een uitzonderlijke uitdrukking van een bekende doctrine, en niet als een leer die tegenover alle andere staat.

Walpola Rahula

In deze visie is dat waarin Boeddha zich écht onderscheidt zijn betekenis als ethisch leraar. In zijn boek *Buddhism* geeft Rhys Davids een extreme interpretatie van deze stelling, die echter niet zonder grond is:

> *Gautama werd geboren en opgevoed en leefde en stierf als een hindoe . . . De metafysica en principes van Gautama bevatten niet veel dat niet ook te vinden is in het ene of andere orthodoxe stelsel; een groot deel van zijn zedenleer heeft zijn gelijke in vroegere en latere hindoegeschriften. De originaliteit van Gautama berust in de manier waarop hij dat wat al goed gezegd was door anderen overnam, uitbouwde, tot een hoger plan verhief en systematiseerde; in de manier waarop hij de principes van gelijkheid en rechtvaardigheid die al door sommige van de prominentste hindoedenkers waren erkend, tot hun logische conclusie doorvoerde. Het verschil tussen hem en de andere leraren lag vooral in zijn diepe integriteit en zijn brede, publiekelijk beleden filantropische instelling.*

De boeddhistische *sangha* of monnikengemeenschap was veel democratischer en gelijkwaardiger dan die van de vroege hindoecultuur waarmee het boeddhisme had gebroken. Boeddha verwierp het kastenstelsel en beschouwde vrouwen min of meer als gelijkwaardig. Overigens is het wel weer zo dat de instelling van de kloosterode, met zijn omringende lekengemeenschap van gelovigen, een hiërarchie schiep die erg lijkt op wat hij verving. Hoewel de geboorte irrelevant is in het boeddhisme, is het wel nodig dat men zich bekeert tot het boeddhisme en uiteindelijk het wereldse leven opgeeft en

OOSTERSE FILOSOFIE

intreedt in het klooster, de hoogste roeping. Het bewind van koning Ashoka, die van 270 tot 230 v.C. over een groot deel van India heerste, biedt een voorbeeld van een vroegboeddhistisch koninkrijk. Ashoka's rijk kende opmerkelijk aantrekkelijke aspecten, zoals waarschijnlijk de eerste verzorgingsstaat ter wereld, een universele tolerantie van andere geloven en een rechtssysteem dat op boeddhistische principes was gegrondvest.

Zoals blijkt uit de zeer uiteenlopende filosofieën van latere boeddhisten elders in dit boek is er bijna geen leer die niet aan Boeddha is toegeschreven door zijn volgelingen. Niettemin is het mogelijk om door de eeuwen heen een 'waar boeddhisme' te onderscheiden, dat zich niet zozeer kenmerkt door een consistente doctrine als wel door een universele compassie, gelijkwaardigheid en rechtvaardigheid. De ethische lessen van Boeddha zijn de vroegste complete verwoordingen van deze idealen en blijven tot op de dag van vandaag een van de waardevolste Indiase bijdragen aan de wereldfilosofie.

Koning Ashoka

VARDHAMĀNA
circa 540 – circa 467 v.C.

Naast het hindoeïsme en boeddhisme kende de Indiase cultuur vanaf de 5de eeuw v.C. nog het jainisme. De stichter was, historisch gezien, Vardhamāna, ofwel Mahāvīra (Grote Held); de jains zelf beschouwen hem eerder als degene die de bestaande oude leer in ere herstelde. Vardhamāna zou de 24ste *tirthankara* ('iemand die een doorwaadbare plaats heeft gemaakt') zijn geweest; de overige 23 zijn legendarisch. Wellicht trad hij in de voetsporen van Parsvanatha, die in 776 v.C. zou zijn gestorven, en van Rishabha, naar verluidt de eerste tirthankara en een van de drie jaina-wijzen die in de Yajur-Veda worden genoemd. Op basis van deze gegevens kan worden gesteld dat het jainisme al minstens 3500 jaar in de een of andere vorm bestaat. Sommige aspecten van het geloof ogen zonder meer archaïsch, maar daarnaast kent het uiterst verfijnde filosofische concepten die een nader onderzoek waard zijn, met name Vardhamāna's theorie van de kennis.

Vardhamāna's tijd was een voedingsbodem voor nieuwe geloofssystemen. Mahāvīra zou op zijn 30ste zijn roeping hebben gevolgd en, net als Boeddha, een comfortabel leven en vrouw en kind hebben achtergelaten om asceet te worden. Hij verkeerde in het gezelschap van Gosala, de stichter van de Ajivika's, een onorthodoxe sekte die niet meer bestaat, maar destijds belangrijk was. De eerste boeddhisten kenden hem als Nigantha Nataputta; hij schijnt een tijdgenoot van Boeddha te zijn geweest. Boeddhistische geschriften reppen van een vriendschappelijke rivaliteit tussen de twee tradit3es, die zo veel overeenkomsten vertonen, dat wel gedacht is dat Gautama en Vardhamāna een en dezelfde persoon waren. Die theorie wordt nu overigens niet meer aangehangen.

Net als Boeddha verwierp Vardhamāna de Veda's als openbaringsboek en vond hij het niet nodig het bestaan van God te veronderstellen. Wel geloofde hij in het bestaan van een veelheid aan zielen, die elk gebonden zijn aan een lichaam waarvan ze zich moeten bevrijden. Dit lichaam-zieldualisme vindt men ook in Sānkhya en Yoga, maar wellicht nog meer in Nyāya en Vaisheshika, die de ziel niet als een passieve, maar een actieve entiteit beschouwen en (net als Vardhamāna) een atomistische visie hebben op de materie. In het Westen zijn parallellen te ontwaren met de pre-socratische filosofie en het Platonisme, een contemporaine, maar los van de Indiase filosofie staande ontwikkeling. Vardhamāna zou op zijn 42ste de Verlichting hebben bereikt en zo een *jina* of 'overwinnaar' zijn geworden; het geloof ontleent zijn naam aan die term. In de 30 jaar die hem restten, bouwde hij een groot gevolg op. Uiteindelijk hongerde hij zichzelf dood, een belangrijk concept in het jainisme.

Wat de jaina's voorstaan, is de bevrijding uit het lichamelijke door het strengst denkbare ascetisme. Dit wordt verbeeld in de enorme beelden van naakte mannen, die zich dermate van het fysieke hebben losgemaakt dat ranken langs hun lichaam omhoogklimmen. Net als bij Yoga wordt de ziel geacht zich door het lichaam op te werken naar de hoogste regio van de roerloosheid, het hoofd. De paradox is dat de bevrijding in een volledige, eindeloze staat van beweginglooshied berust. Centraal in Vardhamāna's ethiek staat *āhimsa* (geweldloosheid), dat onder meer een strikt veganisme omvat; het was van grote invloed op de Indiase samenleving. Het jainisme vat dit principe nog veel serieuzer op dan het hindoeïsme en boeddhisme: jaina's moeten zich niet alleen onthouden van alle activiteiten die het doden van dieren met zich meebrengen, zoals de landbouw, maar zullen ook de grootste moeite doen om geen insecten te vertrappen of in te slikken. Zelfs groenten hebben een ziel, wat wellicht verband houdt met de praktijk van de versterving.

De Parasnath-jainatempel in Calcutta.

INDIA

Deze uiterst strenge discipline gaat paradoxaal genoeg vergezeld van een filosofie die zachtaardig en relativerend is. De jaina's huldigen het standpunt van het *syādvāda* of 'misschien-isme'. Vardhamāna, niet de stichter van het jainageloof, maar wel van de jainafilosofie, ging ervan uit dat alle zienswijzen slechts een deel van de waarheid zijn. Er bestaat een verhaal over blinden die een olifant tegenkomen. Eén grijpt de staart vast en verklaart dat een olifant op een touw lijkt. Een ander pakt de slurf beet en beweert dat het dier als een slang is. Een derde voelt aan de poot en zegt dat een olifant op een boomstam lijkt, enzovoort. De moraal: hoe wij ook over de wereld denken, vergeet niet dat onze visie slechts een deel van de waarheid vertegenwoordigt. Laat je woorden daarom voorafgaan door 'mischien'. Dit wordt uitgedrukt in zeven logische formules:

> *Misschien is het*
> *Misschien is het niet*
> *Misschien is het, maar tevens niet*
> *Misschien is het onverwoordbaar*
> *Misschien is het en is het tevens onverwoordbaar*
> *Misschien is het niet en is het tevens onverwoordbaar*
> *Misschien is het en is het niet en is het tevens onverwoordbaar*

Natuurlijk zijn deze woorden ook geldig zonder het 'syad', maar de constante aanwezigheid ervan herinnert ons eraan dat het menselijk begrip onzeker is. De paradox tussen de voorzichtige relativering en de strenge discipline verdwijnt als we ons bedenken dat de jaina's uitgaan van een fundamentele, onbedwingbare en objectieve werkelijkheid. De blinden mogen dan slechts een deel van het wezen van de olifant doorgronden, er

Vardhamāna

bestaat zonder meer zoiets als een olifant. De olifant kan als het ware slechts volledig doorgrond worden door de 'kennis van de bevrijde', door het begrip dat de volmaakte overwinnaar heeft verworven. Het jainistische ideaal is *kevala* (bevrijding) of *Nirvāna* (verlossing). Dit laatste is niet de uitdoving waarop sommige boeddhisten doelen, maar een positief bestaan los van het lichaam, een verkeren in vrede en gelukzalige rust.

Het jainisme was enige tijd een serieuze rivaal voor het hindoeïsme en boeddhisme, maar werd een minderheidsgeloof. In de 1ste eeuw leidde een schisma tot het ontstaan van twee tradities. De Digambara's ('in lucht gekleden') stellen dat een jainamonnik geen kleding moet dragen en dat vrouwen niet tot bevrijding kunnen komen. De Svetāmbara's ('in het wit gekleden') houden de jainageschriften in ere, waar de Digambara's de canon verwerpen.

Vardhamāna's leer heeft een buitengewone invloed gehad. Het concept van *āhimsa* is door veel hindoes overgenomen, in de 20ste eeuw bij uitstek door **Mohandas Gandhi**.

DE ZES ORTHODOXE SYSTEMEN IN DE INDIASE FILOSOFIE

Traditioneel worden in de Indiase filosofie zes hoofdstromingen onderscheiden die het gezag van de Veda erkennen. Deze zes stelsels worden aangeduid met het woord *darshana* of zienswijze, een term die impliceert dat er nog meer zienswijzen mogelijk

> *De zes darshana's kunnen het beste worden beschouwd als reacties op zienswijzen die onaanvaardbaar werden geacht: het materialisme van de Chārvāka's, de jainistische visie van Vardhamāna en, bovenal, het pad van het boeddhisme.*

zijn. **Boeddha** stelde daarentegen dat hij niet een zienswijze opperde, maar een pad, een uitweg uit het lijden. Maar hoewel hij zelf geen zienswijze wilde bieden, deden zijn volgelingen dat wel.

De zes darshana's kunnen het beste worden beschouwd als reacties op zienswijzen die onaanvaardbaar werden geacht: het materialisme van de Chārvāka's, de jainistische visie van Vardhamāna en, bovenal, het pad van het boeddhisme. Wat deze dissidente stelsels gemeen hadden was hun aanval op de traditionele structuur van de Indiase samenleving: het kastenstelsel, de traditie van de Veda en het gezag van de brahmanen. Orthodoxe hindoes zagen zich door de kritiek genoodzaakt hun eigen filosofieën te ontwikkelen en gevoelsmatige standpunten te verwoorden en verfijnen. Alle darshana's hebben bepaalde vereringspraktijken gemeen. Alle stellen dat er een externe werkelijkheid bestaat, of die nu *maya*, *prakriti*, atoom of brahman wordt genoemd; het boeddhisme is sceptisch op dit punt. Alle hebben een theorie van het Zelf. Alle zien de kosmische geschiedenis in cyclische termen. Alle behalve Mīmāmsā richten zich op de verlossing of bevrijding van de ziel.

De zes darshana's worden van oudsher in paren gerangschikt. De gebruikelijke volgorde is ingegeven door een vermeende logische progressie: Nyāya-Vaisheshika, Sānkhya-Yoga en Mīmāmsā-Vedānta. Critici wijzen op de vele tekortkomingen van deze ordening. Toch wordt dit systeem vaak aangehouden, omdat het nuttig is voor wie de hindoefilosofie in grote trekken wil volgen.

NYĀYA-VAISHESHIKA

Nyāya houdt zich het meeste bezig met de logica en epistemologie, die het wezen van kennis onderzoekt. Vaisheshika is een verwante ontwikkeling vanuit een metafysische invalshoek; het onderzoekt het wezen van de realiteit en heeft een atomistische visie op materie. Sommige deskundigen denken dat het een veel oudere zienswijze is dan Nyāya, wat niet ondenkbaar is in het licht van andere filosofieën, waar de logica meestal een latere ontwikkeling is dan de metafysica.

SĀNKHYA-YOGA

Sānkhya betekent 'opsomming'. Het kent 25 bestaanscategorieën, waarvan de *purusha* (geest) de hoogste is. De overige 24 zijn alle uitingen van de *prakriti* (natuur). Sānkhya is de meest onorthodoxe van de zes zienswijzen en wordt dikwijls als atheïstisch beschouwd; soms wordt het op die grond ook verworpen. De Yoga-filosofie is een praktische voortzetting van Sānkhya en omvat allerlei oefeningen die de *yogi* tot een staat van hoger inzicht in het verschil tussen de *purusha* en de *prakriti* moeten brengen. Yoga voegt een 26ste categorie toe: God.

Sānkhya wordt behandeld in het hoofdstuk over Kapila, Yoga in dat over Patanjali. Beide zijn zeer belangrijk voor de *Bhagavad Gītā* en bijgevolg voor de latere ontwikkelingen in de Indiase filosofie in het algemeen.

MĪMĀMSĀ-VEDĀNTA

De meest orthodoxe zienswijzen zijn Mīmāmsā of Purva-Mīmāmsā (letterlijk: 'studie' van het vroege deel van de Veda), en Vedānta of Uttara-Mīmāmsā, de studie van de latere stukken van de Veda, dat wil zeggen de *Upanishaden*. Vedānta houdt echter een respectvolle afstand van de Samhitā of vedische hymnen en zet zich in het algemeen tegen de Brāhmana's af. Van de drie onderdelen van de Veda worden dus alleen de *Upanishaden* als een openbaringsboek beschouwd.

Mīmāmsā wordt onderzocht in het hoofdstuk over Jaimini. Vedānta, het belangrijkste van de zes systemen, wordt in dit boek vertegenwoordigd door de stichter, Bādarāyana, en door Gaudapāda, Shankara, Rāmānuja, Madhva en Vivekānanda. Ook Gandhi's filosofie leunde sterk op Vedānta.

Een brahman voert een pujah *uit. De orthodoxe hindoes moesten hun filosofie verdedigen tegen diegenen die de traditie van de Veda en het gezag van de brahmanen niet erkenden.*

GAUTAMA
4de eeuw v.C.?

Nyāya (de 'juiste manier van redeneren' of 'logica') kent een zeer oude geschiedenis. De zienswijze wordt al genoemd in de *Wetten van Manu* en door de filosoof Yājnyawalkya. Hier gaat het om het post-boeddhistische Nyāya, dat gesticht werd door Gautama. De *Nyāya Sūtra's*, het eerste werk over deze filosofie, zijn van zijn hand. Zijn naamgenoot Gautama, de **Boeddha**, en Mahāvīra, de stichter van het jainisme, hadden zo'n 200 jaar eerder de aanval geopend op de orthodoxe filosofie. Het is bijna zeker dat Gautama een stevig, logisch systeem heeft willen opzetten dat de Veda's kon verdedigen tegen hun kritiek. Waar Mīmāmsā de heilige geschriften als de enige betrouwbare autoriteit beschouwt en Sānkhya een beroep doet op een opperste vorm van de Rede, maakt Nyāya gebruik van logica en ervaring, de speerpunten van de kritiek van de boeddhisten en jaina's. De gelijkenis tussen Nyāya en het syllogisme van Aristoteles is vaak opgemerkt; er is zelfs aangevoerd dat er sprake was van een directe invloed, van Griekenland op India of andersom. Hier is echter geen afdoend bewijs voor gevonden.

Gautama gaat ervan uit dat de Veda de waarheid spreekt en ziet de bevrijding van de geest dan ook als een gegeven. Met dit als uitgangspunt wil hij de filosofie schonen van valse en sentimentele argumenten, die immers alleen kunnen gedijen in pseudo-doctrines. Pas als we weten wat gekend kan worden, als we begrijpen hoe we kunnen weten wat we weten en als we een legitieme manier hebben gevonden om onze vragen te onderzoeken, pas dan kan de filosofie van start gaan. Voor Nyāya is de logica niet iets waaraan zomaar gesleuteld kan worden.

Gautama geeft een uiteenzetting van de verschillende vormen die het debat kan aannemen: een discussie die gericht is op het ontdekken van de waarheid, een debat waarin een tegenstander moet worden verslagen, een aanval op een stelling zonder zelf stelling te nemen enzovoort. Wat hierbij voorop moet staan is de welgemeende wens om de waarheid te ontdekken. Volgens Nyāya wordt het Zelf bevrijd als het de pijn en het plezier van het bestaan weet te overstijgen en in een puur, onbewust Zijn, het ātman, terechtkomt.

De belangrijkste bijdrage van Nyāya aan de hindoeïstische filosofie is het logische denkraam dat het verschafte; het werd met enige wijzigingen door alle andere scholen overgenomen. De opsomming van logische denkfouten is nuttig gebleken. Latere denkers konden refereren aan Nyāya-begrippen als 'cirkelredenering', 'eindeloos terugredeneren' of 'wederzijdse afhankelijkheid' zonder die begrippen verder uit te hoeven leggen. Er is hier geen ruimte om in te gaan op de subtielere aspecten van de Nyāya-logica.

Hoewel Nyāya en Vaisheshika zich naar het schijnt los van elkaar ontwikkelden, smolten ze later samen tot wat nu Nyāya-Vaisheshika wordt genoemd. Nyāya legde de nadruk op de logica en epistemologie (kennisleer), Vaisheshika ontwikkelde het denken in een metafysische richting.

De moderne Nyāya-school werd rond 1200 door Gangesha opgericht in reactie op de kritiek van de Vedānta-filosoof Shriharsha. Het nieuwe Nyāya staat bekend om zijn neiging tot haarkloverij.

INDIA

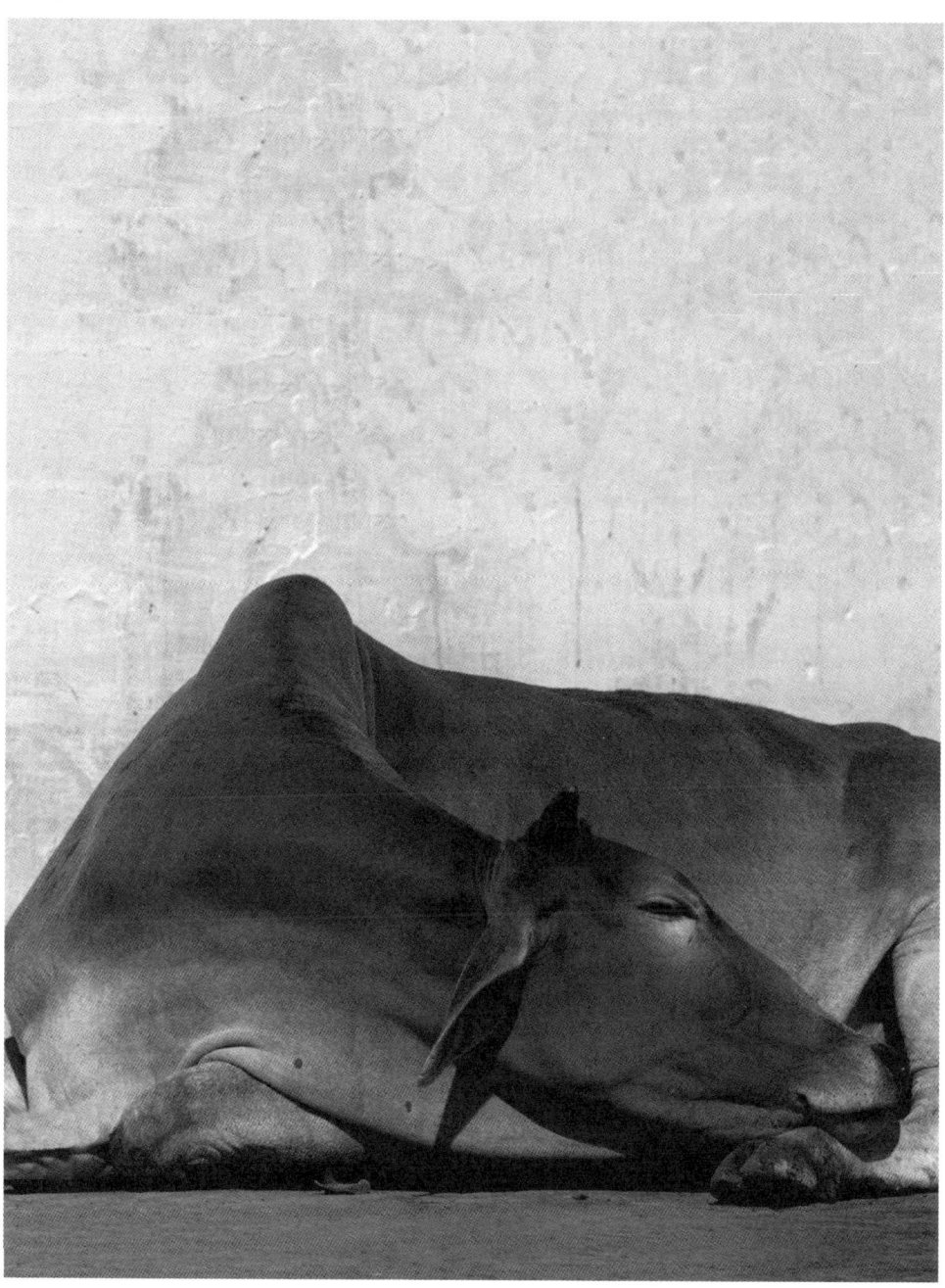
Een heilige koe (bultrund) doet een dutje op straat in India.

OOSTERSE FILOSOFIE

WAT IS EEN SŪTRA?

'Sūtra' wordt in de hindoeïstische en boeddhistische traditie gebruikt om er geleerde geschriften mee aan te duiden. Daarmee bedoelen ze overigens niet hetzelfde. De letterlijke betekenis in het Sanskriet is 'draad'. 'Kernachtig, ondubbelzinnig, alle essentiële aspecten van elk onderwerp blootleggend en alle aspecten van de kwestie behandelend, vrij van herhaling en onvolkomenheden – wie de sūtra's kennen, zeggen dat dit een sūtra is', zo meldt de Padma Purāna.

In de hindoeïstische traditie was de sūtra een van de eerste literaire stijlvormen. Een hindoeïstische sūtra is het toonbeeld van beknoptheid. Hij bestaat uit korte zinnen of verzen, die geen verband met elkaar lijken te houden. Die indruk is misleidend, want het is niet de bedoeling dat een sūtra op zichzelf wordt bestudeerd: hij dient als een geheugensteuntje, als een rijtje kernbegrippen waarop de guru (wijze) of acharya (leraar) voortborduurt. De belangrijkste teksten van het hindoeïsme lezen als de hoofdstuktitels van een boek. De sūtra is de 'draad' waaraan de kralen van de lessen worden geregen. Een sūtra is ook vaak het onderwerp van meditatie: nadat de leerling een exposé over de sūtra heeft aangehoord en in zich opgenomen, kan hij verder nadenken over de inhoud. De sūtra vertegenwoordigt het inzicht dat uit de mondelinge discussie tussen leraar en leerling naar boven kwam en is dus niet de complete verhandeling zelf. In de Upanishaden *wordt veelvuldig verwezen naar de warme band tussen leraar en leerling: 'Moge Hij ons beiden tezamen beschermen. Moge Hij ons beiden tezamen koesteren. Mogen wij beiden tezamen kracht verwerven. Laat onze studie schitterend zijn. Mogen wij elkaar niet onnodig bekritiseren.'*

De belangrijkste hindoeïstische teksten zijn bevat in sūtra's, zoals de Yoga Sūtra's van **Patanjali**, *de Brahma Sūtra's of Vedānta Sūtra's van* **Bādarāyana** *en de Sānkhya Sūtra's van* **Kapila**. *De vorm werd alom gebruikt als vehikel voor allerlei kennis, uiteenlopend van de grammatica, de eerste ter wereld, die Pānini rond 500 v.C. in sūtra-vorm schreef tot de* Kama Sūtra *(De sūtra van de begeerte).*

De boeddhistische sūtra (Pāli: sutta) *verwijst meestal naar woorden die worden toegeschreven aan Boeddha. Zo zijn de Sūtra van het vuur, de Sūtra van de liefde en de Sūtra van het advies aan Sigala opgetekende uitspraken van Boeddha. Later breidde het Mahāyāna-boeddhisme de definitie uit: werken van grote wijsheid die door latere boedhisten waren geschreven, werden gezien als de geopenbaarde lessen van Boeddha. Ze hebben vaak de vorm van een preek of sūtra door Boeddha, zoals de ook wel aan Nāgārjuna toegeschreven Sūtra van de diamant, of de Sūtra van de Bloemenslinger die het Huayen-boeddhisme in China inspireerde. Veel boeddhistische tradities gaan terug op een bepaalde sūtra. Een uitzondering vormt het Chan- of Zen-boeddhisme, dat de sūtra verwerpt en juist de rechtstreekse, mondelinge overdracht van lessen voorstaat.*

KANĀDA
3de eeuw v.C.?

Kanāda ('atoom-eter') is de stichter van de Vaisheshika-school. Zijn echte naam was waarschijnlijk Kāshyapa. Kanāda's filosofie ligt zeer dicht bij Nyāya; vanaf de 11de eeuw werden de twee complementaire scholen als één beschouwd: Nyāya-Vaisheshika. Nyāya behandelt kwesties uit de logica en kennisleer, Vaisheshika houdt zich bezig met de metafysica. Vaisheshika is een realistische school en gaat ervan uit dat de objecten waarop de kennis zich richt op zichzelf bestaan, los van de kenner en het proces van het kennen. Dit standpunt vertoont enige affiniteit met het boeddhisme van die tijd.

Aldus onderzoekt Kanāda het wezen van de materie. Aangezien de zintuigen bestaande objecten waarnemen, correspondeert elk zintuig met een element: de reuk met aarde, de smaak met water, het gezichtsvermogen met vuur, de tastzin met lucht en het gehoor met het vijfde element, ether of ruimte. Het bestaan van dit vijfde element is een afgeleide en is typerend voor de Indiase metafysica. Alle elementen, behalve ether, bestaan uit ondeelbare, onverwoestbare, eeuwige atomen. Die hebben volgens Kanāda geen dimensie, wat problemen geeft, omdat hij niet kan verklaren hoe een aantal atomen in combinatie een veelheid kunnen vormen. Twee atomen zijn tweewaardig, drie atomen vormen een triade, het kleinste ding dat het menselijk oog kan waarnemen.

Vaisheshika is pluralistisch: het beschouwt zaken als meerwaardig. Volgens deze filosofie kent ieder individu (ātman) een afzonderlijk bestaan; de materie bestaat uit een groot aantal atoompjes; ook tijd en ruimte zijn echt en onverwoestbaar; in het latere Vaisheshika is zelfs God simpelweg *param-ātman* of het Opperste Zelf. De geest, of *manas*, is fysiek en atomisch en kent geen dimensie. Hij kan meer zaken tegelijk begrijpen omdat hij geen grootte kent en met oneindige snelheid tussen meerdere gedachten heen en weer kan schieten. Zo is zelfs het verstand in zekere zin fysiek. Hoewel Vaisheshika in veel opzichten protowetenschappelijk is, wordt een geheimzinnige kracht, *adrishta* ('het ongeziene'), aangevoerd om alles te verklaren wat zich niet laat verklaren uit de al gekende wereld van de objecten. Magnetisme, de verrijzenis van het vuur en de reis van de ziel na de dood zijn slechts enkele zaken die door *adrishta* worden verklaard.

Het valt te betwijfelen of God een plaats had in Kanāda's stelsel; latere Vaisheshika's voelden echter wel de behoefte aan een goddelijke macht. God is de directe oorzaak van het universum in die zin dat hij de schepping ervan heeft bevolen, maar hij is er niet de materiële oorzaak van; de objecten van het universum zijn immers eeuwig. Gods rol is het universum zodanig in te richten dat het een morele ruimte biedt waarin de ātmans (individuen) hun lotsbestemming kunnen verwezenlijken. Individuen hebben al goede en slechte acties (*karma*) opgebouwd voor de aanvang van een scheppingscyclus, die vorm en structuur bood aan het universum.

KAPILA
7de eeuw v.C.?

Kapila, de auteur van de verloren gegane Sānkhya-Pravacana Sūtra's, wordt algemeen beschouwd als de stichter van de Sānkhya-filosofie. *Sānkhya* betekent 'opsomming' of 'aantal', wellicht een verwijzing naar de voorliefde voor categorisering die het stelsel kenmerkt. Ook is gewezen op een oudere betekenis van het woord: 'filosofische beschouwing'. Van de zes orthodoxe filosofieën is misschien alleen Mīmāmsā even oud als Sānkhya, of nog iets ouder. Niettemin is het progressiever dan Nyāya-Vaisheshika en, na Vedānta, de invloedrijkste en belangrijkste zienswijze.

We kennen Kapila's ideeën alleen indirect via het werk van zijn opvolger Ishvarakrishna (circa 4de eeuw v.C.). Diens *Sānkhya-Karika* zou een commentaar op het werk van Kapila zijn. Hoewel we niet met zekerheid weten waarover Kapila schreef, wordt Sānkhya doorgaans gelijkgesteld met Ishvarakrishna's filosofie, die spiritueel, maar atheïstisch is. Kapila zegt schijnbaar dat niet bewezen kan worden dat God bestaat en dat de aanname dat hij bestaat onnodig is voor Sānkhya. Het debat of Sānkhya in essentie atheïstisch is, duurt nog steeds voort. De oudste wortels liggen in de vedische hymnen, maar de eigen claim dat het op ideeën in de *Upanishaden* is gegrondvest, is zeker niet onredelijk. Uit de latere upanishaden, de *Wetten van Manu*, de *Mahābhārata* en de *Bhagavad Gītā* blijkt dat Sānkhya als filosofisch stelsel bekend was, maar in de meeste gevallen lijkt God wel een rol te spelen. Radhakrishnan zinspeelt op de mogelijkheid dat Ishvarakrishna's voorgangers zich op puur rationele grond tegen de eerste boeddhisten probeerden te verweren en toen tot de conclusie kwamen dat het bestaan van God niet kon worden bewezen. Naar zijn idee was Sānkhya van origine waarschijnlijk theïstisch. Dat werd het later in elk geval wel: de invloedrijke 16de-eeuwse Sānkhya-schrijver Vijnānabhiksu erkent het bestaan van God, evenals de Yoga-filosofie die uit Sānkhya voortkwam. Alleen al de invloed van de *Gītā* zou genoeg zijn geweest om het latere Sānkhya-denken naar een godsbeeld om te buigen. Het feit blijft echter dat Sānkhya in zijn pure, klassieke fase naar alle waarschijnlijkheid atheïstisch was. Van alle orthodoxe hindoeïstische filosofieën staat Sānkhya ongetwijfeld het dichtst bij de onorthodoxe; veel denkbeelden lijken op die in het jainisme. De onorthodoxe stelsels verzetten zich over het algemeen ook niet tegen Sānkhya, maar tegen Mīmāmsā.

Sānkhya gaat uit van 25 bestaanscategorieën. De eerste is de *purusha* of geest, de overige zijn aspecten van *prakriti* of de natuur; het voert te ver om die hier te behandelen. Waar het om gaat is dat Sānkhya een dualistische filosofie is: de scheiding tussen *purusha* en *prakriti* is fundamenteler dan enig ander onderscheid. *Purusha* is het woord waarop ons 'persoon' terugvoert, maar staat ook voor het mannelijke. *Prakriti* wordt doorgaans als vrouwelijk beschouwd, als in Moeder Natuur. Er bestaat een belangrijke Sānkhya-allegorie, waarin *prakriti* zich als danseres vertoont aan wie geïnteresseerd is en zich terugtrekt van wie dat niet is. Als *purusha* in contact komt met *prakriti* wordt haar onbezielde natuur leven ingeblazen en vormgegeven en begint de cyclus van leven en dood. De verlossing wordt bereikt door het analytische inzicht in het verschil tussen deze twee, tussen wat bewust en wat onbezield is. Onze onwetendheid houdt ons gevangen, maar kennis is de weg naar de bevrijding. Ongebruikelijk aan het Sānkhya-stelsel is dat de *purusha's* tegelijkertijd het eeuwige Zelf en talloze entiteiten zijn. Het is niet moeilijk je een voorstelling te maken van een veelheid aan individuele zielen (in India meestal *jiva* genoemd), maar wel van een universum met miljoenen eeuwige *purusha's*.

Belangrijk om te beseffen is dat in Sānkhya, en in veel van het latere hindoedenken, het intellect of *buddhi* niet tot *purusha* wordt gerekend, maar tot *prakriti*. Het is een grote fout om het Zelf of *purusha* te verwarren met *buddhi*. Aangezien de onbezielde *prakriti* verantwoordelijk is voor de schepping van het hele psychofysieke organisme, ziet Sānkhya alle individuen als identieke mechanismen. Het denken wordt bezield door het bewustzijn, maar is niet zelf dat bewustzijn. Het fundamentele onderscheid is dus niet dat tussen geest en materie, een wezenlijk Westers idee, maar tussen het bewuste en het mechanische. De Sānkhya-filosofie kan ook gezien worden als een onderzoek naar het dualisme tussen subject en object. Het subject is bewust, het object onbewust. Dit is niet het subjectivisme van de 'Bewustzijn-Alleen'-school in het boeddhisme,[9] want het bestaan van het object wordt niet ontkend. Het probleem met alle systemen die uitgaan van het subjectieve is dat ze een neiging tot egotisme vertonen. Sānkhya maakt onderscheid tussen het bewuste, goddelijke *purusha* (het ware Zelf) en het onbezielde *ahankāra* of 'zelfgevoel', dat het identiteitsbesef van alle *prakriti*-elementen bijeenhoudt. Het *ahankāra* zorgt ervoor dat de *purusha* zich identificeert met de *prakriti* en haar acties.

Een tweede belangrijk concept dat grote invloed heeft gehad op het hindoedenken is het idee dat *prakriti* uit drie krachten of *guna's* bestaat. Dit zijn *sattva* (licht), *rajas* (energie) en *tamas* (duisternis). Elk speelt een rol in alle aspecten van het menselijk leven: onder invloed van *sattva* zijn iemands gedachten helder, nauwkeurig en verlicht, met *rajas* zijn ze hartstochtelijk, geagiteerd en onevenwichtig en met *tamas* traag, zwaar en onwetend. Ook hier geldt: deze krachten worden tot *prakriti* gerekend. De bewuste *purusha* wordt er niet door geraakt en kan hun samenspel objectief observeren. De *Bhagavad Gītā* gaat uitgebreid in op de *guna's*, die tot op heden deel uitmaken van het Indiase wereldbeeld. Elke *guna* correspondeert met een moreel type: een mens die geregeerd wordt door *tamas* is lui en onwetend, een *rajas*-mens is opvliegend en impulsief, een *sattva*-mens verlicht en vreedzaam.

Interessant is dat waar in het Westen vaak in dualistische termen wordt gedacht – goed/kwaad, lichaam/geest, rede/emotie – de Indiase denkrichting doorgaans drieledig is: in elk dualisme wordt gezocht naar een derde punt, vanwaaruit bezien de dualiteit onwerkelijk blijkt. Hoewel we Sānkhya dualistisch noemen, is de erfenis van dit stelsel dus veel complexer en subtieler dan deze definitie suggereert. De *guna's* hebben grote invloed gehad en hebben nog steeds een plaats in de Indiase samenleving.

PATANJALI
2de eeuw v.C.?

De naam Patanjali is een pseudoniem voor, naar het zich laat aanzien, een aantal individuen die over yoga en andere onderwerpen hebben geschreven. Aan Patanjali worden twee belangrijke werken toegeschreven: de Yoga Sūtra's en de Mahabhashya ('groot commentaar'), waarin hij de grammatica van Pānini verdedigt tegen de kritiek van Kātyāyana. Waarschijnlijk zijn deze twee werken door verschillende auteurs geschreven. Zelfs de Yoga Sūtra's, die in dit hoofdstukje worden behandeld, worden gezien als het product van verschillende handen. De oudste sūtra's dateren van de 2de eeuw v.C., de nieuwste van rond de 5de eeuw n.C.

Als auteur van de Yoga Sūtra's neemt Patanjali de belangrijkste positie in in het Yogastelsel, dat verwant is aan en van oudsher gekoppeld wordt met de Sānkhya-filosofie van Kapila. Yoga is echter minder theoretisch en biedt fysieke en mentale oefeningen als aanvulling op Kapila's voorstelling van kennis als middel tot bevrijding. Patanjali gaat bovendien uit van het bestaan van een persoonlijke, almachtige en alwetende God en levert daar vier traditionele Yogabewijzen voor. Net als in Sānkhya wordt de losmaking bereikt door het Zelf te ontwarren van zijn identificatie met het psychofysieke organisme en door inzicht in de scheiding tussen *purusha* of het bewuste Zelf en *prakriti* of de onbewuste natuur. De manier waarop dit wordt bereikt is echter anders dan in Sānkhya: niet alleen redeneren is belangrijk, maar ook het richten van de aandacht, waardoor een intuïtief begrip ontstaat.

Patanjali's introductie van God in het atheïstische of agnostische Sānkhya-stelsel is intrigerend. Voor Yoga is God niet noodzakelijk, maar, zoals Patanjali genereus stelt, als het individu zich door devotie en meditatie op de eeuwige, oneindige godheid richt, kan hij zijn losmaking wellicht langs een minder moeilijk pad bereiken dan via de veeleisende oefeningen en discipline van Yoga.

Volgens zowel Sānkhya als Yoga is de eerste stap in de neerwaartse evolutie van de mens *buddhi* (ook wel *chitta* genoemd): het intellect of de rede. Al het andere in de mens (de zintuigen, het lichaam enzovoort) is een modificatie van de rede, die hier niet moet worden gezien als een puur logische functie, maar in platonische zin, als iets wat ook bepaalde emotionele, fysieke en zelfs mystieke aspecten omvat. In het licht hiervan is het niet vreemd dat de *yogi* bovennatuurlijke krachten worden toegedicht, want

Yoga biedt de beoefenaar middelen om de rede, de grondslag van de mentale en fysieke wereld, te beheersen. Patanjali beschrijft deze krachten, maar waarschuwt ervoor dat ze niet als afleiding mogen dienen.

Hoewel het beeld bestaat dat Yoga een stelsel van oefeningen is, dienen die slechts ter verfijning van de aandacht. Patanjali's acht stappen naar een volledig geconcentreerde aandacht omvatten lichaamshouding en het regelen van de adem (stap 3 en 4), maar ook zaken als zelftucht, goed gedrag en verschillende stadia van meditatie. De uiteindelijke verlossing via het Achtvoudige Pad vindt plaats als alle intellectuele activiteit geheel ophoudt. Zelfs de achtste stap, *samadhi*, de totale eenwording van de geest met het object van de aandacht, moet nog worden overstegen, omdat de geest nog steeds in beslag wordt genomen door het object.

De invloed van Yoga is, evenals die van Sānkhya, zeer groot. 'Yoga' kan, in de bredere zin van het woord, worden beschouwd als een 'weg', zoals in de *Bhagavad Gītā*, waar Jnāna-Yoga 'de weg der kennis' is en Karma-Yoga 'de weg der actie'. Yoga heeft, zelfs in de beperkte zin van een stelsel van oefeningen of meditatie, een plaats verworven in zowel de hindoeïstische als de boeddhistische traditie.

Yoga-meditatie

JAIMINI
circa 400 v.C.

Pūrva-Mīmāmsā (letterlijk: 'studie van het eerdere [deel van de Veda]') is wellicht de oudste Indiase filosofie die zich laat onderscheiden. De vroege stadia van de leer ontwikkelden zich tussen 1500 en 500 v.C. Of Pūrva-Mīmāmsā echt de oudste filosofie is valt te betwisten, maar toch is er veel voor te zeggen om hem wel als zodanig te beschouwen, aangezien deze school de oudere delen van de Veda tot onderwerp van studie heeft gemaakt.[10] De Vedānta-filosofie staat wel bekend als Uttara-Mīmāmsā ('studie van het latere [deel van de Veda]'). Ter wille van de overzichtelijkheid wordt 'Mīmāmsā' hier gebruikt voor Pūrva-Mīmāmsā en 'Vedānta' voor Uttara-Mīmāmsā.

Mīmāmsā is een activistische filosofie: zij beschouwt het handelen als de primaire werkelijkheid van het universum en houdt zich dan ook vooral bezig met *dharma* ('plicht' of 'juist handelen') in plaats van bezinning. De mens kan de hemel slechts bereiken door voortdurende inachtneming van zijn *dharma* en de juiste uitvoering van rituelen. Mīmāmsā is nauw verbonden met de brahmanen, aangezien offers en rituelen uitsluitend onder hun leiding kunnen worden uitgevoerd. Jaimini leefde rond 400 v.C. Hoewel hij misschien een millennium aan filosofische bespiegeling erfde, wordt hij algemeen beschouwd als de vader van Mīmāmsā. Hij ordende en ontwikkelde de ideeën van deze leer in zijn Pūrva-Mīmāmsā Sūtra. Jaimini stelde zich teweer tegen het standpunt van Bādari, een eerdere Mīmāmsā-geleerde, dat de geboden in de Veda's moesten worden uitgevoerd, ongeacht hun resultaat. Volgens Jaimini, en alle Mīmāmsā-denkers na hem, waren de vedische rituelen er juist speciaal op gericht om degene die zich uitvoerde in staat te stellen de hemel te bereiken. De Veda's staan een leven van handelingen en rituelen voor. Uitspraken in de Veda's die bepaalde handelingen gebieden gelden daarom als primair, de overige als secundair. *Shudra's*, de leden van de laagste kaste, en alle kastelozen zijn uitgesloten van het brengen van offers.[11]

Dit mag ons dan als een ritualistische, bekrompen vorm van religie in de oren klinken, het filosofische aspect van Mīmāmsā is fascinerend. Van de verschillende middelen om kennis te vergaren erkent Jaimini alleen de heilige geschriften (de Veda) als gezaghebbend op het gebied van *dharma*. Interessant is dat Jaimini weliswaar claimt dat de Veda's niet door een mens zijn geschreven, maar niet claimt dat ze het woord van God zijn. In zijn visie is 'de relatie van het woord tot zijn betekenis eeuwig'. De heilige geschriften, gevat in het pure, vedische Sanskriet, zijn de volmaakte en onbetwistbare waarheid. De klank van de woorden, hun betekenis en het effect dat ze hebben op wie ze hoort zijn voor eeuwig met elkaar verbonden. Elk woord draagt zijn betekenis in zich mee; als we het niet kennen en niet meteen begrijpen, is dat te wijten aan onze eigen onvolkomenheid. Zelfs schijnbaar nietsbetekenende geluiden zijn letters, elk met hun eigen vedische betekenis. De relatie tussen de structuur van het universum en *shabda* ('geluid', maar ook de 'getuigenis' van anderen of van de Veda) is tot op de dag van vandaag een terugkerend thema in het hindoeïstische denken.

Vanuit deze nadruk op het ritueel ontwikkelde zich een intrigerende activistische taalkunde: het werkwoord is het hoofddeel van de zin, de belangrijkste vorm van het werkwoord is de optativus, die aanspoort tot actie, zoals het uitvoeren van een ritueel of offer. Nauw verwant met dit standpunt, maar extremer, is de Nairukta- of lexiconistische filosofie, die het ātman, de enige werkelijkheid, als een soort eeuwige activititeit zag: het Grote Werkwoord in de zin of het boek van het universum.

> *Jaimini schreef in een tijd waarin het verzet tegen zijn cultuur groeide... het brahmaanse monopolie op religie was onaanvaardbaar voor wie naar het spirituele neeg, maar werd uitgesloten van de brahmaanse rituelen.*

Mīmāmsā is de meest orthodoxe hindoefilosofie. De onorthodoxe boeddhisten, jaina's en Chārvāka's richtten hun pijlen vooral op de ideeën van Jaimini's voorgangers. Het is niet moeilijk om te zien waarom: het brahmaanse monopolie op religie was onaanvaardbaar voor wie naar het spirituele neeg, maar werd uitgesloten van de brahmaanse rituelen. De *Upanishaden*, waarvan de oudste van voor Jaimini's tijd dateren, tonen zich al evenmin onder de indruk van de geritualiseerde cultuur van de Veda en proberen zich in plaats daarvan te stellen. Jaimini schreef in een tijd waarin het verzet tegen zijn cultuur groeide, zowel van binnenuit als van buitenaf. Zijn werk kan dan ook worden gezien als een poging om de praktijken van de oude vedische cultuur duidelijk te omlijnen en tegen alle kritiek te verdedigen. Al deze scholen ontwikkelden hun eigen argumenten tegen Mīmāmsā, maar die frictie was waarschijnlijk zeer vruchtbaar, niet alleen voor de eigen ontwikkeling, maar ook voor Mīmāmsā zelf en voor latere filosofieën.

De verhouding tussen Mīmāmsā en Vedānta is interessant, want waar de eerste het handelen als middel tot losmaking ziet, heeft Vedānta een voorkeur voor bezinning. De analogie met het christelijke debat tussen geloof en goede werken dringt zich op. Waar het daden betreft, is Vedānta het met Bādari eens dat die moeten worden uitgevoerd zonder zicht te hebben op het resultaat. De oudste Vedānta-tekst, de *Brahma Sūtra's*, is geschreven door **Bādarāyana**, die volgens sommige geleerden vrijwel een tijdgenoot van Jaimini was. Jaimini houdt zich bezig met het juiste handelen en het ātman, de individuele ziel die de hemelse beloning ontvangt voor zijn opofferingen. Bādarāyana richt zich vooral op het wezen van Brahman of de ultieme realiteit, de universele vorm van God. Mīmāmsā ziet Vedānta echter niet als een filosofische vijand à la het boeddhisme. Aanhangers van Mīmāmsā beschouwen de Vedānta als een nuttige hulp om tot begrip van het ātman te komen.

Jaimini's opvolgers zijn Sabara, die rond 400 een commentaar op zijn werk schreef, en Kumarila Bhatta en Prabhakara, twee filosofen die rond 800 commentaren schreven op zowel Jaimani als Sabara en aan de wieg stonden van twee nieuwe stromingen binnen Mīmāmsā. Ook Prabhakara steunt Bādari, maar zijn tak was minder populair dan die van Kumarila. Er wordt wel gezegd dat Kumarila's inbreng de nekslag betekende voor het boeddhisme in het middeleeuwse India, maar dit afgeronde einde aan de strijd tussen Mīmāmsā en onorthodoxie lijkt fictie.

BĀDARĀYANA
1ste eeuw n.C.?

Dat Bādarāyana, ook wel Vyāsa genoemd, een enorm prestige geniet blijkt wel uit het feit dat hij nogal eens wordt geïdentificeerd met de mythische wijze Vyāsa, die de Veda's, de Mahābhārata, de Purāna en andere heilige teksten heeft samengesteld. *Vyāsa* betekent echter niets anders dan 'samensteller', wat wellicht een verklaring is voor de verwarring. De historische Bādarāyana leefde waarschijnlijk in de 1ste eeuw[12] en was de auteur van de Brahma Sūtra's of Aforismen over Brahman. Er is weinig over hem bekend, maar hij schijnt niet een brahmaan, maar een leek te zijn geweest, wat bijzonder is.

Hoewel de Brahma Sūtra's soms, met de *Upanishaden* en de *Bhagavad Gītā*, tot de pijlers van het hindoeïsme worden gerekend, is het juister om ze te zien als de grondslag van de Vedānta-filosofie. De Brahma Sūtra's staan ook bekend als de Vedānta Sūtra's, omdat ze voornamelijk een commentaar op de *Upanishaden* vormen – op de *Veda-anta* of dat wat aan het eind van de Veda's komt. De *Bhagavad Gītā* bevat een mogelijke verwijzing naar de Brahma Sūtra's (XIII, 4), maar de meeste geleerden geloven dat de *Gītā* van voor Bādarāyana's tijd dateert.

De Brahma Sūtra's genieten in India een grote reputatie, maar net als de Veda's hebben maar weinigen ze zelf gelezen. Een sūtra is een aforisme dat uitmunt in beknoptheid en kernachtig taalgebruik. Een gevolg van die beknoptheid is dat de Brahma Sūtra's vrijwel niet zonder commentaren zijn te begrijpen. Bādarāyana gaat ervan uit dat de lezer (of misschien wel luisteraar) zeer vertrouwd is met de Veda's en de *Upanishaden* en daarnaast met de filosofische discussies van zijn tijd. Wellicht was het zijn bedoeling dat de sūtra's een mysterie zouden blijven voor iedereen die geen onderricht kreeg van een kundige brahmaanse leermeester. Het hele werk bestaat slechts uit 555 sūtra's, niet meer dan enkele gedrukte pagina's bij elkaar; de commentaren zijn daarentegen dikwijls zeer uitgebreid (de Engelse vertaling van **Shankara's** commentaar bedraagt bijvoorbeeld zo'n 900 pagina's). Bādarāyana bouwde een samenhangende filosofie op de grondvesten van de hindoeïstische traditie en opende tegelijkertijd de aanval op rivaliserende scholen uit zijn eigen tijd en daarvoor. Waar Shankara in zijn commentaar echter aan specifieke teksten refereert, neemt Bādarāyana de heilige geschriften en filosofische traditie in hun geheel in ogenschouw. Geheel in de trant van de dwingend economische vorm van de sūtra laat hij zelfs na te vermelden over welk deel van de traditie hij spreekt.

In de eerste twee onderdelen van de Brahma Sūtra's gaat Bādarāyana in op de verwijzingen in de heilige geschriften naar Brahman en toont hij aan dat de vedische traditie zichzelf niet tegenspreekt en consistent is. Volgens de commentaren zet hij uiteen dat Brahman de eerste en materiële oorzaak van het universum is en verzet hij zich tegen de hiertegenover staande Sānkhya-filosofie; in het voorbijgaan laat hij zich ook kritisch uit over de visie van de Vaisesika-school, het boeddhisme en het jainisme. Hierna onderzoekt hij alle manieren waarop Brahman in de traditie wordt benoemd: de gelukzalige, de innerlijke, ruimte, *prana*, het licht, de eter, de interne heerser, degene die niet gezien wordt, het oneindige enzovoort. De overige twee onderdelen houden meer verband met rituele aspecten en zijn op deze plek minder interessant.

INDIA

DE EERSTE VIJF BRAHMA SŪTRA'S

Athato Brahmajijnasa
Janmadyasya yatah
Sastrayonitvat
Tattu Samanvayat
Ikshaternasabdam

Vertaling
Nu dan, het onderzoek van Brahman
Vanwaaruit de oorsprong van deze [wereld] is,
Want de heilige schrift is de bron [van kennis]
Voorwaar, dat is het doel ervan
Aangezien de waarneming niet op de heilige schrift berust.

Voor deze vertaling ben ik zo dicht mogelijk bij het oorspronkelijke Sanskriet gebleven. De regels lijken in elk geval de boodschap te bevatten dat de heilige geschriften belangrijker zijn dan de directe waarneming, maar veel meer dan dat is op het eerste gezicht niet duidelijk. Volgens de commentaren houden de eerste regels een aanval op de Sānkhya-filosofie in. Het moge de lezer duidelijk zijn: hoewel veel hindoeïstische filosofie aangenaam toegankelijk is, zijn de Brahma Sūtra's niet voor beginners.

OOSTERSE FILOSOFIE

Als de *Bhagavad Gītā* een poëtisch werk van devotie en goddelijke inspiratie is en de *Upanishaden* een mystieke hang vertonen, dan zijn de Brahma Sūtra's puur filosofisch in Westerse zin. Ze staan dan ook bekend als de *Nyāya-Prasthana* of het logische aspect van de hindoeïstische canon. Bādarāyana was *astika* (orthodox) in die zin dat hij de absolute autoriteit van de vedische hymnen, de *Upanishaden*, de *Bhagavad Gītā* enzovoort erkende. Met dit als uitgangspunt tracht Bādarāyana uit te leggen wat de werkelijke boodschap van de heilige geschriften is. Daarmee zette hij de toon voor de grote commentatoren uit de Middeleeuwen, maar vanwege de aforistische stijl van zijn sūtra's werd zijn eigen werk het onderwerp van commentaar. Het oudste bekende commentaar komt van Shankara, die in Bādarāyana's werk de inspiratie voor zijn Advaita Vedānta vond. Latere commentaren waren dikwijls op hun beurt een reactie op eerdere commentaren. **Rāmānuja**, **Madhva**, Nimbarka, Vallabha en anderen vonden in de Brahma Sūtra's een bevestiging van hun eigen interpretatie van de Vedānta-traditie. Er bestaan meer dan een dozijn belangrijke commentaren op Bādarāyana's Brahma Sūtra's. Een moderne commentator, Sivānanda, omschrijft de betekenis van het werk als volgt: 'Voor elke [leermeester] geldt dat als hij zijn eigen cultus of sekte of filosofische school wil oprichten, hij dan ook zijn eigen commentaar op de Brahma Sūtra's zal moeten schrijven. Alleen dan zal zijn visie erkend worden.'

Sivānanda, een moderne commentator op de Brahma Sūtra's van Bādarāyana

INDIA

DE BHAGAVAD GĪTĀ
Auteur onbekend, ergens tussen de 5de en 2de eeuw v.C.

Krishna verkondigt de boodschap van de Bhagavad Gītā *aan Arjuna.*

Het lange epos *Mahābhārata* verhaalt van de strijd tussen twee takken van de familie Bhārata: de Kaurava's en de Pāndava's. Het is met gemak het langste epos in de wereldliteratuur; zo is het zeven maal zo lang als de *Ilias* en *Odyssee* van Homerus en driemaal zo lang als de Bijbel. De *Mahābhārata* is een vergaarbak van alle aspecten van de Indiase cultuur, geschiedenis en filosofie. Het belangrijkste deel is de *Bhagavad Gītā* of 'het lied van de Verhevene'. Het is niet duidelijk of de *Gītā* een integraal onderdeel van de *Mahābhārata* is of er later is tussengevoegd. De *Gītā* is een gesprek op het slagveld tussen Arjuna, de beroemdste Pāndavakrijger, en zijn wagenmenner Krishna. Arjuna ontwaart vrienden, neven en leermeesters van zichzelf in de vijandige linies en werpt tegen dat hij niet tegen hen kan vechten. Het zou beter zijn te sterven dan deze mensen te doden. Krishna's raad aan hem, achttien korte hoofdstukken, komt neer op een complete filosofie.

Er is hier geen ruimte om uitgebreid in te gaan op de filosofie van de *Gītā*. We beperken ons ertoe om aan te geven welke plaats het werk inneemt in de ideeëngeschiedenis. De lessen van de *Gītā* vinden hun grond in de klassieke *Upanishaden*, maar de nadruk die ze leggen is anders. Het voornaamste verschil is dat de *Gītā* religieuzer van aard is. Nieuw aan dit werk is het ideaal van spirituele devotie of *bhakti* aan de Opperheer, Ishvara, die in de gedaante van de wagenmenner Krishna tot ons verschijnt. De traditionele visie van de relatie tussen de twee is dat 'de *Upanishaden* de koeien zijn, Krishna de melker, Arjuna het kalf en de nektarachtige *Gītā* de uitmuntende melk'. Sommige verzen uit de *Upanishaden* zijn ook in de *Gītā* te vinden, met name die uit de *Katha Upanishad*, wat erop zou kunnen wijzen dat de *Gītā* ouder is dan deze en andere belangrijke *Upanishaden*.

In het hindoeïsme hoort de *Gītā* strikt genomen niet bij de *Upanishaden*, dat wil zeggen de *shruti* (gehoorde) of geopenbaarde leer, maar bij de *smriti* (herinnerde leer), een lagere klasse van belangrijke heilige geschriften. Hoewel de meer dogmatische filosofie van de *Gītā* zich niet kan meten met de rijkdom en gedurfde bespiegelingen van de *Upanishaden*, kan geen Indiase filosoof of religieus denker het werk negeren.

OOSTERSE FILOSOFIE

De *Bhagavad Gītā* is het invloedrijkste boek in de geschiedenis van India. T.S. Eliot noemde het, met Dante's *Goddelijke komedie*, een van de twee grootste gedichten ooit, waarmee hij bedoelde dat in beide een consistente, systematische filosofie gepaard aan literaire grootheid. De literaire kwaliteit buiten beschouwing gelaten, bestaat er geen twijfel over welk werk de belangrijkste filosofie was. De *Goddelijke komedie* is een product van het middeleeuwse christendom, maar de *Bhagavad Gītā* heeft nog niet ingeboet aan vermogen om te verrassen en te stimuleren, te shockeren en te troosten.

Binnen de orthodoxe filosofieën zijn de onderling nauw verwante Sānkhya en Yoga het belangrijkst voor de *Gītā*. Kapila wordt in de *Gītā* genoemd en veel belangrijke concepten uit Sānkhya, zoals de *guna's* ('krachten'), *purusha* en *prakriti*, *buddhi* en *ahankāra*, keren in het werk terug. Vrij aan het begin van de *Gītā* staat de volgende belangrijk uitspraak van Krishna:

> *In deze wereld bestaat een*
> *tweeledige basis [van devotie]*
> *Sinds oeroude tijden door Mij*
> *onderwezen, o Arjuna:*
> *Die van de kennis – de yoga*
> *van de volgelingen van Sānkhya*
> *En die van de handeling –*
> *de yoga van de yogi's.*[13]
> III, 3.

Volgens Radhakrishnan moet deze uitspraak niet al te letterlijk als een onderschrijving van de gekoppelde Sānkhya-Yoga-filosofie worden opgevat. *Sānkhya* kan simpelweg 'kennis' of 'opsomming' betekenen en *yoga* wordt in de *Gītā* op heel veel verschillende manieren gebruikt. Radhakrishnan zou deze regels dan ook minder letterlijk vertalen dan Winthrop Sargeant en anderen doen. Er zijn inderdaad duidelijke verschillen tussen Sānkhya-Yoga en de filosofie van de *Gītā*, die hier niet besproken zullen worden. Wel moet erop gewezen worden dat Sānkhya een atheïstische filosofie[14] is en de *Gītā* precies het tegenovergestelde.

De overige vier orthodoxe zienswijzen zijn minder van belang voor de *Gītā*. Zo wordt Mīmāmsā verworpen om zijn preoccupatie met ritualisme:

> *De Veda's beperken zich uit hun*
> *aard tot de drie krachten*[15];
> *Wees vrij van deze drie krachten;*
>
> II, 45.

Veda duidt hier op het oudste deel van de Veda (de vedische hymnen en ritualistische Brāhmana's), niet op de Vedānta of *Upanishaden*. Het is niet duidelijk of de grondlegger van de Vedānta-filosofie, **Bādarāyana**, vroeger of later dan de *Gītā* is, maar van alle zes filosofieën ligt de zijne in de geest het dichtst bij die van de *Gītā*, eenvoudigweg omdat de laatste eveneens put uit het upanishadische gedachtegoed.

Er bestaan tal van latere commentaren op de *Gītā*. Dat van **Shankara** wordt tegenwoordig beschouwd als het werk van een latere volgeling; niettemin is de Advaita Vedānta-filosofie een van de belangrijkste interpretaties van de boodschap van de *Bhagavad Gītā*. Als we de expliciet religieuze interpretaties buiten beschouwing houden, omdat ze te extreem zijn, dan moet de Vishishta-Advaita van **Ramanuja** gezien worden als de belangrijkste rivaal van deze zienswijze. Alles hangt op hoofdstuk XII, waarin Arjuna vraagt hoe degenen die Krishna als Ishvara, of Heer, vereren zich verhouden tot degenen die Hem vereren als Akshara, of het eeuwige en onkenbare. Deze vraag zou later van vitaal belang blijken, want de Advaita's stellen dat Jnāna-Yoga of de 'weg der kennis' het belangrijkst is, terwijl de Vishishta-Advaita's meer waarde hechten aan Bhakti-Yoga of de 'weg der devotie'. Krishna's antwoord is een toonbeeld van diplomatie: de devoten zijn het 'meest toegewijd' en hun pad het gemakkelijkst,

> *Maar degenen die eer betonen*
> *aan het onvergankelijke,*
> *Het ondefinieerbare, het onkenbare,*
> *Het alomvattende en ondenkbare,*
> *Het onveranderlijke, het onbeweeglijke, het eeuwige,*
>
> *Die alle zintuigen beheersen,*
> *Die gelijkmoedig van geest zijn,*
> *Die zich verheugen in het welzijn*
> *van alle wezens,*
> *Ook die bereiken Mij.*
>
> XII, 3–4.

De meest fundamentele boodschap van de *Bhagavad Gītā* is niet steun voor een of andere *darshana* of zienswijze, maar de figuur van Krishna, die als geen ander in de Indiase cultuur de geest van de universele tolerantie belichaamt: 'Hoe mensen ook nader tot mij komen, ik verwelkom ze, want het pad dat ze vanuit alle richtingen volgen, voert naar mij' (IV, 11).

Bijgevolg kan zelfs iemand die een andere god aanbidt daarmee Krishna aanbidden en kan zelfs iemand die een slecht leven heeft

Krishna

geleid tot de Opperheer komen. Van alle wegen die Krishna voorstaat, hebben commentatoren er drie onderscheiden als de belangrijkste: de weg van *karma*, ofwel van het doen van daden zonder je te laten voorstaan op die daden, de weg van *jnāna* of de spirituele kennis en de weg van *bhakti*, van de spirituele devotie.

NĀGĀRJUNA
circa 150-250

Het valt niet met zekerheid te zeggen wanneer Nāgārjuna leefde, maar meestal wordt hij ergens tussen 50 en 280 n.C. gesitueerd. De oudste biografie, door de Chinese vertaler Kumarajiva, dateert van 401. Er is werk van hem bekend in het Chinees, Tibetaans en Sanskriet. Hoewel veel daarvan ongetwijfeld het werk van anderen is, heeft de historische Nāgārjuna in ieder geval twee uiterst belangrijke teksten geschreven, de *Verzen van het fundamentele middenpad* (Mula-Madhyamaka-Karika) en de *Weerlegging van bezwaren* (Vigrahavyavartani). Als zodanig is hij de eerste grote denker van het Mahāyāna-boeddhisme. Mahāyāna (Grote Voertuig) was een herinterpretatie die afstand nam van het oudere Theravāda-boeddhisme, dat ook bekendstaat als Hīnayāna (Kleine Voertuig). Deze namen weerspiegelen het Mahāyāna-standpunt dat hun leer een veel groter deel van het volk naar het boeddhisme kon voeren. Binnen Mahāyāna is Nāgārjuna de stichter van de belangrijke school van het Middenpad (Madhyāmika). Deze ontleent haar naam aan de centrale gedachte dat **Boeddha** de middenweg bewandelt tussen de totale bevestiging en de totale ontkenning van bepaalde zaken. Hoewel Nāgārjuna waarschijnlijk eerder leefde dan **Vasubandhu**, de centrale denker in Yogācāra, de andere hoofdtak van het Mahāyāna-boeddhisme, lijken zijn filosofische inzichten een later stadium te vertegenwoordigen. Wellicht gaf Vasubandhu vorm aan denkbeelden die al vele eeuwen opgang deden en ontwikkelden beide stelsels zich naast elkaar.

Nāgārjuna was beïnvloed door de vroege Mahāyāna-traditie van de Vervolmaking van de Wijsheid, waarin het idee van *shūnyata* of 'leegte' wordt onderzocht. Hij ging echter verder dan enig ander voor hem had gedaan en verhief deze gedachte tot de grondslag van zijn filosofie.

De *Mulamadhyamakakarika* is een bijzonder document, waarin in coupletten een filosofie uiteengezet wordt die zowel streng als zeer vruchtbaar is. Het sleutelbegrip is hier *shūnyata* of 'leegte'; Nāgārjuna's filosofie staat ook wel bekend als Shūnyavāda. *Shūnyata* is een moeilijk concept, dat niettemin aandacht verdient. Het wordt wel eens geïnterpreteerd als een ontkenning van de ervaringen van het leven, als een metafysische leegte of als een soort mystieke staat. Het is echter geen van deze dingen, maar een technische term waarmee het hindoeïstische filosofische concept *svabhava* ('zelf-zijn' of 'zelf-bestaan') wordt ontkend. Volgens de meeste orthodoxe Indiase filosofen is de eigenschap van het zelf-bestaan gelegen in het brahman en in het ātman, of innerlijke zelf. Sommigen, zoals de dualistische Sānkhya-filosofen (zie **Kapila**), stellen dat de natuur een vergelijkbaar zelf-bestaan kent, terwijl de volgelingen van **Chārvāka** eerder lijken te geloven dat alleen de materie een zelf-bestaan kent. In het algemeen gesproken impliceert zelf-bestaan duurzaamheid.

Boeddha stelde daarentegen dat het brahman, het zelf en de natuur geen zelf-bestaan kenden, maar *shūnyata* (leeg) waren. Onder het web van de 'afhankelijke oorsprong'[16], van oorzaak en effect, bestaat slechts leegte. Nāgārjuna's verzen hebben ten doel de lezer tot een begrip van het wezen van *shūnyata* te brengen:

> *Voor wie de leegte helder is,*
> *Wordt alles helder.*
> *Voor wie de leegte niet*
> *helder is,*
> *Wordt niets helder.*[17]

Om dit te bereiken gebruikt Nāgārjuna het concept leegte om alles te ontkennen, niet slechts wereldlijke zaken of (zoals hij het zou zien) hindoeïstische misvattingen, maar ook *dharma*, *sangha* (de boeddhistische kloostergemeenschap), en zelfs de persoon van Boeddha en zijn leer. Al deze zaken zijn leeg. Zo wordt, op gezag van Boeddha's lessen, de leer zelf tot leegte gereduceerd en tot iets zonder een permanente grondslag. 'Er is geen enkel verschil tussen het cyclische bestaan [*samsāra*] en *nirvāna*,' zo schrijft Nāgārjuna.

Nāgārjuna toont aan dat *shūnyata* het wezen van alles is, en ontmantelt en passant de boeddhistische leer, maar bouwt die leer vervolgens weer op met zijn concept dat Boeddha 'twee waarheden [onderwees]: een waarheid van wereldlijke conventies en een ultieme waarheid'. Die lagere waarheid schiep Boeddha uit compassie, om ons te helpen op het pad naar de ultieme waarheid, maar zodra we de ultieme waarheid bereikt hebben, heeft de conventionele waarheid geen betekenis meer. Dit idee is misschien in tegenspraak met Boeddha's verzekering dat zijn leer niet esoterisch was, dat de 'gesloten vuist van de leraar' niets bevatte, maar daar kon Nāgārjuna weer tegenoverstellen dat de esoterische waarheid al in de exoterische besloten lag. Hoewel Nāgārjuna wellicht invloed heeft gehad op **Shankara's** theorie van de 'twee waarheden', is het concept al expliciet terug te vinden in de *Upanishaden*.[18] Hoe het ook zij, het idee van de twee waarheden stelt Nāgārjuna in staat om te laten zien dat alles weliswaar wordt ontkend door het principe van de leegte, maar dat dit tegelijkertijd een handvat biedt voor het begrip van concepten als het *nirvāna*. Wie de onvoorwaardelijke werkelijkheid van *nirvāna* wil doorzien, moet inzien dat het concept *nirvāna* evenals alle andere concepten leeg is. Een boeddhist kan de verlichting slechts bereiken als hij de leegte ziet voor wat het werkelijk is: de hogere waarheid van Boeddha.

De subtiliteit van Nāgārjuna's *shūnyata* ligt in het feit dat hij zich houdt aan Boeddha's principe van *madhyāmika*, van het bewandelen van een weg die het midden houdt tussen ontkenning en bevestiging. Nāgārjuna's 'stellingname' is dat hij geen stelling neemt. *Shūnyata* moet dan ook niet worden opgevat als een negatief principe: het is noch een complete ontkenning, noch een complete bevestiging. De ontkenning betreft slechts de lagere waarheid; de bevestiging betreft slechts de hogere waarheid en geldt niet de context van de lagere waarheid. Het is te vergelijken met de manier waarop wiskundigen rekenen met irrationele getallen als de vierkantswortel van -1. Hoewel het onmogelijk is je een voorstelling te maken van *shūnyata*, biedt het een handvat voor anderszins onhanteerbare problemen.

Nāgārjuna's stelsel is in veel opzichten superieur aan dat van Vasubandhu. Waar de laatste stelt dat de materiële wereld illusoir is en de fundamentele werkelijkheid berust in het bewustzijn, zet Nāgārjuna ook vraagtekens bij de geest. Vasubandhu zegt dat de fysieke wereld onwerkelijk is, *omdat* hij onbevattelijk is. Nāgārjuna stelt dat de geest zelf onbevattelijk is, dat we geen mogelijkheden hebben om hem te kennen, en dat hij derhalve onwerkelijk, leeg is. Paradoxaal genoeg is het juist de leegte van alles die dingen mogelijk maakt. Volgens Nāgārjuna biedt een perfect, reëel en eeuwig universum geen mogelijkheden voor verandering. Alle hindoeïstische stelsels en Yogācāra pakken dit probleem aan door de introductie van een extra element, meestal *avidya* (onwetendheid). In het Sānkhya-stelsel zorgt het opgeslagen potentieel van de acties van eeuwige zielen in het verleden ervoor dat de schepping en de rol van *prakriti* (natuur)[19] weer overnieuw beginnen. Dit extra residu is als een zandkorrel in een oester en veroorzaakt de evolutie van het universum. Nāgārjuna heeft zo'n extra element niet nodig. Het universum omvat geen zelfbestaan en kent slechts een voorwaardelijke werkelijkheid. En dat is precies de reden waarom het kan veranderen.

De ontwikkeling van het boeddhisme is wel vergeleken met die van het Britse rationalisme. Dat bewoog zich van het naïef realisme van Locke, die stelde dat de zintuigen ons echte informatie verschaffen over bestaande zaken, naar het sceptisch idealisme van Hume, die afrekent met alle zekerheid. Volgens Russell leidt Hume's visie ertoe dat als iemand zegt dat hij denkt een gepocheerd ei te zijn, je daar alleen maar van kunt zeggen dat het een minderheidsstandpunt is. Een vergelijkbaar verwijt betreft Nāgārjuna's filosofie. Zijn leer is ongeëvenaard consistent en logisch, maar schiet ernstig tekort in hanteerbaarheid en als stelsel dat mensen moet bewegen tot boeddhistische compassie.

Nāgārjuna's *shūnyata* biedt een manier om de absolute waarheid of *paramartha* waarover Boeddha sprak te beschrijven zonder het absolute in menselijke termen te vatten. Feitelijk is *shūnyata* het brahman van de *Upanishaden*, de ultieme werkelijkheid die alle begrip te boven gaat. Radhakrishnan zegt hierover: 'Vanuit ons standpunt bezien is het absolute niets. Wij noemen het *shūnyam*, aangezien geen enkele categorie die wij voor de gesteldheid van de wereld hebben voldoet.' Hij citeert Duns Scotus: 'Het is niet ongepast om God "niets" te noemen.' Als *shūnyata* gelijk is aan God, wat is er dan gebeurd met het atheïsme van Boeddha? Door de ultieme werkelijkheid te definiëren als *shūnyata* in haar essentie en *nirvāna* in haar ervaringen, creëert Boeddha een godsbegrip waarop slechts het idee van het bestaan van een absolute, transcendente God van toepassing is. Nāgārjuna's filosofie mag nog zo ingewikkeld zijn, zij volgt wel Boeddha's wantrouwen jegens metafysische speculatie, dit in tegenstelling tot de bloemrijker Yogācāra en latere uitwerkingen als het Chinese Huayen. Zijn leer vertoont affiniteit met latere boeddhistische stromingen als Zen, maar ligt veel dichter bij de Advaita Vedānta van **Gaudapāda** en Shankara, ontdaan van de afhankelijkheid van de heilige hindoegeschriften. Natuurlijk zullen noch de Madhyāmika-boeddhisten, noch de Advaita Vedāntins deze vergelijking waarderen. Van alle Indiase filosofen is wellicht alleen Shankara van nog meer belang dan Nāgārjuna.

VASUBANDHU
4de of 5de eeuw

Mahāyāna (Grote Voertuig), de wijdst verspreide, belangrijkste tak van het boeddhisme, is op zijn beurt weer opgedeeld in twee hoofdtakken. Dit zijn Madhyāmika, met als centrale figuur **Nāgārjuna**, en de Yogācāra van Vasubandhu. Madhyāmika wordt gekenmerkt door de doctrine van de *shūnyata* of leegte. Het Yogācāra-boeddhisme is daarentegen monistisch (het gelooft dat de werkelijkheid één is) en idealistisch (het gelooft dat de geest de ene werkelijkheid is).

Vasubandhu is een controversiële figuur, aangezien de mogelijkheid bestaat dat de historische bronnen naar een andere Vasubandhu verwijzen dan naar de persoon die belangrijk is voor het boeddhisme. In de traditionele versie van Paramartha (499–569), die ter discussie is gesteld, maar niet ontkracht, is Vasubandhu de jongere broer van een Mahāyānist, Asanga. Asanga was zich bewust van de grote kwaliteiten van zijn broer, maar vreesde dat hij die zou aanwenden om de Mahāyāna aan te vallen. Hij gaf voor ziek te zijn en toen Vasubandhu naar huis terugkeerde om hem te bezoeken, maakte hij van de gelegenheid gebruik om hem tot de Mahāyāna te bekeren. Asanga was zelf een groot denker, waarmee de broers tot de weinige filosofen behoren die tevens nauw verwant waren.[20] Aan Vasubandhu werd al een beroemd commentaar op de Hīnayāna-tekst *Abhidharma* toegeschreven), maar na zijn bekering schreef hij ook nog commentaren op de Mahāyāna-teksten, waaronder de verzen die de Vervolmaking van de Wijsheid vormen[21], de Sūtra van de Bloemenslinger[22], de *Nirvāna* en de Vimalakirti. Daarnaast schreef ook een aantal belangrijke teksten waarin hij de ideeën van Yogācāra uiteenzette.

Het Yogācāra-boeddhisme gaat uit van de veronderstelling dat de geest de enige waarachtige realiteit is. Dat standpunt zou zich ontwikkeld hebben vanuit kritiek op de theorieën van de twee Hīnayāna-scholen (Kleine Voertuig). De eerste stelt dat de wereld die we waarnemen gewoon bestaat; dit wordt naïef realisme genoemd. Bijvoorbeeld: als ik een boom zie, dan zie ik een ding dat werkelijk bestaat en 'boom' heet. Volgens de tweede school is de wereld die we waarnemen echt, maar hebben we er geen directe band mee via de waarneming. Dus: een boom bestaat echt, wat ik kan afleiden uit mijn visuele impressie van een boom, maar wat ik zie is een mentaal beeld, niet de boom zelf. Vasubandhu's filosofie borduurt voort op het tweede Hīnayāna-standpunt. Van het idee dat onze waarneming slechts de externe werkelijkheid betreft is het geen grote stap naar het idee dat er geen externe werkelijkheid bestaat. Beide Hīnayana-visies zijn dualistisch, om-

Vasubandhu en zijn broer Asanga.

dat ze geloven in de realiteit van zowel de geest als de wereld. Vasubandhu pleit daarentegen voor een monistische visie, waarin de geest de enige werkelijkheid is. Dit ligt dicht bij het idealisme van Berkeley: ik mag dan ogenschijnlijk een boom waarnemen of me een voorstelling maken van een boom, maar is er geen boom. Een andere naam voor Yogācāra is Vijnāna-vāda, 'bewustzijn-isme'. Die filosofie komt er in simpele bewoordingen op neer dat 'de wereld geheel in de geest bestaat'.

> *Vasubandhu stelt dat we kunnen ontwaken uit ons gewone wakkere bewustzijn en dan beseffen dat de materiële wereld een illusie is.*

Vasubandhu heeft nu, als alle idealisten[23], het probleem dat hij een verklaring moet bieden voor de ogenschijnlijke bestendigheid en onafhankelijkheid van de materiële wereld. Hiertoe gebruikt hij de vergelijking van dromen en waken: zodra we wakker zijn, beseffen we dat onze dromen een illusie waren. Vasubandhu stelt dat we kunnen ontwaken uit ons gewone wakkere bewustzijn en dan beseffen dat de materiële wereld een illusie is. Een van de grote critici van het boeddhisme, **Shankara**, wijst erop dat we, als we ontwaken uit een droom, weten dat deze een illusie is omdat we de hogere werkelijkheid van de fysieke, wakkere wereld ervaren. De vraag waarvoor Vasubandhu zich gesteld ziet is deze: als we ontwaken uit de gewone wereld, wat is dan de hogere realiteit die ons in staat stelt te beseffen dat we hiervóór slechts droomden? Een mogelijke oplossing is dat er een hoger bewustzijnsniveau bestaat dat ultiem en eeuwig werkelijk is en de lagere niveaus ontmaskert als verschillende soorten voorwaardelijke werkelijkheid. Dit is de oplossing van de hindoeïstische Vedānta.[24] **Boeddha** stelde echter dat alles veranderlijk is, dat bestendigheid niet bestaat. Vasubandhu's alternatief is een complexe structuur van de geest.

Vasubandhu onderscheidt acht soorten bewustzijn. De fundamenteelste hiervan is het grote 'magazijn van het bewustzijn', de alaya-Vijnāna. De *alaya* komt overeen met het onderbewuste uit de Freudiaanse psychologie. In onze onverlichte staat zijn wij ons slechts bewust van een klein deeltje van het magazijn; de rest is onbewust. Het magazijn bevat alle kennis, maar die ligt buiten het bereik van het gewone bewustzijn. Dit idee verklaart hoe *karma* werkt: de gevolgen van mentale acties worden opgeslagen in de *alaya*, in afwachting van de juiste tijd om weer tevoorschijn te komen. Aan de *alaya* ligt de ultieme werkelijkheid van de *tathata*, de ware natuur, ten grondslag. De *alaya* is de *tathata* met toevoeging van *avidya* of onwetendheid.

De *tathata* lijkt erg op het concept *prajna* uit de *Mandukya Upanishad*, op het ongedifferentieerde bewustzijn van de diepe, droomloze slaap. Er bestaat louter bewustzijn zonder dualiteit, 'één zonder tweede'. De ervaring van de *tathata* vertroebelt het lagere bewustzijn van de illusie, de skandha-Vijnāna. Door middel van Yoga kan het bewustzijn worden gereinigd van de *skandha's* of elementen van illusoir bestaan die het aankleven. Wanneer het bewustzijn boven zijn preoccupatie met de materiële wereld uitrijst en in louter bewustzijn zonder subject of object berust, dan wordt de wereld van het gewone bewustzijn met al zijn problemen en lijden overstegen. Het zaad van vroegere acties in de *alaya* kan zijn rol dan uitspelen en wordt niet meer vervangen door nieuw, zodat de ziel wordt verlost van de wedergeboorte. *Nirvāna* is de staat waarin men in de werkelijkheid verblijft en wordt in negatieve zin gedefinieerd als de beëindiging van onwetendheid en valse waarneming.

Siddhārtha Gautama

Is deze theorie nu werkelijk anders dan de metafysica van de Vedānta, of dezelfde boodschap in een andere verpakking? Iets dergelijks is te zien bij moslimdenkers, die in de Aristoteliaanse natuurfilosofie een antwoord trachtten te vinden op de vraag hoe Gods scheppingskracht werkt en een hiërarchie van goddelijke invloeden[25] voorstelden. Evenzo lijkt Vasubandhu's filosofie gegrond in een niet-boeddhistisch brahman of bestaan waarmee het Zelf of ātman zich kan verenigen. Radhakrishnan zegt hierover: 'De filosofische impuls dreef de Yogācāra's naar de theorie van de *Upanishad*, terwijl de boeddhistische vooronderstellingen hen deden aarzelen die te accepteren.' Het moet gezegd: Boeddha's eigen leer sluit de Yogācāra-metafysica niet uit. Hij wilde zich niet uitlaten over metafysische zaken, maar zinspeelde wel op een 'niet-voortgebrachte' bestaansgrond, een domein waarnaar het *nirvāna* een ontsnapping bood. Als we de boeddhistische kritiek op het Zelf, God en de absolute werkelijkheid uitleggen als een aanval op ons psychologisch begrip van dergelijke concepten, dan worden ze niet ontkend. Het is niet zo dat er geen Zelf is, maar het Zelf zijn is iets heel anders dan denken over het Zelf. Die interpratie kan niet orthodox boeddhistisch worden genoemd, maar, zoals al besproken in het hoofdstuk over Boeddha, in filosofisch opzicht lijkt het het enige redelijke standpunt.

Het is ironisch dat een stelsel dat ons tot een puur bewustzijn van het niets wil brengen een complexiteit kent waarvan het voorgaande slechts een glimp biedt. Yogācāra is een voorafschaduwing van het nog complexere Chinese Huayen-stelsel[26] en biedt een bewonderenswaardig psychologisch beeld dat meer dan 1000 jaar vooruitloopt op de ontwikkelingen in het Westen. Maar zoals Vasubandhu zegt, het idee dat 'dit alles slechts waarneming is' is zelf een idee. De ultieme verlossing van Yogācāra ligt erin dat men voorbij de ideeën van deze leer gaat en aldus de werkelijkheid ervaart.

GAUDAPĀDA
gestorven circa 700

Het eerste grote commentaar op de *Upanishaden* zijn de *Karika* (Verzen) van Gaudapāda over de *Mandukya Upanishad*. Hoewel **Shankara** Gaudapāda noemt als de leraar van zijn eigen leraar Govindapada, is het mogelijk dat hij bijna 200 jaar voor Shankara overleed. Er is niet veel bekend over Gaudapāda zelf, hoewel het vermoeden bestaat dat hij ooit een boeddhist was. Zijn leerstellingen en taalgebruik lijken in ieder geval veel te ontlenen aan boeddhistische werken, maar dan wel aangepast aan de Advaita (non-dualistische) Vedānta.

Gaudapāda is het vroegste voorbeeld van Shankara's methode om de filosofie te ontwikkelen door middel van commentaren op de heilige geschriften. Shankara schreef zelf een commentaar op de *Karika*, als onderdeel van zijn commentaar op de *Mandukya*. De *Karika* is geschreven in *shloka*-versvorm (coupletten van steeds zestien lettergrepen) die ook in werken als de *Bhagavad Gītā* wordt gevonden. Het is de eerste heldere uiteenzetting van de Advaita Vedānta-leer.

Een belangrijk element in Gaudapāda's filosofie is *ajata* ('niet-wording'). Gaudapāda ontkent het idee van de schepping: het universum is noch een spel, noch de wil van Brahman, noch een goddelijke illusie, maar simpelweg de onveranderlijke natuur van Brahman: 'Welk verlangen kan iemand hebben wiens verlangen altijd vervuld is?' Hij staat ook achter het idee van *vivarta* ('illusionisme'). Het universum is een illusie die voortkomt uit onwetendheid en die zo uitgestrekt en betoverend is dat, zo lijkt het, zelfs het brahman er deel van uitmaakt.

Gaudapāda zegt: 'Dit is de Maya [illusie] van die God waardoor Hijzelf wordt misleid.' Gaudapāda ziet zich gedwongen tot deze verrassende uitspraak als een direct gevolg van zijn radicale non-dualisme: aangezien er slechts één onveranderlijke realiteit bestaat, is de persoon die in zekere zin onder die misvatting lijdt het brahman. De meeste denkers na Gaudapāda vonden dit een te extreem standpunt. Radhakrishnan vat de kritiek op Gaudapāda als volgt samen in zijn *Indian Philosophy*:

> *Een theorie die slechts stelt dat een onwerkelijke ziel tracht te ontsnappen aan een onwerkelijke band met een onwerkelijke wereld, teneinde een onwerkelijk ultiem Goed te bereiken, is misschien zelf onwerkelijk.*

Shankara's verklaring is dat de misleiding van het brahman slechts een ogenschijnlijke is: de belangrijkste illusie is niet *maya*, maar de illusie dat Hij er in feite door wordt misleid. Shankara wijkt hier dus af van de visie van Gaudapāda.

Interessant is dat Gaudapāda juist de *Mandukya Upanishad* heeft uitgekozen als basis voor zijn commentaar. Van alle klassieke upanishaden is de *Mandukya* de meest pure en abstracte: in twaalf korte verzen is een statische, eeuwig geldende, majestueuze filosofie gevat waarin het hele universum is verklankt in de oerklank AUM (of OM), symbool voor Brahman. Door te mediteren op dit ene woord kan de gelovige de verlichting bereiken. *Mandukya* wordt meestal vertaald als 'de leer van Manduk', maar poëtischer is 'de kikker'. Die kan in drie sprongen van de verschroeiende hitte van de dag (de illusie van het leven) naar de koele diepten van het water (de vrede en vreugde van de kennis) gaan. Deze drie sprongen zijn de drie letters van AUM, die respectievelijk de toestand van waken, dromen (of denken) en diepe slaap vertegenwoordigen. Wie slechts een deel hiervan begrijpt, plukt daar al de vruchten van, maar wie het oerwoord in al zijn aspecten bevat valt de verlossing ten deel, die overeenkomt met een vierde toestand, *turiya*. De *Upanishad* is een soort auditief equivalent van Plato's beroemde visie op het universum van voor het begin der tijden in de *Timaeus*. De Oosterse traditie kent niet zo'n veelheid aan visuele metaforen voor 'kennis' als het Westen. De *Mandukya Upanishad* is een van de belangrijkste teksten waarin het hindoeïstische idee wordt uiteengezet dat God zich niet manifesteert als licht *(jyotir)*, maar als geluid *(shabda)*.

De korte upanishad is het uitgangspunt van Gaudapāda's *Karika*, die, hoewel beknopt en kernachtig, nog altijd twintig maal zo lang zijn. Eigenlijk is alleen het eerste hoofdstuk een direct commentaar; de rest is een opmerkelijk heldere en leesbare uiteenzetting van de vroege Advaita Vedānta. Het vierde en langste hoofdstuk (100 *shloka*-verzen) heet *Alatashantiprakarana*, wat 'het doven van het brandhout' betekent. Dit is een veelgebruikt boeddhistisch beeld: net zoals een bewegend stuk brandhout in het duister een boog tekent, zo lijkt het bewustzijn te vibreren tussen subject en object. Zodra de waarheid wordt bevat, verdwijnen alle objecten en straalt het bewustzijn zelf; het verlicht niets, want buiten het bewustzijn bestaat niets meer om te verlichten. Het individu dat deze toestand bereikt, moet voorgeven nog steeds onwetend te zijn en bescheiden en beheerst leven. Gaudapāda stelt overal in de *Karika* dat beide toestanden, waken en dromen, even illusoir zijn: wanneer we wakker zijn, zien we dingen die we niet meer zien als we slapen, en andersom. Aangezien Gaudapāda de werkelijkheid als permanent en onveranderlijk beschouwt, moet al het andere wel een illusie zijn.

In de laatste *karika's* maakt Gaudapāda herhaaldelijk gebruik van het woord *buddha*, dat wil zeggen 'verlichte':

> *De kennis van een ontwaakt man [een 'boeddha'], die alomvattend is, strekt zich niet uit tot objecten; evenmin strekken individuele zielen zich uit naar objecten. Dit standpunt is niet door Boeddha geuit.*

De *Karika* staat bol van de boeddhistische termen en argumenten. Hier, in het op één na laatste vers, bezweert Gaudapāda dat zijn filosofie niet boeddhistisch is. **Boeddha** kritiseerde de hindoeterminologie; zo wees hij op het verschil tussen een 'waarachtig brahmaan', die goede eigenschappen bezit, en iemand die gewoon uit een brahmaanse familie stamt. Op dezelfde wijze vergelijkt Gaudapāda een ware boeddha of 'verlichte' met de historische Boeddha, wiens kennis, zo wordt gesuggereerd, incompleet was. In Gaudapāda's visie betreft de kennis van een ontwaakte het Zelf, het subject, en niet objecten. De leegte die boeddhisten als **Nāgārjuna** voorstellen vindt een parallel in Gaudapāda's ontkenning van een objectieve werkelijkheid. Maar waar Boeddha weigerde zich uit te spreken over het wezen van *nirvāna*, stelt Gaudapāda dat dit gelegen is in een bewustzijn dat overeenkomt met de werkelijkheid, een bewustzijn dus dat zich niet meer naar illusoire objecten uitstrekt, maar berust in de contemplatie van zichzelf, in zijn woorden, 'een kennis die vergelijkbaar is met de oneindige ruimte'.

SHANKARA
circa 700–750

Shankara zou geboren zijn in de Zuid-Indiase regio Kerala, volgens één traditie in 788; andere wetenschappers zijn inmiddels van mening dat zijn geboortejaar bijna een eeuw eerder viel. Naar verluidt besloot Shankara als tiener dat hij *sannyasin* (iemand die het wereldlijke verzaakt) wilde worden, hoewel zijn moeder erop tegen was. Hij reisde naar Badrinath, waar hij de leerling werd van de wijze Govindapada. Over de laatste is niet veel bekend, behalve dat hij een volgeling was van de traditie van **Gaudapāda**, die de *Karika*, het eerste bekende commentaar op de *Mandukya Upanishad*, schreef. Shankara volgde het voorbeeld van Gaudapāda en schreef commentaren op de vedantische literatuur, met name op enkele upanishaden en op de Brahma Sūtra van **Bādarāyana**. Afgezien daarvan wordt zijn oeuvre in twijfel getrokken. Er is enorm veel literatuur toegeschreven aan Shankara, maar modern linguïstisch onderzoek wijst uit dat veel hiervan het latere werk van anderen moet zijn. Zijn opvolgers in vier kloosters in India staan al 1200 jaar bekend als Shankaracharya's, Shankara-leermeesters. Die omstandigheid, gekoppeld aan het betrekkelijk geringe belang dat men in India hechtte aan historische data en personen, verklaart misschien waarom er zoveel 'Shankara-werken'

> *'Brahman is waarheid, de wereld is onwaarheid, het individuële zelf is niets anders dan het brahman.'*

zijn. Onder de teksten die ter discussie staan vallen zijn commentaar op de *Bhagavad Gītā*, zijn *Vivekacudamani* (Voorhoofdsjuweel van Wijsheid) en veel devotieve hymnen. Niettemin is Shankara's filosofie zeer helder en consistent.

Shankara leefde in een tijd waarin de Indiase cultuur in beweging was. Wat de onorthodoxe stelsels aangaat, verkeerde het jainisme op zijn hoogtepunt, terwijl het boeddhisme, getuige een Chinese bezoeker uit die tijd, danig aan populariteit had ingeboet. Bij de orthodoxe stelsels schoot Mīmāmsā, met zijn nadruk op ritueel, zowel emotioneel als intellectueel tekort. Het brahmanisme, de oude, op de Veda's gebaseerde religie, was op zijn retour en in zijn plaats kwam het hindoeïsme zoals wij dit nu kennen, met stromingen als het shaivisme (aanbidding van Shiva), vaishnavisme (aanbidding van Vishnu) en shaktisme (aanbidding van de

Shiva de verwoester, de machtigste god in het hindoepantheon en een van de goden van de trimurti, *de hindoedrie-eenheid.*

moedergodin) en een bloeiende tempelcultuur. Shankara stelde zich ten doel de studie van de Vedānta of de *Upanishaden*, zoals geïnstigeerd door Bādarāyana en voortgezet door Gaudapāda, nieuw leven in te blazen en de Indiase cultuur weg te leiden van de invloed van latere werken als de Purāna's. Toch zou het verkeerd zijn om Shankara te beschouwen als een tegenstander van de traditie. Zijn visie op de Indiase orthodoxe religie uit het oudste deel van de Veda komt overeen met die in de *Upanishaden*: een diep respect, gepaard aan een veel groter respect voor pure filosofie.

Shankara's filosofie stelt niets minder te zijn dan een overbrenging van de leer van de *Upanishaden*, de Vedānta. Die claim is in zekere zin ook volkomen terecht. Radhakrishnan citeert Jacob: 'Toegegeven, als er één stelsel is opgewassen tegen de onmogelijke taak om de tegenstellingen in de *Upanishaden* te verzoenen en te reduceren tot een harmonieus, consistent geheel, dan is dat het stelsel van Shankara.' Dit betekent niet dat Advaita Vedānta de filosofie van de *Upanishaden* is, maar dat het de meest consistente filosofie is die eruit gedistilleerd kan worden. De enige serieuze rivaal voor deze claim is Rāmānuja, wiens Vishishta-Advaita of 'beperkt non-dualisme' de devotieve en theïstische elementen van de *Upanishaden* benadrukte. De meeste wetenschappers beschouwen Rāmānuja's leer, die in het volgende hoofdstuk aan bod komt, als een geldige extrapolatie van de *Upanishaden*, maar meer nog van de *Bhagavad Gītā*. Hoewel Shankara het een en ander verschuldigd is aan het Madhyāmika-boeddhisme van Nāgārjuna, is zijn schuld minder groot dan die van Gaudapāda. De beschuldiging dat de Advaita-filosofie een 'gezuiverd boeddhisme' of 'verkapt boeddhisme' is, is in het geval van Shankara niet gerechtvaardigd. Zowel het boeddhisme als Advaita vertoont een sterke overeenkomst met de *Upanishaden*, maar Shankara's band met de hindoecultuur in bredere zin is hecht en waarachtig.

Het centrale begrip in Shankara's systeem, *advaita*, betekent letterlijk 'niet-twee' of 'non-dualisme'. Advaita Vedānta, de naam van zijn filosofie, verwijst dan ook naar de non-dualistische interpretatie van de vedantische traditie. Advaita Vedānta is nog steeds zeer invloedrijk; in de afgelopen 200 jaar heeft de leer de meest vooraanstaande positie verworven in India, mede doordat hij werd overgenomen door westerse denkers. Hierdoor wordt wel eens vergeten dat er nog andere vormen van Vedānta en andere Indiase filosofieën bestaan. De kracht en aantrekkelijkheid van Advaita Vedānta liggen vooral in de helderheid van de doctrine. Die berust op een handvol kernachtige uitspraken, alle afkomstig uit de *Upanishaden*. Het positieve aspect is 'sa Ātman tat tvām asi' ('dat Zelf, jij [het brahman] bent dat zelf') of 'aham Brahmasmi' ('ik ben het brahman'); het negatieve aspect is 'neti, neti' ('noch dit, noch dat'), wat betekent dat niets wat ervaren wordt het brahman is. Shankara's talent was dat hij deze ideeën rigoreus toepaste. Zijn leer kan worden samengevat met de zin 'Brahma satyam, pagan mithyā, jīvo Brahmaiva nāparah' ('Brahman is waarheid, de wereld is onwaarheid, het individuele zelf is niet anders dan het brahman'). Een verhaal uit Shankara's jeugd maakt iets duidelijk over de aantrekkingskracht van Advaita Vedānta: wat jongens zijn aan het ruziën over hoeveel zaden er in een meloen zitten. Shankara zegt dat het aantal zaden in de meloen gelijk is aan het aantal goden dat het universum heeft geschapen. Wanneer ze de meloen opensnijden, blijkt er slecht één zaad in te zitten.

Van Gaudapāda nam Shankara het idee van *vivarta* of illusionisme over: het idee dat alles wat ogenschijnlijk bestaat een illusie (*maya*) is, of een droom die voortkomt uit onwetendheid. Verder werkte hij Gaudapāda's concept van een hoger en een lager niveau van waarheid of kennis uit naar drie niveaus. Het laagst is de wereld van de illusie, bijvoorbeeld als we een opgerold touw voor een slang aanzien. Dan komt de wereld van de dagelijkse schijn, waarin we het touw herkennen voor wat het is. Ten slotte volgt de ultieme werkelijkheid van het brahman. Wanneer we inzicht verwerven in een hoger niveau van waarheid, wordt het lagere niveau hierdoor volledig opgeheven (*bādha*). Dit betekent niet alleen dat een fout is hersteld, maar ook dat de realiteit van de vorige, lagere waarheid volledig is verworpen ten voordele van de nieuwere waarheid. De dramatische overgang naar elk volgende niveau is radicaler dan bijvoorbeeld Plato's werkelijkheid van vier niveaus in *De republiek*. Waar volgens Plato de schaduw of reflectie van een lichaam ons iets over dat lichaam vertelt en het lichaam op zijn beurt een 'schaduw' van zijn 'vorm' of 'idee' is, daar bestaat zo'n relatie volgens Shankara helemaal niet. Een lager niveau kan naar een hoger voeren, maar zodra het hogere niveau zich heeft geopenbaard, wordt het lagere verworpen. Het klassieke voorbeeld van het touw dat wordt aangezien voor een slang biedt een nuttige illustratie. Zodra het touw wordt gezien voor wat het is, zijn de angst en ideeën die te maken hebben met slangen niet meer relevant. Op dezelfde wijze komen we tot een begrip van de non-dualistische natuur van het brahman en de *jiva* of individuele ziel. In het kielzog van de herkenning van de werkelijkheid is er geen weg terug meer naar de kennis van de schijnbare dualiteit die eraan voorafging en die ertoe leidde.

Er bestaan bewijzen dat Shankara's werk door latere Shankara-leraren hier en daar is aangepast. Een voorbeeld is het volgende: in zijn commentaar op de *Isa Upanishad* voegt

'Shankara' een negatieve 'a-' toe aan vers 14, en merkt daarbij doodleuk op dat die betekenis beter bij zijn interpretatie past. Een latere commentator uit een rivaliserende school noemt dit sarcastisch een 'uniek talent voor grammatica'. De algemene mening over Shankara als geleerde is dat hij gewoonlijk zorgvuldig en accuraat was en bovendien beschikte over een visie en subtiliteit die ongeëvenaard was in het Indiase denken. Shankara's commentaren vormen een indrukwekkende prestatie en dienen als referentiepunt voor latere Vedānta-denkers.

Volgens de overlevering zou Shankara uitgebreid door India hebben gereisd. Aanvankelijk schijnt hij zich vooral op het platteland te hebben gericht, aangezien de steden bolwerken waren van rivaliserende scholen. Dit wordt weerspiegeld in zijn commentaren, doorspekt als ze zijn met debatten vol dramatiek tussen hemzelf en zijn opponenten. Er bestaat ook een groot aantal verhalen over Shankara die in discussie gaat met plaatselijke geleerden en daarbij van hen wint, zodat ze, zoals de traditie vereiste, zijn leerlingen werden. Deze gewoonte gaf Shankara, die een uitstekend debater was, de gelegenheid zijn leer overal in India te verspreiden. Zijn beroemdste overwinning in het debat leverde hem zijn belangrijkste leerling en uitlegger Sureshvara op, die een aanstelling kreeg als hoofd van de *ashram* (klooster) die hij stichtte in Sringeri. Dat Shankara kloosters stichtte was ook maatschappelijk van belang, omdat daardoor aan de behoefte werd voldaan van hindoes die zich uit de wereld wilden terugtrekken. Vóór Shankara's tijd zouden dezen waarschijnlijk zijn overgegaan tot het boeddhisme. Hij stichtte vergelijkbare kloosters bij

Shankara en zijn leerlingen.

Puri, Dvaraka en Joshimath. Deze vier spirituele centra bestaan nog steeds en worden geleid door goeroes die Shankaracharya's worden genoemd (Shankara zelf staat ook wel bekend als Adi Shankara, de eerste Shankara) en die worden vereerd als *jagadguru's*, 'wereldleraren'.

> *Door in zijn filosofie aan te sluiten bij de Vedische traditie kon Shankara emotioneel, intellectueel en politiek een veel grotere en diepgaandere invloed uitoefenen dan anders het geval zou zijn geweest.*

Hier moeten we ook Shankara's tijdgenoot Bhāskara noemen, die het belang van de traditionele brahmaanse *dharma*, het voorschrift hoe te leven, benadrukte tegenover het mogelijkerwijs ondermijnende effect van het niet op deze wereld gerichte Advaita. Bhāskara was een belangrijke vertegenwoordiger van de filosofische opvatting die bekend stond als *bhedābheda*: het idee dat God zowel verdeeld als niet-verdeeld is in de manier waarop Hij zich manifesteert in de wereld. Denk hierbij bijvoorbeeld aan de golven van de oceaan, die reëel zijn en tegelijk onderdeel zijn van een groter geheel, namelijk de oceaan. Als de wereld een aspect van God is en niet alleen een illusie die gebaseerd is op onwetendheid, dan is ons gedrag in de wereld van grote betekenis. Shankara slaagde erin deze theorie op zowel logische als theologische gronden te weerleggen, maar hij vormt een interessante voorloper van de ideeën van **Rāmānuja** drie eeuwen later. In Advaita Vedānta zoals uitgewerkt door Shankara neemt *Jnāna* of kennis een centrale positie in. Hoewel de hindoecultuur en -religie dankzij Shankara's optreden hersteld werden in India, hebben zijn leerstellingen vooral een intellectuele basis. Shankara's filosofie was daarom niet erg aantrekkelijk voor hindoes die liever kozen voor het pad van *Karma* (actie) of *Bhakti* (devotie).

Een punt van kritiek op Shankara's filosofie zou kunnen zijn dat ze niet behoefde te steunen op bepaalde teksten. Als er slechts één Zelf bestaat, dat identiek is met het brahman, is het absurd dat kennis van de *Upanishaden* essentieel zou zijn voor de zelfrealisatie van het Zelf. Het Zelf is geen historisch concept. Waarschijnlijk legde Shankara toch grote nadruk op de teksten, omdat hij liever wilde voortbouwen op de traditie en die wilde absorberen dan dat hij zijn eigen belangrijkheid wilde benadrukken. In elk geval ging er een inspirerend effect van uit, dat leidde tot een opleving van het Indiase denken door de bestudering van de belangrijkste teksten. Door in zijn filosofie aan te sluiten bij de Vedische traditie kon Shankara emotioneel, intellectueel en politiek een veel grotere en diepgaandere invloed uitoefenen dan anders het geval zou zijn geweest.

Dit was misschien ook de oorzaak van het feit dat Shankara bij zijn volgelingen bekend kwam te staan als een soort hindoeversie van het universele genie uit de westerse Renaissance. Zo vroom, geleerd en krijgshaftig als hij moet zijn geweest, was nauwelijks mogelijk in de 32 jaar die hij volgens de overlevering geleefd zou hebben. Volgens

Radhakrishnan 'oefende Shankara in een paar jaar tijd verscheidene loopbanen uit, die elk op zich eigenlijk al te veel waren voor een gewoon mens'. Deze opmerking moet worden geplaatst in de context van latere studies die hebben laten zien hoeveel onze-

'Liefde is belangrijker dan de wet.'

kerheid er steeds bestond of een bepaalde 'Shankaracharya' misschien Adi Shankara (de eerste Shankara) was geweest. De shankaristische traditie werd synoniem met het herstel van het hindoeïsme gedurende de volgende eeuwen als het centrale geloofssysteem en het belangrijkste filosofische stelsel in India. Daarom werd Shankara, als symbool ervan, ook gezien als een militaire leider die zijn vijanden versloeg wanneer hij ze niet door overreding kon overtuigen.

Er bestaan veel legenden rond Shankara, onder meer over wonderen die hij al vanaf zijn jeugd verricht zou hebben – een aanwijzing voor zijn dubbele betekenis als filosoof en als religieuze persoonlijkheid. Hoewel we niet weten hoeveel waarheid er in zulke verhalen ligt, kunnen we er wel uit opmaken hoeveel hij betekende voor India. Het bekendste verhaal over Shankara klinkt authentiek. Hoewel hij *sannyasin* was en zich daarom niet mocht hechten aan andere wezens, ging Shankara toch naar zijn moeder toen die op sterven lag en ontstak hij na haar dood haar brandstapel. Ook dat was tegen de *sannyasin*-regels, die het aansteken van vuur verboden. Volgens een 20ste-eeuwse opvolger van Shankara, Shāntānanda Saraswatī, zei Shankara, toen hij werd bekritiseerd door de plaatselijke orthodoxe geleerden, eenvoudig: 'Liefde is belangrijker dan de wet'. In een ander verhaal kwam Shankara een *chandala*, een onaanraakbare, tegen op straat, waarop hij voor hem terugdeinsde. De *chandala* beschuldigde hem ervan dat hij zich niet aan zijn eigen principes van non-dualisme hield. Daarop schreef Shankara een hymne met als refrein: 'Wie heeft geleerd fenomenen te zien in het licht van Advaita is mijn ware goeroe, of hij nu een *chandala* is of een brahmaan.' Advaita Vedānta heeft op zich geen radicale sociale implicaties, maar het idee dat er slechts één Zelf is dat bovendien identiek is met het brahman heeft duidelijk een eroderend effect op kastegrenzen. Dat was overigens ook een consequentie van de leer van **Rāmānuja** en **Madhva**, die beiden een versie van de Vedānta ontwikkelden die een meer uitgesproken ethische nadruk liet zien.

In de loop van de eeuwen is er in de shankaristische traditie ongetwijfeld veel toegevoegd aan het oorspronkelijke gedachtegoed van Shankara. Over de historische ontwikkeling van het shankarisme is niet veel bekend, maar tegenwoordig omvat het een aanzienlijk ethisch element evenals een devotionalisme dat verwant is aan dat van **Rāmānuja**. Het is echter onjuist te veronderstellen dat de echte Shankara volledig is verdwenen achter het beeld dat de hagiografen hebben gecreëerd en de toevoegingen van de latere Shankaracharya's. Zijn leer van Advaita, zonder de religieuze toevoegingen, is in de afgelopen twee eeuwen de belangrijkste filosofie van India geworden en het belangrijkste filosofische exportproduct. De invloed ervan op het Westen was aanzienlijk.

RĀMĀNUJA
circa 1017–1137

Rāmānuja gaf **Shankara's** Advaita Vedānta ofwel non-dualisme een theïstische richting. Daarbij speelde een rol dat hij tijdens zijn jeugd had kennisgemaakt met de Tamil-hymnen voor de god Vishnu, in het bijzonder die van de Alvar-heiligen. We kennen Rāmānuja's leven alleen door zijn hagiografen. Hij zou afkomstig zijn uit een vrome brahmaanse familie en les hebben gehad van Yādvaprakāsha, een shankaristische leraar. Zijn grote intelligentie bleek al snel en in bepaalde gevallen verschilde hij zelfs van mening met zijn leraar. Uiteindelijk brak hij met hem. Rāmānuja's kritiek was echter gebaseerd op een intens gevoelde liefde voor Vishnu, over wie hij later een visioen kreeg. Rāmānuja werd tempelpriester in Kancipuram en later door de grote vaishnavitische leraar Yamuna op zijn sterfbed aangesteld als zijn opvolger bij de Srirangamtempel. Rāmānuja zou ook een pelgrimstocht van twintig jaar door India hebben gemaakt, waarbij hij steeds zijn weergaloze bekwaamheid in het debat toonde. Hij bekeerde koning Bittideva van Mysore tot het vaishnavisme (de verering van Vishnu), waardoor zijn invloed sterk toenam. Na zijn terugkeer bleef hij actief. Hij stichtte 74 kloosters en stierf volgens de overlevering op 120-jarige leeftijd.

Rāmānuja was de grondlegger van een nieuwe, invloedrijke vorm van Vedānta-filosofie, Vishista-Advaita, waarin de kracht van Advaita werd gecombineerd met een warmere, devotievere benadering. Voor Rāmānuja is het belangrijkste filosofische probleem niet gebrek aan kennis, zoals voor de meer intellectuele scholen, maar gebrek aan geloof. Hij had kritiek op de logische traditie van de Nyāya-filosofen (zie **Gautama**), die het goddelijke wilden bereiken door te redeneren. Om het geloof te versterken viel Rāmānuja systematisch de argumenten aan die bedoeld waren om te bewijzen dat God bestond. Door zulke bewijzen te ontkrachten maakte Rāmānuja duidelijk dat het brahman alle menselijke redeneringen te boven gaat. De parallellen met het christelijke geloof zijn duidelijk, hoewel Rāmānuja's argumenten ook vooruitlopen op de moderne westerse rationalistische filosofie.

Rāmānuja werd in sterke mate beïnvloed door Shankara, maar hij zette zich ook tegen hem af. Hij wilde een filosofie grondvesten waarbij niet kennis centraal stond, zoals bij Shankara, maar devotie. Volgens Rāmānuja waren Karma Yoga (het 'pad van het handelen') en Jnāna Yoga (het 'pad van de kennis') slechts voorbereidingen voor Bhakti Yoga (het 'pad van de devotie'). Dit lijkt op het eerste gezicht haarkloverij, maar de implicaties zijn verstrekkend en fascinerend en worden verderop behandeld. De intellectuele onderbouwing die Rāmānuja aan Bhakti heeft gegeven, heeft veel invloed gehad in de Indiase filosofie. Waar het hierbij om gaat, is dat hij God niet ziet als de oneindige, transcendente Nirguna Brahman ('brahman zonder kwaliteiten'), maar als de aanwezige Saguna Brahman ('brahman met kwaliteiten'). De kwaliteiten van Brahman zijn met name kennis, bewustzijn en gelukzaligheid, en Rāmānuja identificeert hem met de persoonlijke God, meer in het bijzonder met Vishnu, de onderhouder, die onder meer Rama en Krishna als *avatar* heeft. Vishnu en Siva zijn de twee personificaties van God die van oudsher de meeste volgelingen hebben aangetrokken in India.

Vishishtadvaita betekent letterlijk 'ingeperkt non-dualisme'. Volgens Rāmānuja zijn er drie orden van bestaan: God, ziel en materie. Dit idee ontleende hij aan Bhartriprapanca, een filosoof die leefde in de tijd vóór Shankara. Volgens Rāmānuja is op het niveau van God alles God, en bestaat er niets anders, maar is de substantie van God in de lagere orden 'ingeperkt'. Je kunt een vergelijking trekken met de ziel en het

Rama, de zevende incarnatie van Vishnu, die op aarde zou zijn geboren om de kwade krachten van dat moment teniet te doen.

lichaam: het lichaam is de dienaar van de ziel en bezit gescheiden van de ziel geen realiteit, maar toch heeft het zijn eigen karakteristieken als lichaam. Een ander belangrijk aspect van Vishishtadvaita is dat het realiteit toeschrijft aan de wereld. Hierin volgt hij Bhāskara, een jongere tijdgenoot van Shankara, die de opvatting uitdroeg dat God zowel verdeeld als niet-verdeeld was (*bhedābheda*), net zoals de golven van de oceaan reëel zijn en tegelijk onderdeel van een grotere realiteit, namelijk de oceaan. Shankara had *bhedābheda* op logische gronden aangevallen en erop gewezen dat het principe tegengestelde attributen van dezelfde zaak veronderstelde. Rāmānuja loste deze kwestie op door aan te voeren dat realiteit niet noodzakelijkerwijs onafhankelijkheid inhoudt. Zielen zijn reëel, maar hun bestaan is afhankelijk van God; ze vormen zijn lichaam. Op een vergelijkbare manier is het materiële universum reëel, maar afhankelijk. We moeten ons realiseren dat er in Rāmājuna's filosofie geen dualisme is (zoals in de Sānkhya-filosofie van Kapila) en ook geen veelvuldigheid (zoals in de Vedānta van Madhva). Hij moet ruimte creëren voor een soort subject-objectrelatie om te kunnen voldoen aan de menselijke behoefte om iets te kunnen vereren, maar het non-dualisme blijft in zijn theorieën in een aangepaste vorm bestaan. Rāmānuja houdt de mogelijkheid open van verlossing door eenheid, zoals bij Advaita, maar geeft een belangrijker plaats aan de pure vreugde van het vereren van God in de hemel, de ware *moksha* of verlossing.

Rāmānuja ontwikkelde zijn filosofie door commentaar te leveren op en een nieuwe interpretatie te geven van de traditionele teksten van de Vedānta, met inbegrip van de *Upanishaden*, de Brahma Sūtra's en, later in zijn leven, de *Bhagavad Gītā*. In de 'Vedārthasangraha' formuleerde Rāmānuja zijn filosofie door de op het eerste gezicht tegenstrijdige uitspraken in de *Upanishaden* te onderzoeken. Rāmānuja beargumenteerde dat deze tegenstrijdigheden alleen door Vishishtadvaita opgelost konden worden. Het belangrijkste commentaar van Rāmānuja is echter dat op de *Bhagavad Gītā*. Hoewel het moeilijk is hindoeteksten te dateren, is het zeker dat de *Gītā* iets nieuws toevoegt aan de rituele religie van de Veda en de filosofie van de *Upanishaden*. Dat nieuwe element is *Bhakti* of devotie. Shankara's geniale inzichten waren nodig om het belang van non-dualisme voor de *Upanishaden* te ontdekken, maar Rāmānuja bracht het devotionalisme van de *Gītā* aan het licht.

Volgens Rāmānuja biedt de *Gītā* een beeld van liefde voor de Heer (in dit geval Krishna) dat een hoger ideaal voorstelt dan de zelfrealisatie ('*atma-jnāna*') van het shankarisme. Brahman is niet de Hoogste Heer, maar slechts de *atmatattva*, de 'zielsubstantie' die de ware aard vormt van een menselijk wezen. Als een menselijke ziel zich realiseert identiek te zijn aan het brahman, wordt hij gereinigd van zijn omgang met lagere zaken zoals het lichaam en het individuele ego. Dit stadium, dat het hoogste ideaal vormt voor Advaita, is voor Vishishtadvaita slechts een voorbereiding van de ziel op het goddelijke zien van de Heer, op wie hij, in de woorden van de *Mundaka Upanishad*, 'in uiterst grote mate lijkt'. De liefde van de ziel voor God en van God voor de ziel wordt een zichzelf in stand houdende, verrukkelijke eenwording, die de hoogste hemel vormt. Eigenlijk beschouwt Rāmānuja zelf-realisatie als een nogal gevaarlijk doel voor een gemiddeld persoon en raadt hij die aan 'handelingen te verrichten zonder zich te bekommeren om het resultaat: laat hem zelf-realisatie vergeten als hij zijn doel wil bereiken'.[27]

Rāmānuja's analyse van de *Gītā* is krachtig en overtuigend en zou volgens de meeste geleerden het best aansluiten bij de bedoeling van de onbekend gebleven auteur. Hij brengt zelf-realisatie in verband met de Sānkhya- en Yoga-filosofieën (zie de hoofdstukken over **Kapila** en **Patanjali**), die als doel hebben het bewuste element in de mens te scheiden van zijn onbewuste of natuurlijke kant, en ook met Vedānta. Rāmānuja liet zien dat liefde voor de aanwezige Saguna Brahman niet een minder belang had, zoals Shankara had gezegd, maar juist het uiteindelijke doel was van filosofie en religie. Zijn filosofie incorporeerde die van zijn voorgangers en voegde er het devotionalisme van zijn Tamil-achtergrond aan toe.

Rāmānuja's filosofische stelsel lijkt op de soefi-mystiek, die eveneens liefde voor God centraal stelt.[28] Het is in zekere zin een tegenhanger van Advaita Vedānta: terwijl Shankara alles elimineert wat niet het absolute brahman is, bouwt Rāmānuja aan een beeld van Ishvara door diens goddelijke kwaliteiten te erkennen. Beide benaderingen vinden een ondersteuning in de traditionele teksten, zoals de *Upanishaden*.

Rāmānuja's invloed doet zich in het hedendaagse India vooral gelden in de religie, en niet in de filosofie. Het door hem geïnspireerde Sri Vaishnavisme (vereerders van Vishnu) is de grootste hindoesekte. Deze sekte heeft veel van zijn populariteit te danken aan Rāmānuja's uitspraak dat iedereen, ongeacht kaste, Vishnu kon bereiken. Dit alleen al is een belangrijk idee van Rāmānuja, omdat de *shudra's,* de laagste kaste, van oudsher niet mochten deelnemen aan tal van religieuze activiteiten. De twee belangrijkste centra van het Sri Vaishnavisme bevinden zich in Srirangam in Zuid-India en Tirupati in Noord-India.

Vishnu

MADHVA
1197–1276

Een andere tak van Vedānta, dat steeds meer het belangrijkste filosofische stelsel aan het worden was, werd in de 13de eeuw ontwikkeld door Madhva. In veel opzichten staan zijn ideeën lijnrecht tegenover die van **Shankara**. In plaats van Advaita Vedānta zien we bij hem de leer die meestal Dvaita Vedānta wordt genoemd, het dualisme. Madhva, die ook bekend staat als Ānanda-Tirtha, werd al tijdens zijn leven door sommigen gezien als een goddelijke incarnatie, die gezonden was om het kwaad dat belichaamd was in Shankara en diens bedrieglijke leer te bestrijden. Madhva's leven, zoals dat traditioneel wordt beschreven, vertoont veel parellellen met dat van Jezus. Hij zou bijvoorbeeld wonderen hebben verricht zoals het lopen over water en het spijzigen van een menigte met brood en vis. Dit is vermoedelijk het gevolg van christelijke invloeden in Zuid-India, zoals we zullen zien.

In de *Upanishaden* staat een aantal sleuteluitspraken waarvan gewoonlijk wordt verondersteld dat ze non-dualisme ondersteunen. Madhva had echter een tegengestelde mening, hoewel de *Upanishaden* volgens hem een geopenbaarde waarheid vormden. Daartoe moest hij de *Upanishaden* op een nieuwe en zeer onorthodoxe manier interpreteren. In het hoofdstuk over Shankara zagen we dat deze er niet voor terugdeinsde veranderingen in de *Upanishaden* aan te brengen om zijn eigen opvattingen steun te geven. Madhva nam, misschien in navolging van zijn tegenstander, zijn toevlucht tot een vergelijkbare methode om de betekenis van de sleuteluitspraken in de *Upanishaden* om te keren Zo wordt 'Sa Ātman tat tvam asi', 'Dat Zelf, jij [het brahman] bent dat zelf': 'jij bent dat niet zelf'. Madhva beweert dat er een negatief voorvoegsel 'a-' in de woorden is verborgen, wat grammaticaal inderdaad niet onmogelijk is.

Filosofisch gezien is de vraag of de interpretatie juist is, minder belangrijk dan de achtergrond ervan. Madhva's stelsel bestaat uit meer dan alleen dualisme en de term Dvaita Vedānta is misschien wel gemakkelijk, maar ook nogal misleidend. Madhva's hedendaagse volgelingen prefereren de term Tattva-vāda, wat ongeveer 'realiteit-isme' betekent, maar een nauwkeuriger term is Bheda-vāda, ofwel 'verschil-isme'. Madhva's essentiële leerstuk over verschillen is, dat God (die wordt gelijkgesteld met Vishnu), het Zelf en de materie reëel, gescheiden en verschillend zijn. Bovendien zijn er talloze 'zelven' en talloze materiële objecten, die allemaal gescheiden en verschillend zijn. Alleen

Vishnu is echter onafhankelijk reëel, terwijl alle andere dingen voor hun bestaan van hem afhankelijk zijn. Madhva heeft veel van zijn ideeën ontleend aan de Sānkhya-filosofie van **Kapila**: Vishnu is de directe oorzaak

Lakshmi, gemalin van Vishnu en godin van de materiële en spirituele rijkdom en voorspoed.

van de wereld, maar de materiële oorzaak is de natuur ofwel *prakriti*, die wordt gelijkgesteld met Vishnu's gemalin Lakshmi. Vishnu's contact met Lakshmi bezielt de wereld en zet de drie *guna's* in beweging.

Madhva is vermoedelijk ook beïnvloed door het christendom. Men neemt algemeen aan dat de apostel Thomas Zuid-India heeft bezocht en daar een centrum van de christelijke religie heeft gesticht, dat in Madhva's tijd nog actief was. Omdat de Indiase cultuur altijd heeft opengestaan voor heterodoxe opvattingen kon het christendom eeuwenlang bestaan naast het hindoeïsme en dit beïnvloeden, hoewel er nooit op grote schaal bekeringen plaatsvonden. Westerse lezers zullen in Madhva's kosmologie – miljoenen zielen gemaakt uit gewone materie en met een transcendente God als toezichthouder – een echo horen van christelijke opvattingen, ook al lag de oorsprong in de Sānkhya-filosofie. Opvallend genoeg geeft Madhva ook een predestinatieleer die lijkt op die van de 16de-eeuwse kerkhervormer Calvijn. Volgens de Sānkhya-filosofie beginnen de zielen aan het begin van een scheppingscyclus met een bepaalde karmische dispositie. De schepping wordt door God in beweging gezet als mechanisme om deze disposities tot hun recht te laten komen. Doordat Madhva de zielen ziet als afzonderlijke individuen, stelt hij zich voor elk ervan een bepaald lot voor. Sommige hebben als lot dat ze bevrijding vinden uit de *karma*cyclus door één te worden met Vishnu in de hemel. Andere zielen zullen doorgaan op het pad van geboorte, dood en wedergeboorte, Madhva's versie van het vagevuur. Het lot van weer andere zielen – en dit is waarschijnlijk een westerse invloed, want hij verschilt hierin van alle andere Indiase denkers – is eeuwig lijden en verdoemenis. Deze opvatting van het universum is sterk mechanistisch. Sommige commentatoren hebben opgemerkt dat de macht van God er paradoxaal genoeg door wordt verzwakt. Zijn rol wordt immers gereduceerd tot die van toezichthouder, doordat het *karma* noodzakelijkerwijs moet worden verwezenlijkt in de individuele zielen. Madhva vond net als **Rāmānuja** dat devotie en de heilige teksten de enige ware weg vormden naar God, maar hij stond minder kritisch tegenover logica en gaf een aantal bewijzen voor Gods bestaan.

INDIA

VIVEKĀNANDA
1863–1902

Het Indiase denken is pas de laatste 250 jaar op grotere schaal bekend geworden in het Westen, waarbij de meeste belangstelling uitging naar de verst ontwikkelde vormen ervan, boeddhisme en Advaita Vedānta. We zullen hier niet uitvoerig ingaan op de invloed van de vertaalde Indiase teksten op de Europese cultuur in de 18de en 19de eeuw. Tussen 1790 en 1850 lazen vrijwel alle belangrijke filosofen en kunstenaars vertalingen van de *Upanishaden*, de boeddhistische heilige teksten en Sanskriet-literatuur. Het werk van de filosoof Schopenhauer is bijvoorbeeld wel omschreven als een vereenvoudigde versie van het boeddhisme. Deze trend bleef doorgaan tot in de 20ste eeuw, getuige dichters als T.S. Eliot en W.B. Yeats. Deze eerste golf Indiase invloed is inmiddels afgezwakt. Moderne filosofen, schrijvers en dichters citeren tegenwoordig niet meer uit de *Upanishaden*. Maar een tweede golf, die een aanzienlijke invloed heeft gehad op de westerse maatschappij, bestond uit de komst van een aantal authentieke leraren die waren geworteld in de Indiase tradities. De eerste en misschien indrukwekkendste was Swami Vivekānanda.

De plek waar Vivekānanda op het toneel verscheen was het Wereldparlement van Religies in Chicago in 1893. De dertigjarige Vivekānanda verscheen op het podium als vertegenwoordiger van de hindoes en bracht zijn toehoorders in vervoering bij zijn uitleg van Advaita Vedānta. Een krantenverslag van die dag noemde hem een 'begenadigd spreker en ongetwijfeld de bijzonderste persoonlijkheid van het parlement.' Vivekānanda had nog maar net de woorden 'Sisters and Brothers of America' uitgesproken, of een twee minuten durende ovatie maakte hem het spreken onmogelijk, een ontvangst die niet ten deel was gevallen aan de eerdere grieks-orthodoxe, confucianistische, boeddhistische en reformistisch-hindoeïstische Brahmo Samaj-vertegenwoordigers. Hij vervolgde:

> *Het vervult mij met onuitsprekelijke vreugde dat ik mag reageren op het warme en hartelijke welkom dat u ons hebt bereid.*
> *Ik dank u in de naam van de oudste monnikenorde ter wereld.*
> *Ik dank u in de naam van de moeder der religies en*
> *ik dank u in de naam van vele miljoenen hindoes van alle klassen en sekten.*

Vivekānanda's boodschap betrof echter meer dan de grootsheid van zijn eigen traditie:

> *Dit congres, dat een van de meest verheven bijeenkomsten is die ooit zijn gehouden, rechtvaardigt zichzelf. Het brengt de wereld op de hoogte van de schitterende leer die in de* Gītā *wordt verkondigd: 'Ik strek mijn hand uit naar iedereen die tot Mij komt, in welke vorm dan ook; ieder worstelt zich over een pad dat bij Mij uitkomt.'*

Vivekānanda's boodschap dat 'alle religies waar zijn' vatte precies samen waar het congres over ging. Zijn welsprekendheid en spirituele diepte hadden een kracht die verder reikte dan simpele oecumene. Vivekānanda's persoonlijkheid en ideeën betoverden Amerika. Aan de ene kant was hij een uitstekend opgeleide, begaafde jongeman, die goed thuis was in westerse en oosterse filosofie en door een Britse hoogleraar briljant was genoemd. Aan de andere kant was hij de favoriete leerling van de uitzonderlijke hindoeheilige Ramakrishna (gestorven 1886). Deze twee aspecten worden weerspiegeld in de naam die Narendranath Datta – zo heette hij – kreeg toen hij naar naar Amerika vertrok. Vivekānanda betekent 'de verrukking van *viveka* (rede)'. De combinatie van intelligentie en authentieke spirituele ervaringen stelden Vivekānanda in staat om een boodschap te brengen die een luide weerklank vond: 'Slechts de mens die God werkelijk heeft ervaren, is religieus ... religie bestaat niet uit boeken en tempels, maar uit feitelijke ervaring'. Na afloop van het congres stemde hij ermee in een lezingentournee te houden door de Verenigde Staten, waarbij hij een afmattende reeks steden en gehuchten aandeed. Na zijn rondreis door het Westen keerde hij terug naar India waar hem een heldenwelkom ten deel viel. Zijn gezondheid was echter ondermijnd door de uitputting van de reis en hij bleef voortaan – afgezien van een kort bezoek Amerika om enkele centra te openen die waren gewijd aan de studie van de Vedānta en Ramakrishna – in India, waar hij het strenge, teruggetrokken bestaan leidde van een ascetische monnik. De Ramakrishna- en Vedāntagenootschappen die hij stichtte, bloeien ook vandaag de dag nog, waarnaast er letterlijk honderden andere organisaties zijn opgericht die gewijd zijn aan de studie van Advaita.

We zullen hier niet ingaan op de Advaita Vedānta-filosofie die Vivekānanda met zoveel succes uitdroeg, omdat die in andere hoofdstukken aan de orde komt. Van belang is hier vooral dat hij de interpretatie van Advaita een nieuwe richting gaf en die voor de moderne tijd geschikt maakte. Volgens Vivekānanda zijn er twee soorten kennis: wetenschap en de Veda. Wetenschap is de kennis die wordt bereikt met de zintuigen, terwijl de Veda dat is 'wat geweten wordt door de subtiele, bovenzinnelijke macht van Yoga'. De Veda wordt gewoonlijk gelijkgesteld met de verzameling hymnen, rituelen en upanishadische filosofie waarop het Indiase denken is gebaseerd.[29] Hier heeft Vivekānanda het echter over een hogere, transcendente Veda, te vergelijken met islamitische opvattingen over de Koran of met het Woord of de *logos* van de Griekse filosofie. Deze transcendente Veda wordt vooral weerspiegeld in de Vedānta en de *Upanishaden*. Dit is Sanatana Dharma of Eeuwige Religie. Zo slaagde Vivekānanda erin een opvatting van het hindoeïsme te formuleren die zowel trouw was aan de geest ervan als ook voldeed aan de behoefte die er was aan een wereldwijd spiritueel geloof.

MOHANDAS GANDHI
1869–1948

Gandhi werd geboren in Porbandar in Gujarat. Hij stamde uit een familie van politici met sterk religieuze opvattingen, zowel hindoeïstische als jainistische. Zijn vader was premier van Porbandar. Hij trouwde toen hij 13 jaar was en op zijn 19de werd hij naar Engeland gestuurd om daar een opleiding te volgen tot advocaat. Na drie jaar, in 1891, keerde hij terug. Het lukte hem niet werk te vinden in India en daarom accepteerde hij in 1893 een eenjarige aanstelling bij een Indiase advocatenpraktijk in Zuid-Afrika. Door de ervaringen die hij daar opdeed met rassendiscriminatie raakte hij politiek actief. Hij ontwikkelde er zijn methode van geweldloos protest, *satyagraha*, letterlijk 'het zich houden aan de waarheid'. Gandhi maakte onderscheid tussen *satyagraha* en het passieve verzet van bijvoorbeeld de Engelse suffragettes, omdat hij, anders dan zij, alle geweld verwierp. In 1913 keerde hij weer terug naar India. In die tijd stond India onder Brits bestuur. Een onrechtvaardige Britse wet bracht Gandhi ertoe opnieuw politiek actief te worden. De rest van zijn leven wijdde hij zich aan de zaak van de Indiase onafhankelijkheid. De beweging had uiteindelijk succes, maar Gandhi zelf werd slachtoffer van de diepe verdeeldheid in India tussen hindoes en moslims. In 1948 werd hij vermoord door een hindoefundamentalist.

Leden van Gandhi's ashram verzamelen zich kort na de moordaanslag rond zijn lichaam.

Gandhi's politiek activisme was in sterke mate doortrokken van religie en filosofie. Zoals we al hebben opgemerkt werd hij in zijn jeugd beïnvloed door hindoeïstische en jainistische ideeën. Zijn overtuiging was in wezen Advaita Vedānta, de non-dualistische filosofie die was geperfectioneerd door **Shankara** en die de belangrijkste vorm van het Indiase denken was geworden. Gandhi benadrukte in zijn Advaita de waarheid (*satya*), in tegenstelling tot het brahman, misschien omdat dit begrip minder geassocieerd werd met religieuze richtingenstrijd. Zijn Waarheid heeft in wezen dezelfde betekenis: 'Alleen Waarheid is eeuwig, al het

Gandhi's lijkstoet, gadegeslagen door een enorme menigte.

andere is tijdelijk'. Het motto dat India na de onafhankelijkheid koos, vertoont Ghandi's invloed: 'Satyam eva jāyate na anritam' (Alleen waarheid zegeviert en niet de leugen).[30] Gandhi voegde jain-ethiek toe aan Advaita-filosofie, met name het principe van *āhimsa*, dat 'onschadelijkheid' of 'geweldloosheid' betekent, of (zoals hij het soms vertaalde) 'Liefde'. Gandhi leerde dat Liefde, Waarheid en God onderling verwisselbare begrippen waren. Hierop gebaseerd ontwikkelde hij een methode om mededogen op te wekken bij de onderdrukker door lijden te aanvaarden. Gandhi veronderstelde daarbij dat liefde uiteindelijk zou winnen, omdat die fundamenteler was dan onrechtvaardigheid.

Essentieel voor Gandhi's werk was zijn persoonlijke ascetisme. Dit hield voor hem in: armoede, kuisheid en spirituele oefeningen om zich te reinigen van de onzuiverheden die gepaard gingen met egoïsme. Gandhi geloofde dat de beste manier om een filosofie uit te dragen was door een levend voorbeeld te zijn. De verheven idealen van zijn filosofie zouden onmogelijk zijn als de beoefenaars ervan, de *satyagrahi*, last zouden hebben van angst en zorgen. Wie zichzelf had overwonnen hoefde niet te vrezen voor gevangenschap, mishandelingen of lichamelijk lijden.

Een ander belangrijk principe voor Gandhi was *sarvodaya*, wat 'het welzijn van het al' betekent. Net als **Vivekānanda** kende Gandhi – en verwierp hij – de 19de-eeuwse westerse filosofie van het utilitarisme. Utilitarisme is gebaseerd op de aanname dat het welzijn van de een ten koste mag gaan van het welzijn van een ander. Het ideaal is: het grootste geluk voor het grootste aantal – in materiële termen gedefinieerd. In Gandhi's ogen was dit een armoedige en 'harteloze' filosofie: 'Om het veronderstelde welzijn van 51 procent te bereiken moet het belang van 49 procent ... worden opgeofferd'. *Sarvodaya* vereist een manier van geluksberekening die creatiever is en meer mededogen kent. Materiële welvaart hoort erbij, maar het gaat vooral om persoonlijke

Gandhi

zelf-realisatie. Gandhi stichtte verscheidene *ashrams*, spirituele centra, om de idealen van *sarvodaya* na te streven In politiek opzicht inspireerde het principe hem ertoe 'om iedere traan uit ieder oog weg te vegen'. Het bracht hem ertoe elke soort discriminatie af te keuren, of die nu gebaseerd was op ras, geslacht, religie of kaste. Hij was voorstander van de traditionele rolverdeling tussen man en vrouw, maar vond ook dat vrouwen met gelijk respect behandeld moesten worden. Ook zette hij zich in voor de rechten van de laagste kaste en de onaanraakbaren, die hij *harijan* noemde, 'kinderen van God'. *Sarvodaya* ontleende veel aan Indiase ethische tradities, zoals het universele mededogen van het boeddhisme.

Gandhi's politieke en economische opvattingen werden geïnspireerd door zijn filosofie. Hij was tegen de welvaartsstaat omdat die een belediging betekende van het vermogen van de mens om verantwoordelijkheid te nemen voor zichzelf. Volgens Gandhi moest de staat zich nauwelijks bemoeien met het leven van de mensen, maar in plaats daarvan de omstandigheden scheppen voor lokaal zelfbestuur. Het symbool dat hij uitkoos voor zijn ideaal van het dorpsleven was het spinnewiel. Hij was tegenstander van een snelle industrialisatie, omdat hij de economische groei die daarmee gepaard ging, onmenselijk vond. De kleinschalige economie van Gandhi leek misschien ooit achterhaald, maar tegenwoordig zijn zijn economische ideeën weer relevant.

Gandhi was op zich geen origineel denker en zijn religieus-filosofische synthese was niet helemaal consistent. Als we Gandhi echter daarop zouden beoordelen, zouden we geen recht doen aan de prestaties van een van de grootste figuren van de 20ste eeuw. Hij leerde mensen als Martin Luther King en Nelson Mandela hoe ze weerstand konden bieden aan onrecht. Als we aan bijvoorbeeld Stalin en **Mao** denken, zien we hoe belangrijk Gandhi was als alternatief: een praktische levensfilosofie die niet was gebouwd op haat, conflict en verdeeldheid, maar op liefde, waarheid en het welzijn van het al.

Deel II

HET
MIDDEN-OOSTEN

ISLAM EN
DE LEER VAN ZARATHOESTRA

OOSTERSE FILOSOFIE

ISLAMITISCHE FILOSOFIE
INLEIDING

*Het zoeken naar kennis
is een plicht
voor elke moslim.*

Een Iraanse gelovige leest vol aandacht in de Koran.

De term 'islamitische filosofie' klinkt niet-moslims wellicht vreemd in de oren. Al voordat het 'islamitische fundamentalisme' van de laatste jaren vooroordelen tegen de islam nieuwe leven had ingeblazen, was het in het Westen gebruikelijk om de bijdrage van de islam aan de filosofie te negeren. De islamitische filosofie zou alleen van belang zijn geweest als doorgeefluik van de Griekse filosofie naar middeleeuws Europa. Kenmerkend voor deze houding is Bertrand Russells opmerking in zijn *History of Western Philosophy* dat 'Arabische filosofie geen belang heeft als origineel gedachtegoed'. Dit doet echter geen recht aan de belangrijke bijdragen van islamitische denkers aan de – door de Grieken ingeluide – rationele filosofie, evenmin als aan de originele ideeën die ze ontwikkelden. Overigens hebben moslimse filosofen ook nogal eens de geldigheid van hun ideeën moeten verdedigen tegenover islamitische orthodoxe theologen.

De bloeitijd van de filosofie in de Arabisch-moslimse wereld lag in de eerste zeven eeuwen na de dood van de profeet Mohammed in 632 n.C., de periode die in dit boek aan de orde komt. Binnen het islamitische zoeken naar wijsheid zijn drie aspecten te onderscheiden. In de eerste plaats *kalam*, letterlijk het 'woord' van God en, bij uitbreiding, de theologie die daarop gebaseerd is. Dan is er *falsafah*, de filosofie in eigenlijke zin. En tot slot het soefisme, de islamitische mystiek. Het is nuttig om deze driedeling in gedachten te houden, hoewel de grens tussen *kalam* en *falsafah* minder duidelijk is dan hij lijkt: *kalam* omvat filosofische aspecten, terwijl *falsafah* in een aantal opzichten theologisch van aard is. In dit boek zullen we ons met alledrie de aspecten bezighouden.

Een belangrijk punt van discussie in de islamitische wereld is de aard en de omvang van de kennis die een moslim moet bezitten. Zowel theologen als filosofen konden een uitspraak van de Profeet citeren: 'Het zoeken naar kennis is een plicht voor elke moslim.'[31] Mohammed zegt vaak dat respect voor kennis nodig is, maar hij heeft ook gezegd: 'We zoeken onze toevlucht bij God tegen nutteloze kennis.'[32] De discussie over welke soort kennis de Profeet als geldig en noodzakelijk beschouwde – of beschouwd zou hebben als hij er zijn aandacht op had gericht – wordt ook nu nog gevoerd. In de beginjaren van de islam hielden de geleerden zich vooral bezig met de tekst van de Koran en later met overleveringen over het leven en de gewoonten van de Profeet en zijn eerste volgelingen (de *hadith*). Speculatief denken werd niet aangemoedigd, geloof was belangrijker voor een goede moslim. Ook bij andere religies merken we op dat de stichters zich in de eerste plaats richten op ethische kwesties. Zoals we bij **Confucius** en **Boeddha** elders in dit boek zien, vormde dit voor latere generaties geen beletsel om toch over te gaan tot speculatieve redeneringen.

Na verloop van tijd werd ook voor de moslims duidelijk dat bepaalde kwesties niet specifiek aan de orde kwamen in de Koran en de *hadith*, en dat de islam scherper gedefinieerd moest worden om zich te kunnen onderscheiden van andere religies en denksystemen. Dit leidde eerst tot het ontstaan van de *kalam* (scholastieke theologie) en enige tijd later tot dat van de *falsafah*, een nadere uitwerking van de Griekse filosofie, die met zijn ver ontwikkelde kosmologie, metafysica en logica dominant was in de regio. De Griekse filosofie gaf in de vorm van *falsafah* een structuur aan de islam, die daardoor in staat was de confrontatie aan te gaan met rivaliserende denksystemen. De onbetwiste stamvader van de islamitische filosofie was Aristoteles, maar ook Plato en de neoplatonisten oefenden invloed uit. Na verloop van tijd kenden sommige denkers aan de *falsafah* dezelfde rang toe als aan de *kalam*, of zelfs een nog hogere. Dit betekende echter niet dat de Koran niet meer als ijkpunt werd beschouwd. De rationele filosofie had in de islam vooral een ondersteunende rol: ze was eerder een middel om dichter bij de waarheid te komen dan een doel op zich. Middeleeuwse christelijke denkers als Thomas van Aquino werden sterk beïnvloed door de islamitische filosofie. De theologie en de mystiek van de islam waren minder invloedrijk, maar ook deze twee hadden veel parallellen in het westerse christendom.

Naast *kalam* en *falsafah* onderscheiden we het soefisme, de islamitische mystiek. Al in de tijd van Mohammed bestonden er vermoedelijk soefi's, in wol geklede asceten die op pelgrimage waren gegaan naar Mekka en daar de Ka'ba vereerden. Dat is in elk geval de mening van **Ibn Khaldūn,** een belangrijk moslims historicus uit de Middeleeuwen. Of dit nu waar is of niet, het soefisme werd in het algemeen als een integraal, zij het nogal uitzonderlijk onderdeel van de islam beschouwd. Er zijn drie opvattingen over het ontstaan van het soefisme – als het al meer is dan een natuurlijke vorm van spiritualiteit, zoals die in veel culturen wordt aangetroffen. De traditionele islamitische opvatting is dat het soefisme de esoterische of mystieke leer van Mohammed is. Er is echter niet veel bewijs dat Mohammed mysticus was, en zijn openbaringen betreffen vooral ethische en sociale kwesties: wat moet je doen om een goede moslim en een goed mens te zijn. Er zijn bovendien aanwijzingen dat er al soefi's waren vóór het optreden van Mohammed. Dit is echter de opvatting van de meeste soefi's en er bestaat geen beslissend bewijs voor het tegendeel. Sommige onderzoekers menen dat het soefisme een Indiase of Perzische oorsprong heeft en tot ontwikkeling kwam als reactie op de joods-christelijke religie. De vedantische filosofie[33] lijkt inderdaad invloed te

In 622 vluchtte Mohammed van Mekka naar Medina, vanwaar hij een groot deel van het Arabische schiereiland veroverde. De islamitische jaartelling begint met deze vlucht.

hebben gehad op de latere ontwikkeling van het soefisme, maar er kan niet worden bewezen dat ze er de bron van was. Ook de Perzische link kan niet worden aangetoond, hoewel elementen uit de leer van Zarathoestra overal in het Midden-Oosten voorkomen. In de derde plaats wordt wel aangenomen dat het soefisme is ontstaan uit het neoplatonisme. Dit is historisch niet onmogelijk gezien de verbreiding van het neoplatoonse gedachtegoed in de Arabische wereld.

Hoe het ook zij, het soefisme kreeg een plaats binnen de orthodoxe islam, vooral door het optreden van **al-Ghazālī**, die zowel soefi was als de grootste islamitische theoloog. Zijn opvattingen over het soefisme zijn door de meeste latere islamitische geleerden overgenomen. Zijn steun voor *kalam* en soefisme had echter een tegenhanger in zijn aanvallen op de *falsafah*. Dankzij zijn grote geleerdheid en gezag slaagde hij erin orthodoxie en soefisme met elkaar te verzoenen, ondanks heterodoxe

Biddende moslims in een moskee in Caïro.

elementen in de mystieke traditie. Het soefisme is regelmatig in conflict geraakt met het orthodoxe establishment. Een modern voorbeeld daarvan is het 'fundamentalistische' wahabisme, dat het soefisme sterk afkeurt.[34] Anders dan de *falsafah* vormt het soefisme, hoewel het soms is vervolgd wegens vermeende of reële onorthodoxe leerstellingen of praktijken, echter een integraal onderdeel van de islam.

De islam is een relatieve laatkomer in vergelijking met andere religies en filosofische tradities. Mohammed stierf in 632 en leefde dus zes tot elf eeuwen na de meeste andere stichters van religies. Maar toen de donkere Middeleeuwen heersten over het grootste deel van Europa, werden er in het gebied van de islam universiteiten en theologische scholen gesticht, werden er Griekse wetenschappelijke werken vertaald en kwamen kunsten en wetenschappen tot bloei. Vanuit de westerse optiek lag het belang van de islamitische *falsafah* daarom in de eerste plaats in het feit dat de Griekse traditie van Plato, Aristoteles en de neoplatonisten, met name Plotinus, werd vertaald en overgedragen. Hoewel resten van de klassieke beschaving waren blijven bestaan in de kloosters van West-Europa, is het vooral dankzij het werk van de islamitische geleerden dat ze kon blijven voortleven. De herontdekking in het Westen van de Griekse beschaving had een verstrekkende invloed op het christendom van de 13de eeuw en de latere ontwikkeling van de wetenschap in Europa.

Dit westerse perspectief benadrukt het belang van de Arabische vertalers en de moslimse aristotelische filosofen ten koste van andere moslimse geleerden. Voor de christelijke scholastici was **Averroës** (Ibn Rushd) de belangrijkste islamitische denker vanwege zijn vertaling van en commentaar op Aristoteles. **Avicenna** (Ibn Sīnā) was ook een filosoof, maar was vooral bekend door zijn medische werken in de traditie van Galenus. Islamitische geleerden hadden ook op andere terreinen invloed, met name medicijnen en wiskunde. Al-Khwarazmi vertaalde rond 830 een tekst uit het Sanskriet, die in de 12de eeuw in het Latijn werd vertaald onder de titel *Algoritmi de numero Indorum*. Deze vertaling gaf Europa zowel de wiskundige term 'algoritme' als het systeem van de Arabische cijfers, hoewel dat eigenlijk Indiaas is. In het Westen bestond weinig aandacht voor het moslimse denken op zich en daarom werden namen als **al-Farābī** en **Ibn Khaldūn** niet verwesterd. De originaliteit van hun ideeën is pas later opgemerkt.

Het is hier niet de plek om uitvoerig in te gaan op de islam als godsdienst, maar een paar kanttekeningen zijn noodzakelijk. In de eerste plaats moet worden opgemerkt dat het moderne westerse idee dat de islam een oorlogszuchtige en intolerante cultuur zou zijn, onjuist is. Weliswaar was oorlogvoering een belangrijk aspect van de vroege islam en ontstond er al snel een rijk dat bijna even groot was als het Romeinse Rijk, maar het is onjuist te denken dat een 'heilige oorlog' deel uitmaakte van de boodschap van de Profeet. De militante traditie kwam voort uit een oudere Arabische cultuur, waarbij plundertochten tegen andere stammen een manier waren om te overleven. Toen Mohammed er eenmaal in geslaagd was de Arabieren te verenigen, was het voeren van oorlog met rijkere buren eerder politiek en economisch gemotiveerd dan religieus. Wel stonden de eerste moslimse veroveringen in het teken van een religieus geïnspireerde ethiek van bevrijding – en inderdaad beschouwde het merendeel van de overwonnen volken de nieuwe heersers als een verbetering in vergelijking met hun vroegere situatie. Bekering had echter geen hoge prioriteit en de houding van Mohammed ten opzichte van de andere religies die hij kende, was er een van tolerantie en respect: 'Onze God en jullie God zijn een en dezelfde, en aan Hem geven we ons over.'[35] Zelfs binnen de islam vormden heterodoxe geloofsovertuigingen altijd een minder groot probleem dan gedrag dat als onislamitisch werd beschouwd. Ook had Mohammed een onpartijdige houding ten opzichte van de vrouw – dat ze een sluier moest dragen en een ondergeschikte positie kreeg zijn latere toevoegingen. Een vrouw als **Rābi'ah al-'Adawiyah** (717–801) was zelfs de eerste belangrijke soefi. Het negatieve beeld van de islam in het Westen is voor een deel een erfenis van christelijke propaganda tijdens en na de Kruistochten en voor een ander deel het gevolg van de toegenomen

Een muezzin roept op tot het gebed.

defensieve houding van de islamitische wereld in de 20ste eeuw. Overigens kon en kan de wereld van de islam, evenals de christelijke wereld, meedogenloos en intolerant zijn, ongeacht de kwaliteiten van de stichters van de twee religies.

De islam heeft van oudsher minder problemen met de geloofsopvattingen van niet-moslims dan met afwijkende meningen binnen eigen kring. De wrede terechtstelling van de soefi **al-Hallāj** in 922 was een voorbeeld van wat er kon gebeuren als een moslim te ver afweek van de orthodoxe lijn.

Tot slot een paar opmerkingen over algemene patronen binnen het islamitische denken. De invloed van de Griekse filosofie was in veel opzichten te vergelijken met die van het joodse geloof en het christendom. Net zoals het Oude en het Nieuwe Testament binnen de islam als openbaringen werden geaccepteerd, werd het gedachtegoed van Aristoteles en Plato overgenomen door moslimse denkers. Mohammed had zich in de eerste plaats gericht op ethische, sociale en theologische kwesties. Daardoor had hij ruimte gelaten voor speculatieve redeneringen. Een vroege geleerde als **al-Ash'ari** (circa 874–circa 935) zei bijvoorbeeld dat *falsafah* weliswaar niet in de Koran werd genoemd, maar dat veel andere goede zaken er ook niet in voorkwamen. Een nog duidelijker standpunt werd ingenomen door zijn tijdgenoot al-Razi (865–925), die als platonist ertoe geneigd was het primaat te leggen bij de rede. Al-Razi geloofde in God, maar niet in religie en hij bestreed het idee van profeetschap: hij zei dat elk menselijk wezen in het bezit is van rede en toonde aan dat de profeten elkaar tegenspreken. Daarmee stelde hij zich overigens buiten de islam. Het tegengestelde werd beargumenteerd door **al-Ghazālī** (1058–1111), de auteur van *De inconsistentie der filosofen*. Geloof wordt juist verzwakt door de rede en niet versterkt, en – nog steeds volgens al-

De Badshahi-moskee in Lahore (Pakistan).

Ghazālī – de uitleg die bijvoorbeeld een filosoof als **Avicenna** (980–1037) geeft van de aard van profeetschap reduceert het miraculeuze tot louter psychologie. Al-Ghazālī's kritiek op *falsafah* is krachtig en loopt in een aantal opzichten vooruit op de ideeën van de 18de-eeuwse Engelse filosoof Hume.

Na al-Ghazālī verplaatste het zwaartepunt van de islamitische filosofie zich naar de westelijke gebieden van de islam, waar met name **Averroës** (1126–1198) het vakgebied verdedigde en verklaarde dat filosofen een hogere rang hadden dan theologen, omdat ze in staat waren wetenschappelijk te redeneren. Daarin toont hij zich beïnvloed door Aristoteles.

Het derde aspect van het islamitische zoeken naar wijsheid is het soefisme. Mystieke ervaringen werden al in een vroeg stadium van de islam gezien als een tweede bron van openbaring, zoals bijvoorbeeld blijkt uit apocriefe verhalen over discussies tussen het meisje Rābi'ah en de sombere bejaarde theoloog Hasan, die steeds door het meisje werden gewonnen. Het martelaarschap van soefi's als al-Hallāj en 'Ayn al-Qudat (1098–circa 1121) was een waarschuwing dat het 'dronken' soefisme – waarbij de mysticus zich verliest in de contemplatie van God en een uitspraak kan doen als 'ik ben de Waarheid' – risico's met zich meebrengt, in elk geval wanneer het ten overstaan van de massa gebeurt. Dit was ook de mening van al-Junayd, de leermeester van al-Hallāj en grondlegger van het 'nuchtere' soefisme, Deze verweet zijn leerling niet zijn ketterij, maar wel dat hij een geheime leer had bekendgemaakt. Al-Ghazālī droeg veel bij aan de ontwikkeling van dit 'nuchtere' soefisme, dat vereiste dat de soefi eerst nadacht, er als het ware nog eens een nachtje over sliep, voor hij of zij publiekelijk bekendmaakte wat gezien was in een toestand van mystieke vervoering.

Terwijl bijvoorbeeld het hindoeïsme gemakkelijk nieuwe, onorthodoxe ideeën absorbeert, zien we in de islamitische traditie vaak een sterk verlangen om terug te keren naar een zuivere, onbevlekte vorm van islam. Die wordt gevonden in de islam uit de tijd van de Profeet en de periode vlak daarna. Voor de islamitische filosofie hield dit meestal een zuivering in van vreemde, vooral Griekse ideeën. Als gevolg daarvan kreeg het islamitische denken weliswaar vaak nieuw leven ingeblazen, zoals bijvoorbeeld het geval was bij al-Ash'ari en Ibn Khaldūn, maar het resultaat kon ook negatief zijn. Al-Ghazālī's kritiek in de *De inconsistentie der filosofen* bewerkstelligde beide. Zijn aanval op de Grieks-geïnspireerde filosofie maakte het vrijwel onmogelijk deze nog te beoefenen, in elk geval in het oostelijke deel van de islamitische wereld, terwijl de door hem-

Een moslim heft zijn handen op in gebed nabij Mekka, de heilige plaats van de islam in Saudi-Arabië. De tentenstad van de pelgrims aan de voet van de berg Ararat is op de achtergrond zichtbaar.

zelf in plaats ervan voorgestelde filosofie vruchtbaar bleek te zijn. Het soefisme heeft ook te lijden gehad van deze zuiverende tendensen, als gevolg van de beschuldiging dat de ervaringen van mystici evenveel waarde zouden hebben als de Koran en omdat binnen het soefisme sprake is van verering van heiligen en bovendien de graftomben van heiligen worden bezocht.

ZARATHOESTRA (ZOROASTER)

Leefde ergens tussen 1700 en 1000 v.C.

De traditionele datering van Zarathoestra is ontleend aan een Griekse bron en plaatst hem '258 jaar voor Alexander'. Dat zou, samen met andere aanwijzingen, betekenen dat Zarathoestra in 628 v.C. is geboren. Er zijn echter problemen met deze datering. In het bijzonder heeft de taal waarin de *Avesta* en de *gatha's* (de aan Zarathoestra toegeschreven hymnen) zijn geschreven, veel overeenkomsten met het Sanskriet van de Veda's. Dit suggereert, evenals de vele gemeenschappelijke goden en ideeën, dat de Avesta en de Veda's nauw verwant zijn. De Rig Veda dateert vermoedelijk van voor 1200 v.C. en is misschien zelfs nog veel ouder. Volgens een andere theorie zou Zarathoestra een formele, heilige taal hebben gebruikt, die net als Sanskriet en Latijn duizenden jaren in gebruik zou zijn gebleven. Dit is echter onwaarschijnlijk. Het is veiliger om aan te nemen dat de *gatha's* zijn wat ze lijken te zijn, producten van een orale traditie zoals de heldendichten van Homerus en de hymnen van de Rig Veda. De traditionele datering is vermoedelijk het gevolg van een misverstand: de koning Vishtaspa die door Zarathoestra werd bekeerd, werd verward met een veel latere koning met dezelfde naam.

In prehistorische tijden trok een stam, die bekend stond als de Āryanen, uit Centraal-Azië naar het zuiden. Sommige Āryanen veroverden Noordwest-India, vereerden goden die *deva's* werden genoemd, schreven de Veda's en legden de basis voor de Indiase cultuur. Andere Āryanen trokken naar Perzië en vereerden de *ahura's*, letterlijk 'heersers'. Hun heilige boek heet de *Avesta*. Zarathoestra was hun profeet en zijn geschriften, hymnen die bekend zijn als *gatha's*, maken deel uit van de *Avesta*. Zijn naam werd later vergriekst tot Zoroaster. Zarathoestra bekeerde koning Vishtaspa door zijn paard te genezen en genoot gastvrijheid aan diens hof, waar hij naar het schijnt de de *gatha's* schreef en reciteerde.

Zarathoestra stond blijkbaar in een religieuze traditie die zowel de *Avesta* als de Veda's voortbracht. Zijn rol bij de totstandkoming van het mazdeïsme, de door hem gestichte godsdienst, was die van een profeet. Hij was niet een profeet zoals Mohammed, die Gods eigen woorden sprak, maar eerder een geïnspireerde dichter en een filosofische denker. Hij selecteerde één van de Avestische goden, Ahura Mazda, als hoogste god. Ahura Mazda is de belichaming van het goede. Zijn vijand is Angra Mainyu, het hoofd van de *deva's* en de personificatie van het kwade. Het lijkt erop dat voor Zarathoestra de *deva's* symbolisch waren voor de plunderende krijgers door wie ze werden vereerd, en dus verwoesting, leugen en geweld representeerden. De *ahura's* waren daarentegen zijn geschapen om de Os en de Ossenhoeder te beschermen tegen het geweld van 'de volgelingen van de Leugen'. Het is niet duidelijk of er in de Āryaanse maatschappij inderdaad een scheidslijn bestond tussen vreedzame, rechtschapen herders en oorlogszuchtige veedieven, op

Doop door vuur, een gebruik bij de parsi's in Bombay (India), volgelingen van Zarathoestra voor wie het vuur heilig is.

tegen de goden van een vreedzame herderssamenleving. In de Veda's zijn restanten van een verering van *ahura's* te vinden (Varuna en Mitra zijn daarvan voorbeelden), maar in het algemeen vormen de *asura's* (zoals ze in het Sanskriet van de Veda's heten) een klasse van demonen. Volgens de *gatha's* zou Zarathoestra door Ahura Mazda de manier die Zarathoestra voorstelde. Ergens noemt hij zichzelf een vluchteling en roept hij uit: 'naar welk land zal ik gaan om te vluchten, waarheen zal ik vluchten?'

Is het mazdeïsme monotheïstisch of dualistisch? De beschrijving die we hierboven gaven en die de kern van de religie karakteriseert als een tegenstelling tussen goed en kwaad, benadrukt de dualistische kant. Het monotheïstische karakter blijkt uit de beschrijving van Ahura Mazda als de Ene God. In de *gatha's* spreekt Zarathoestra over 'twee oergeesten, die zichzelf onthullen als een Tweeling, ... de Betere en de Kwade'. Spenta Mainyu (de Heilige Geest) is de goede tweelingbroer van de Kwade Geest, Angra Mainyu. Elk mens is vrij om tussen hen te kiezen, maar de suggestie wordt gewekt dat Ahura Mazda misschien de schepper is van beiden, en dat de tweelingbroers ook zelf de keus hebben gemaakt tussen goed en kwaad. Een andere versie, die tot ontwikkeling kwam in de eerste eeuwen van de christelijke jaartelling maar die niet is gebaseerd op de *Avesta*, is dat zowel Ahura Mazda als Angra Mainyu de kinderen zijn van een grotere geest met de naam Zurvan. De kwestie is nog niet opgelost, maar een verstandige benadering is dat het mazdeïsme een tussenpositie inneemt tussen extreem dualisme en gematigd monoheïsme. Een voorbeeld van extreem dualisme is het manicheïsme, een Perzische sekte uit de 3de eeuw n.C. die sterk was beïnvloed door het mazdeïsme. Een voorbeeld van gematigd monotheïsme is het christendom, waarin de duivel reëel is, maar door God geschapen.

Behalve Ahura Mazda en zijn tegenstander zijn er nog zes geesten, de *amesha spenta*, de 'weldoende onsterfelijken', die door Ahura Mazda zijn geschapen: Asha Vahishta (Rechtvaardigheid, Waarheid), Vohu Manah (Oprechtheid), Spenta Armaiti (Devotie), Khshathra Vairya (Gewenste Heerschappij), Haurvatat (Heelheid) en Ameretat (Onsterfelijkheid). Al naar gelang deze geesten als wezens of als eeuwige eigenschappen worden gezien, heeft het mazdeïsme dus ook meer of minder polytheïstische trekken.

Het mazdeïsme beleefde zijn bloeitijd tussen de 3de en 7de eeuw n.C., als staatsgodsdienst van het Perzische Rijk. Toen de Arabieren in de 7de eeuw de Perzen overwonnen, werd de islam staatsgodsdienst en werden de aanhangers van Zarathoestra vervolgd. Rond de 10de eeuw ontstond er een gemeenschap van mazdeërs in India, met name in Bombay, waar ze werden getolereerd en parsi's (Perzen) werden genoemd. Tegenwoordig zijn er naar schatting nog 200.000 mazdeërs. Het originele gedachtegoed van Zarathoestra is moeilijk te achterhalen, maar de door hem gestichte religie is tolerant en vredelievend en benadrukt zaken als vrijheid, dienstbaarheid, gemeenschapszin, moed en liefde voor de natuur.

In weerwil van het huidige geringe aantal aanhangers is de invloed van het mazdeïsme groot geweest. Het christelijke en islamitische geloof in de lichamelijke opstanding is van oorsprong een mazdeïsch leerstuk. In de 18de eeuw liet de elite van Europa, die hongerde naar oosterse wijsheid, zich graag inspireren door de *Avesta*. Voor de Europese vrijdenkers boden de geschriften van Zarathoestra een fascinerende blik op een monotheïstische, vreedzame en ethische cultuur lang voor Christus. Vanwege de dubbelzinnigheid van de *Avesta* kon Zarathoestra voor allerlei doeleinden dienen. Mozart transformeerde hem in zijn opera *Die Zauberflöte* in Sarastro en bij Nietzsche werd hij de profeet uit zijn filosofische fabel *Also sprach Zarathustra* – in beide gevallen niet erg in overeenstemming met de historische figuur.

RĀBI'AH AL-'ADAWIYAH
717–801

> **Een gebed van Rābi'ah**
>
> *O God, als ik U vereer omdat ik bang ben voor de hel, verbrand me dan in de hel.*
> *En als ik U vereer in de hoop op het Paradijs, laat me daar dan niet toe.*
> *Maar als ik U vereer vanwege Uzelf, onthoud me dan niet Uw eeuwige schoonheid.*

De eerste belangrijke soefi was een vrouw, Rābi'ah al-'Adawiyah. Zij is vooral bekend door haar uitspraken, die werden verzameld door latere biografen als Farid al-Din 'Attar (gestorven circa 1230). Ze werd geboren in een arm gezin in Basra (in Irak) en op jonge leeftijd verkocht als slavin. Volgens de overlevering werd ze door haar meester vrijgelaten toen hij merkte dat ze na lange werkdagen ook 's nachts nog wakker bleef om te bidden.

Het soefisme komt overeen met de christelijke mystiek uit de Middeleeuwen. De beoefenaars ervan, die soefi's werden genoemd naar de wollen mantels die ze droegen als teken van solidariteit met de armen (*tasawwuf*, 'in wol gekleed gaan'), maken doctrinair gezien deel uit van de soennitische richting binnen de islam. De nadruk ligt bij soefi's echter op een vorm van mystiek die hen onderscheidt van de gewone gelovige of geleerde. Er zijn aanwijzingen dat het soefisme al voor de tijd van Mohammed bestond, in samenhang met de verering van de Ka'ba in Mekka. De openbaringen van de soefi-heiligen worden als gezaghebbend beschouwd en hun doen en laten wordt bijna even belangrijk gevonden als dat van Mohammed. Om die reden is het soefisme vaak met achterdocht behandeld door niet-mystieke moslims. Het soefisme is waarschijnlijk beïnvloed door de neoplatoonse filosofie en christelijke mystiek, maar opvallend is vooral de overweldigende nadruk die er ligt op de liefde voor God. De verhalen over Mohammeds momenten van eigen mystieke vervoering hebben ertoe bijgedragen dat de ervaringen van de soefi's geldigheid kregen, maar de nadruk ligt bij hen meer op emotie en liefde. Hun favoriete Korantekst is: 'Mensen die Hij bemint en die Hem beminnen'.[36]

> **De twee liefdes**
>
> *Ik koester voor U twee soorten liefde: zelfzuchtige liefde en een liefde die U waardig is.*
> *De zelfzuchtige liefde is dat ik slechts aan U denk met uitsluiting van al het andere.*
> *En wat de liefde betreft die U waardig is,*
> *Ach, dat ik niet langer enig schepsel zie, maar dat ik slechts U zie!*
> *Ik verdien voor geen deze twee liefdes enige lof,*
> *alle lof komt slechts U toe.*

Een belangrijk vroeg voorbeeld van deze houding was Rābi'ah. Zij wordt gewoonlijk voorgesteld als de opponent van Hasan al-Basri (642–728) bij theologische discussies over de islam, hoewel de verhalen daarover meer symbolische betekenis hebben dan historisch juist zijn. Hasan had enkele metgezellen van de Profeet gekend en was een streng theoloog. Volgens sommigen was hij de grondlegger van de *kalam*, de scholastieke bestudering van de Koran. Hij waarschuwde vaak voor de hel. Rābi'ah meende echter dat angst voor de hel geen reden mocht zijn om God te vereren. De gelovige moest ook niet om zelfzuchtige redenen hopen op de hemel, maar alleen terwille van de liefde tot God. Rābi'ah onderkende hierbij twee aspecten: de persoonlijke vreugde die de gelovige voelt in de aanwezigheid van God, en liefde die wordt gegeven zonder hoop op beloning. In de verhalen over hun debatten is Rābi'ah, het voormalige slavenmeisje zonder opleiding, altijd winnares. De devotie van Rābi'ah en het ascetisme van Hasan zien we terug in het latere soefisme.

In de mystiek van Rābi'ah kunnen we een aantal elementen onderscheiden die kenmerkend waren voor het soefisme. De zuivere liefde voor God met uitsluiting van alle anderen werd door Rābi'ah *sidq*, 'oprechtheid', genoemd. Rābi'ah kreeg eens de vraag voorgelegd of ze liefde voelde voor Mohammed en haar antwoord was dat ze hem ten diepste respecteerde, maar dat ze slechts één geliefde had. Hier zien we een voorbode van de neiging van sommige latere soefi's om uitspraken te doen die verkeerd begrepen konden worden. *Tawakkul* is het principe van volledig vertrouwen op God. In extreme gevallen kon dit ertoe leiden dat de gelovige niet voor zichzelf hoefde te zorgen – dit is vergelijkbaar met de aansporing van Christus om 'niet bezorgd te zijn voor morgen'. *Rida* is de positieve en actieve aanvaarding van de wil van God. In de verhalen over haar debatten met Hasan herkennen we het concept van *ma'rifah*: de mystieke ervaringen van het ongeschoolde meisje verlenen haar een kennis die groter is dan die van de theoloog. Het belangrijkste soefi-concept is dat van de *fanā'*, de uitdoving van het individuele ik, de *nafs*, op het moment van de vereniging met God. Net als

> *Rābi'ah kreeg ... eens de vraag voorgelegd of ze liefde voelde voor Mohammed en haar antwoord was dat ze hem ten diepste respecteerde, maar dat ze slechts één geliefde had.*

het boeddhistische begrip *shūnyata*, 'leegte', duidt *fanā'* op een vorm van bestaan voorbij het denken en de gewone ervaringen. Vooral om iets duidelijk te maken over *fanā'* maakten soefi's vaak gebruik van paradoxen.

Hierbij moet niet worden vergeten dat Rābi'ah een ongeschoolde vrouw was. Het is na al die eeuwen onmogelijk om met zekerheid te weten welke verhalen over haar gebaseerd zijn op historische realiteit en welke van haar uitspraken authentiek zijn. We moeten echter niet denken dat ze vanwege haar gebrek aan officiële scholing niet in staat was om diepe en radicale concepten te gebruiken bij haar verklaring van mystieke ervaringen. Haar symbolische betekenis voor de ontwikkeling van de latere islam was aanzienlijk.

AL-KINDĪ
801–873

Al-Kindī was de eerste echte islamitische filosoof, hoewel hij soms meer als theoloog wordt beschouwd. Hij kende behalve Arabisch ook Grieks en vertaalde een groot aantal werken, waaronder geschriften van Aristoteles en Plotinus. Ongelukkigerwijs vertaalde hij de *Enneaden* van Plotinus onder de titel *De theologie van Aristoteles*, waardoor veel verwarring ontstond in de latere islamitische filosofie. Hij stamde waarschijnlijk af van een van de metgezellen van de Profeet en zijn vader was gouverneur van Kufa, met Basra een van de belangrijkste centra van de islamitische wetenschap. Hij had een bevoorrechte jeugd en op volwassen leeftijd leefde hij in luxe en bezat hij een enorme bibliotheek. Hij wekte blijkbaar afgunst in zijn omgeving op en werd verbannen, terwijl zijn bibliotheek werd geconfisqueerd.[37] Naar verluid schreef hij zo'n 270 werken over een reeks van onderwerpen. De meeste zijn verloren gegaan. Sommige werden in het Latijn vertaald, waardoor hij ook in Europa beroemd werd. Al-Kindī werd door de Italiaanse wiskundige Cardano vereerd als een van de belangrijkste geleerden die ooit hadden geleefd. Zijn faam in de islamitische wereld was nog groter.

Volgens al-Kindī viel de filosofie in drie onderdelen uiteen: natuurkunde, wiskunde en theologie, in stijgend belang. Dat hij theologie tot onderdeel maakte van de filosofie riep natuurlijk protesten op bij de theologen, van wie sommigen van mening waren dat het zoeken naar kennis gelijkstond met atheïsme. Hij was ook van mening dat religie en filosofie in harmonie met elkaar waren. Zijn filosofische werk omvatte geen systeem van logica – dat werd pas door **al-Fārābī** geïntroduceerd. In zijn *Eerste filosofie* definieerde al-Kindī wijsbegeerte als volgt:

> *De kennis van de ware aard van de dingen voorzover mogelijk voor een mens. Het doel van de filosoof is om qua kennis bij de waarheid uit te komen en qua gedrag waarachtig te handelen.*

Deze definitie – ware kennis en waarachtig handelen – was van invloed op alle islamitische filosofen na hem, omdat filosofie daardoor in verband werd gebracht met een centrale kwestie: hoe moet een moslim zich gedragen. Al-Kindī onderscheidt 'goddelijke wetenschap', namelijk profeetschap, van 'menselijke wetenschap', zoals de filosofie. Hij geeft voorbeelden van filosofische problemen die zijn opgelost door de Koran en beargumenteert dat de filosofie die uit zichzelf niet had kunnen oplossen. Het gevolg was dat de Koran voor het eerst zelf onderworpen werd aan filosofisch onderzoek. Op deze wijze verzoende hij filosofie en religie. Daarmee was hij een wegbereider voor al-Fārābī, **Avicenna** en **Averroës**.

De 'eerste filosofie', de hoogste vorm van filosofie, gaat volgens al-Kindī over de aard van God. Bij de Griekse denkers vond hij een godsbeeld dat in veel opzichten leek op dat van de islam. De god van de aristotelianen was onvermengd, onveranderlijk en de eerste, zelf niet-bewogen beweger van alles. Volgens de Koran was God één, had Hij de wereld geschapen uit niets en was Hij de steun van alle schepselen. Anders dan latere filosofen was al-Kindī de orthodoxe mening toegedaan dat de wereld niet eeuwig was. Hij beargumenteerde dat oneindigheid in ruimte, tijd en in een keten van oorzaak en gevolg onmogelijk was. Dit was tevens een godsbewijs (meestal het kosmologische argument genoemd): er moet een eerste oorzaak bestaan, die zelf niet een gevolg is. Hij formuleerde nog een godsbewijs, het argument vanuit het ontwerp: de orde en de harmonie van het universum vormen het bewijs voor het bestaan van een schepper. Beide werden weerlegd door **al-Ghazālī**.

Al-Kindī is niet zozeer van belang vanwege zijn ideeën, waarvan hij er veel ontleende aan Griekse bronnen, maar omdat hij de islam onderzocht door een filosofische lens. Dit was belangrijk voor de ontwikkeling van het islamitische denken: de Koran betreft vooral het gedrag van de gelovige en er bestaat dus behoefte aan speculatieve redeneringen. Door zijn synthese van Aristoteles en de islam was al-Kindī een wegbereider voor de filosofen na hem. En aan de orthodoxe geleerden die kritisch stonden tegenover de filosofie liet hij zien dat ook zij zich die eigen moesten maken: je kunt niet iets veroordelen waarvan je geen verstand hebt.

Mohammed en zijn volgelingen. Al-Kindī stamde af naar wordt gezegd van een van de metgezellen van de Profeet.

AL-HALLĀJ
circa 858–922

De ontwikkeling van het vroege soefisme, te beginnen met de eerste soefi-heilige, Rābi'ah, vindt zijn apotheose in al-Hallāj, de eerste soefi-martelaar. Deze controversiële mysticus deed uitspraken die voor orthodoxe moslims onaanvaardbaar waren. Een botsing was onvermijdelijk als gevolg van de spanning die bestond tussen de dualistische verering van God die kenmerkend is voor de islam en de neiging van al-Hallāj naar het monisme, de leer dat het zelf identiek is met het goddelijke. De monistische tendenzen in het soefisme kunnen versterkt zijn door Indiase invloeden: al-Bistami (gestorven 874), een belangrijk vertegenwoordiger van monistische ideeën, studeerde bij een leermeester uit Sind en was mogelijk ingewijd in yogapraktijken. Al-Bistami's beschrijvingen van zijn mystieke ervaringen maakten dat hij als 'dronken' soefi werd bestempeld. Met het optreden van al-Hallāj werd deze mystieke extase, waarin naar het scheen alles gezegd mocht worden, te bedreigend voor de autoriteiten. Net als **Rābi'ah** was al-Hallāj strikt genomen geen filosoof. Door zijn *ma'rifah*, ofwel mystieke inzicht, deed hij echter uitspraken met vergaande filosofische en religieuze implicaties.

Ibn Mansur al-Hallāj werd in Iran geboren. Zijn vader was waarschijnlijk wolkaarder. In zijn vroege jeugd leerde hij de Koran uit zijn hoofd, waarna hij les nam bij een aantal belangrijke soefi's. Zijn laatste leermeester was de zeer gerespecteerde 'nuchtere' soefi al-Junayd, in Bagdad. Hij maakte drie pelgrimsreizen naar Mekka voordat hij rond 908 weer terugkeerde in Bagdad. Hij leidde ook de eerste islamitische missie naar India en de Turkse gebieden en maakte daarbij

> *Zijn ernstigste misstap was, volgens de autoriteiten, zijn uitspraak: 'Anā al-Haqq', hetgeen betekent: 'Ik ben de Ware' of: 'Ik ben de Waarheid'.*

een aantal volgelingen. Eenmaal terug in Bagdad laadde al-Hallāj bij de autoriteiten de verdenking op zich dat hij aanstichter was van een opstand van zwarte slaven. Zijn pogingen om morele en politieke hervormingen in Bagdad tot stand te brengen leidden tot zijn arrestatie wegens opruiing.

HET MIDDEN-OOSTEN

UITSPRAKEN TOEGESCHREVEN AAN AL-HALLĀJ

Ik vind het vreemd dat het goddelijke kan worden gedragen door mij, nietige mens, terwijl deze last zo zwaar is dat de aarde mij geen houvast geeft.
(Akhbar al-Hallāj, 11)

Ik heb mijn Heer gezien met het oog van mijn hart. Ik vroeg Hem: 'Wie bent U?' Zijn antwoord was: 'Jij.'
(Diwan al-Hallāj, M. 10)

Ik zwem in de zee van liefde, rijzend en dalend met de golven; nu eens erdoor ondersteund, dan weer erin wegzinkend; liefde voert me mee naar waar geen kust meer is.
(Diwan al-Hallāj, M. 34)

(MEDIEVAL INTERNET SOURCE BOOK, © PAUL HALSALL)
http://www.fordham.edu/halsall/source/all-hallaj-quotations.html

Al-Hallāj bracht acht jaar door in de gevangenis en al die tijd werd er druk over hem gepraat. Hoewel zijn politieke activiteiten de voornaamste reden voor zijn gevangenschap geweest zullen zijn, had de beschuldiging van ketterij meer betekenis. Al-Hallāj nam graag paradoxale standpunten in. Zo zei hij dat hij de duivel bewonderde en wees hij Gods bevel om te buigen voor Adam af. Zijn ernstigste misstap was, volgens de autoriteiten, zijn uitspraak: 'Anā al-Haqq', hetgeen betekent: 'Ik ben de Ware' of: 'Ik ben de Waarheid'. Al-Haqq is een van kwaliteiten die aan God worden toegeschreven, en daarom werd al-Hallāj ervan beschuldigd dat hij had beweerd God te zijn. Nu hij aanstoot had gegeven aan zowel de politieke leiders als de orthodoxe religieuze geleerden en zelfs soefi's als al-Junayd van zich had vervreemd doordat hij voor de massa's was gaan preken, is het nauwelijks verrassend dat al-Hallāj uiteindelijk ter dood werd gebracht. Hij werd in het openbaar gemarteld, verminkt, onthoofd en verbrand. Volgens de overlevering zou al-Hallāj zijn executie stoïcijns hebben ondergaan en zijn beulen hebben vergeven. In veel opzichten vertoont zijn leven parallellen met dat van Jezus, die hij bewonderde.

Al-Hallaj heeft veel invloed gehad. Zijn leven doet niet alleen denken aan dat van Jezus, maar ook aan het islamitische model van de waarachtige leraar die wordt gedood door de wereldlijke autoriteiten. Hij was ook een van de eerste soefi's die paradoxale uitspraken deden om het intellect te verwarren en de gelovige dichter bij het ware inzicht te brengen. Het optreden van al-Hallāj was voor latere soefi's echter eerder een waarschuwing dan een voorbeeld om na te volgen. De soefi-dichter Hafiz zei over al-Hallāj dat zijn dood een straf was, omdat hij de 'geheime leer' had onthuld. Hoewel veel uitspraken van al-Hallāj in esoterische kringen aanvaardbaar waren, kon het soefisme geen aparte weg blijven volgen naast de traditionele islam. Er was een synthese nodig tussen de twee, die pas tot stand kwam door het optreden van **al–Ghazālī**.

Al-Ghazālī's oplossing bestond eruit dat hij – misschien onder invloed van al-Junayds ideeën – zei dat het onjuist was om soefi's verantwoordelijk te houden voor hun mystieke ervaringen, maar dat ze wel moesten nadenken voordat ze deze onder woorden brachten. Soefi's moesten niet het absolute monisme van al-Hallāj aanhangen, maar in plaats daarvan een meer gematigd monisme, waarbij de individuele ziel God vereert terwijl hij erkent dat zijn bestaan volledig afhankelijk is van Hem. Dit standpunt komt in veel opzichten overeen met dat van de latere Indiase filosoof **Rāmānuja**, die geprobeerd heeft alle implicaties ervan te doordenken. Diens conclusie dat absoluut monisme slechts een eerste stap is op weg naar de liefde tot God, lijkt op die van de soefi's. In dit licht bezien moet de 'geheime leer' van Hafiz misschien niet worden begrepen als de ultieme leer. De empirische ervaring van de enkelvoudigheid van de ziel is een geheim, omdat deze op het eerste gezicht in tegenspraak lijkt te zijn met de islam en de gelovigen zou kunnen misleiden. Dit is echter slechts een stap op weg naar de ervaring van eenwording met God, die wel eenheid inhoudt, maar geen identificatie. Een soefi ervaart weliswaar eenwording met het goddelijke, maar tegelijk is het goddelijke de geliefde van de soefi-minnaar en dus een ander.

Egyptische jongens lezen van houten planken waarop teksten uit de Koran geschreven staan. De jongens zingen de woorden om ze uit hun hoofd te leren.

AL-FĀRĀBĪ
circa 870–950

Abu Nasr al-Fārābī woonde tot zijn vijftigste in het district Fārāb in het huidige Kazachstan. Daarna ging hij naar Bagdad om daar zijn studie voort te zetten. Hij bleef er twintig jaar, waarna hij op hoge leeftijd naar het hof van Aleppo trok. Hij heeft al zijn werk vermoedelijk geschreven in de laatste dertig jaar van zijn leven. In de islamitische filosofie kwam hij bekend te staan als de 'tweede leermeester' (Aristoteles was de eerste). Zijn begrafenis in Aleppo werd bijgewoond door de vorst.

Al-Fārābī kende vermoedelijk geen Grieks, maar hij was goed thuis in de Griekse filosofie en was ook in staat die uit te leggen aan een islamitisch publiek. Zijn opvatting over filosofie, zoals hij die onder meer heeft uiteengezet in zijn *Harmonie tussen de opinies van Plato en Aristoteles*, was dat er slechts één filosofie bestond. Plato en Aristoteles verwoordden dezelfde filosofie, evenals de neoplatonisten en de andere Griekse filosofen. Onderlinge verschillen zijn niet te wijten aan de filosofen, maar aan de partijdigheid van hun aanhangers. Op dezelfde

> *Begrijp dus dat in alles wat [Plato en Aristoteles] naar voren hebben gebracht, ze het over hetzelfde hadden, en dat het hun bedoeling was om één en dezelfde filosofie te verwoorden.*
>
> De filosofie van Plato en Aristoteles, blz. 50

wijze vormen islam en filosofie één geheel, ook al zijn er uiterlijke verschillen. Hierin ging hij verder dan de neoplatonist Porfyrius, die Aristoteles en Plato verzoende, en vormde zo een voorbeeld voor **Avicenna** en **Averroës**. Al-Fārābī was niet de eerste die de 'eeuwige filosofie' onder woorden bracht door te stellen dat er slechts één ware filosofie is, maar hij werkte het idee het vergaandst uit. Er zijn overeenkomsten tussen hem en Marsilio Ficino, de bekende christelijke humanist uit de Renaissance, hoewel het voor Ficino gemakkelijker was om het reeds geplatoniseerde christendom te verzoenen met de filosofie van Plato.

Het was voor al-Fārābī natuurlijk niet eenvoudig om zo'n breed scala ideeën en geloofsovertuigingen met elkaar in harmonie te brengen. Het grootste probleem was dat algemeen werd gedacht dat sommige ideeën van Aristoteles in strijd waren met zowel het platoonse gedachtegoed als de islamitische leer. Geholpen door **al-Kindī's** onjuiste publicatie van de *Enneaden* van

Plotinus als *De theologie van Aristoteles* kon al-Fārābī argumenten aanvoeren tegen deze gedachte. Of hij niet beter wist of niet helemaal eerlijk was, is nog steeds een punt van discussie. In een minder bekend werk, *De filosofie van Plato en Aristoteles*, maakt hij bij zijn bespreking van Aristoteles geen melding van *De theologie van Aristoteles* en laat hij merken dat hij goed op de hoogte is van de verschillen tussen de twee filosofen

> *Volgens al-Fārābī's emanatietheorie kan het intellect via redeneren en contemplatie door de hemelsferen heen oprijzen om ten slotte verenigd te worden met het primaire intellect.*

(hoewel hij duidelijk maakt dat ze volgens hem met elkaar verzoend kunnen worden). En **al-Ghazālī** nam bij zijn aanval op al-Fārābī niet de moeite in te gaan op de 'eeuwige filosofie' uit de *Harmonie*. Het is dus mogelijk dat al-Fārābī privé andere opvattingen had dan in het openbaar. Zijn synthese van de twee denksystemen kwam zeker niet voort uit onwetendheid over de verschillen.

Al-Fārābī's voorganger al-Kindī was de eerste islamitische filosoof, maar hij had ondanks al zijn boeken geen logisch systeem voorgesteld. Dat was een belangrijke bijdrage van al-Fārābī aan de islamitische filosofie. Hij onderscheidde vijf categorieën argumenten: demonstratief, dialectisch, retorisch, sofistisch en poëtisch. Alleen demonstratieve argumenten leiden tot zekerheid, en dat is het terrein van de filosofen en geleerden. Eén stap lager staat de dialectiek van de theologen, zoals van zijn tijdgenoot **al-Ash'ari**. Het retorische argument is slechts overredend, het sofistische argument is misleidend en het poëtische argument produceert prettige of onprettige gevoelens. Volgens al-Fārābī zijn demonstratieve argumenten niet bedoeld voor het gewone volk. Daarvoor is de religie bestemd, terwijl de filosofie zich in misleidende kledij moet hullen. Dat klinkt elitair, maar hij was verstandiger dan sommige latere filosofen, die vervolgd werden door ongeschoolden.

In zijn kosmologie probeert al-Fārābī te laten zien hoe de Ene (God) veelvuldigheid schept door middel van 'emanatie'. Hij laat ook zien hoe iets wat onveranderlijk is, kan scheppen zonder zelf te veranderen. Het idee van schepping door emanatie vanuit God heeft al-Fārābī overgenomen van Plotinus, maar de synthese met Aristoteles is zijn eigen bijdrage. Intellect, ziel en materie (dit drietal is ontleend aan Aristoteles) vormen een emanatie van de Eerste Intelligentie, God, die over de eerste hemelsfeer heerst. De aarde – de tiende, ondermaanse sfeer – wordt geregeerd door het 'actieve intellect', dat wordt gelijkgesteld met de aartsengel Gabriël. Volgens de emanatietheorie van al-Fārābī kan het intellect via redeneren en comtemplatie door de hemelsferen heen oprijzen om ten slotte verenigd te worden met het primaire intellect. Dit is een aristotelisch wereldbeeld, met de aarde in het centrum en de kosmos die er in kristallen sferen omheen draait.

Een van de zwakke plekken van deze theorie is dat niet duidelijk wordt hoe de Ene veelvuldig kan worden en ook niet hoe iets

> *Deze zaken zijn filosofie in de ziel van een wetgever. Ze zijn echter religie in de zielen van de massa. Want als de wetgever deze zaken weet, begrijpt hij ze door zeker inzicht, terwijl de zaken een plek vinden in de zielen van de massa door beeldspraak en overredende argumenten. Hoewel de wetgever deze zaken presenteert door beeldspraak, zijn noch de gekozen beelden noch de overredende argumenten voor hemzelf bedoeld. Wat hem betreft zijn de zaken zeker. Hij is degene die de beelden kiest en de overredende argumenten bedenkt, maar niet met de bedoeling deze zaken als een religie een plek te geven in zijn eigen ziel. Nee, de beelden en de overredende argumenten zijn voor anderen bedoeld, terwijl deze zaken wat hem betreft zeker zijn. Voor anderen vormen ze een religie, maar voor hem vormen ze filosofie.*
>
> *Zo zijn de ware filosofie en de ware filosoof.*
>
> De filosofie van Plato en Aristoteles, blz. 47

wat onveranderlijk is kan scheppen. De goddelijke hiërarchie heeft veel weg van een rookgordijn, bedoeld om een manco in de redenering te verbergen. De kwestie is nu puur academisch, maar hedendaagse critici zullen het eens zijn met al-Ghazālī die het systeem logisch onhoudbaar vond. Desondanks vond al-Fārābī's synthese van filosofie en religie veel weerklank in zowel de islamitische als de Europsese beschaving. Met name Avicenna is er schatplichtig aan.

Een andere belangrijke theorie van al-Fārābī betrof het profeetschap. Dit was een belangrijke kwestie gezien de opvattingen van tijdgenoten als al-Razi (865–925), die de mogelijkheid van profeetschap verwierp omdat het een speciale categorie van kennis vooronderstelde die hoger in rang was dan de rede. Voortbouwend op Aristoteles, die dromen zag als een ongebonden activiteit van het intellect, beschouwde al-Fārābī de droomtoestand als een toestand van reflectie over ideeën zonder afgeleid te worden door de materie. Een krachtig en verbeeldingsvol intellect (zoals een echte profeet bezit) is in staat om al dromend op te rijzen om te communiceren met het actieve intellect en daarvan spirituele waarheden te vernemen. Het actieve intellect wordt zo gelijkgesteld met de aartsengel Gabriel, de boodschapper van God. Deze theorie werd net als al-Fārābī's emanatietheorie door al-Ghazālī bekritiseerd.

Al-Fārābī ontleende zijn theorie over het intellect aan Aristoteles, maar hij voegde er belangrijke elementen aan toe. Eenvoudig samengevat komt de theorie erop neer dat het intellect drie niveaus heeft, in opwaartse lijn. Het *potentiële intellect* ontvangt indrukken passief. Het *intellect in actie* begrijpt ideeën binnen de indrukken en kan die gebruiken. Het *verworven intellect*

Plato en Aristoteles. Al-Fārābī beargumenteerde dat de schijnbare tegenstelling tussen hun filosofische stelsels verzoend kan worden.

komt van boven en beweegt zich tussen hogere vormen, vergelijkbaar met Plato's Ideeën, die zich in een apart domein buiten de wereld van de materie ophouden. Dit derde niveau van het intellect is in wezen mystiek, omdat het afhankelijk is van het goddelijke actieve intellect. Al-Fārābī benadrukt echter dat de eerdere stadia noodzakelijk zijn om het intellect voor te bereiden op de openbaring. Het is gemakkelijk te begrijpen dat deze theorie aantrekkelijk was voor het Westen, aangezien aristotelisch empiricisme en platoonse gnosis erin samengingen. Verder verzoent de theorie binnen een moslims kader Griekse filosofie, islamitische theologie en soefi-mystiek. Al-Fārābī's ideeën zijn beschreven als 'de belangrijkste van alle theorieën van moslimse denkers',[38] en de meest invloedrijke. Zowel Averroës als Avicenna waren schatplichtig aan al-Fārābī's ideeën en via hen nam christelijk Europa ze over.

AL-ASH'ARI
circa 874–circa 935

Abu al-Hasan al-Ash'ari was de belangrijkste formuleerder van de soennitisch-islamitische opvattingen. Zoals bekend zijn er twee hoofdrichtingen binnen de islam, soennieten (de grote meerderheid) en sjiieten (een minderheid). Aangezien de belangrijkste verschillen politiek en niet filosofisch van aard zijn, zullen we hier niet verder ingaan op het onderscheid. Al-Ash'ari behoorde tot de islamitische aristocratie van Basra in Irak en stamde af van een van de metgezellen van de Profeet. Hij was rijk genoeg om zich volledig te wijden aan theologiestudie. Hij profiteerde van de bloei van de wetenschap onder de Abbasidische kaliefen, onder wier autocratische heerschappij de Griekse filosofen voor het eerst werden vertaald in het Arabisch. Hij was de oprichter van een belangrijke theologische school waar later **al-Ghazālī** en **Ibn Khaldūn** zouden studeren.

De mu'tazilieten, de rationalistische theologen waartoe ook al-Ash'ari aanvankelijk behoorde, hadden de wetenschap van de *kalam* – de scholastieke theologie – gegrondvest en hadden aanvankelijk veel invloed. In de tijd van al-Ash'ari was hun denken echter ver af komen te staan van de realiteit en ook van de traditionele islam. Op zijn veertigste brak hij daarom met hen. De mu'tazilieten en de orthodoxe geleerden waren in de loop van de jaren steeds meer gepolariseerd. De mu'tazilieten trokken alles in twijfel en de orthodoxen namen steeds meer anti-intellectuele standpunten in, zoals dat alle geloofsleerstukken zonder meer geaccepteerd moesten worden, zonder erover na te denken. De orthodoxe positie was duidelijk onhoudbaar en daarom maakte al-Ash'ari de *kalam* geschikt voor de orthodoxe opvattingen. In essentie leggen de ash'arieten in de *kalam* het primaat bij de openbaring en niet bij de rede (net als **al-Kindī** in zijn *falsafah*); dus het omgekeerde van wat de rationalistische theologen stelden. Iets vergelijkbaars deden de ash'arieten ten aanzien van goed en kwaad. Volgens al-Ash'ari zijn goed en kwaad niet inherent aan een handeling, maar volgen ze uit de Koran en de religieuze wet – goed en kwaad op zich bestaan niet, maar de openbaring bepaalt wat goed en kwaad is.

Al-Ash'ari vond steeds een middenweg die algemeen aanvaardbaar was voor de meerderheid. Er bestond bijvoorbeeld discussie over de vraag of de Koran eeuwig was of geschapen. Volgens de orthodoxen was de Koran eeuwig en was de bewering dat hij geschapen was 'nieuwlichterij'. Al-Ash'ari wees erop dat Mohammed over geen van beide standpunten iets had gezegd en dat daarom ook de bewering dat de Koran eeuwig was, nieuwlichterij was. Vervolgens gaf hij zijn eigen oplossing: de Koran moest qua inhoud als eeuwig worden beschouwd en qua woorden als geschapen. Een andere

Graftombe van de Abbasidische kaliefen.

belangrijke theologische kwestie uit die tijd was of de attributen van God (God is barmhartig, wijs, wraakzuchtig, almachtig enzovoort) al dan niet samenvielen met Zijn essentie. De rationalisten waren van mening dat de attributen met Zijn essentie samenvielen, waaruit volgde dat de attributen in feite geen betekenis hadden of dat God vol was met tegenstrijdigheden. Het orthodoxe standpunt dat ze niet samenvielen met Zijn essentie, neigde naar anthropomorfisme (dat God menselijke eigenschappen kreeg toegeschreven) en polytheïsme. Al-Ash'ari's tussenpositie hierin was vergelijkbaar met de Indiase *bhedābheda* (eenheid en verschil)[39]: de attributen maken deel uit van Zijn essentie, maar tegelijk vallen ze erbuiten. God is bijvoorbeeld niet wijs in Zijn essentie, maar in de praktijk bezitten Zijn woorden het attribuut wijsheid. Attribuut en essentie vallen niet volledig samen, maar zijn ook niet volledig verschillend.

Wat de vrije wil betreft nemen de ash'arieten een tussenpositie in tussen deterministisch fatalisme en de absolute vrije wil. Volgens al-Ash'ari heeft de mens de keuze tussen goed en kwaad, uitmondend in de hemel als beloning en de hel als bestraffing. Voor God is een duidelijke rol weggelegd in de ash'aritische opvatting over de vrije wil, omdat God het actieve principe is dat de keus tussen goed en kwaad beschikbaar maakt – door elk mens de macht te geven te kiezen en de keus vervolgens te verwezenlijken. In deze opvatting, die lijkt op het leerstuk dat later onafhankelijk door Malebranche is ontwikkeld als het *occasionalisme* – gedachten worden omgezet in actie door een daad van God – wordt een actieve God die het al onderhoudt, gecombineerd met de behoefte aan individuele verantwoordelijkheid. In dit opzicht bevond al-Ash'ari zich op gevaarlijk terrein en sommige van zijn aanhangers neigden daarom naar het vroegere orthodoxe, deterministische standpunt.

Als filosoof tegen wil en dank ontwikkelde al-Ash'ari een origineel metafysisch systeem uitgaande van aristotelische ideeën. Volgens zijn metafysica (of, volgens sommige geleerden, volgens de metafysica van zijn leerling al-Baqillani, die voortbouwde op die van zijn leermeester) bestaat de wereld uit vluchtige atomen, die door God worden geschapen en direct weer verdwijnen. Er bestaat geen causaliteit in de normale betekenis van het woord. Er bestaan ook geen natuurwetten: het enige wat we waarnemen is dat God de dingen gewoonlijk op een bepaalde manier doet. Hout brandt niet door vuur, maar God maakt het vuur en als het vuur dicht bij het hout is kunnen we waarnemen dat Hij het hout gewoonlijk laat branden. Een wonder is een uitzonderlijke gebeurtenis, maar voor God niet uitzonderlijker dan een andere gebeurtenis. Macdonald noemt de ash'aritische metafysica 'het gewaagdste metafysische stelsel en vrijwel zeker het grondigste theologische stelsel dat ooit is uitgedacht'.[40] Er zijn, zoals we hebben gezien, overeenkomsten met het *occasionalisme* en ook met boeddhistische argumenten tegen causaliteit en permanentie, ook al verschillen vanzelfsprekend de bedoelingen. Al-Ash'ari's gedachtegoed was later zeer invloedrijk, vooral door al-Ghazālī die van zijn ideeën gebruik maakte om filosofen als **Avicenna** en **al-Fārābī** aan te vallen. Dankzij al-Ghazālī's invloed werd het ash'arisme de belangrijkste vorm van theologie in de islam.

HET MIDDEN-OOSTEN

De Moskee van Omar in Jeruzalem, ook wel bekend als de Koepel van de Rots. Dit rijkversierde bouwwerk staat op de plek waar Mohammed zijn reis naar de hemel zou zijn begonnen, en eveneens op de plek van de Tempel van Salomo.

AVICENNA (IBN SĪNĀ)
980–1037

Avicenna was met **Averroës** (Ibn Rushd) de bekendste islamitische filosoof in het Westen. Hij was ook een belangrijk arts en auteur van het *Kitab al-shifa* (Het boek van de genezing) en de invloedrijke *Canon der geneeskunst*. Zijn faam in middeleeuws Europa als arts werd alleen geëvenaard door die van Hippocrates en Galenus, terwijl zijn filosofie zeer veel invloed had op de scholastiek. Zoals zoveel islamitische filosofen had hij een encyclopedische belangstelling en hij was van allen waarschijnlijk de productiefste schrijver. Zijn *Kitab al-shifa* beslaat een groot aantal terreinen van wetenschap, zoals logica, meetkunde, rekenkunde, sterrenkunde, muziek, natuurwetenschap en metafysica. Er wordt gezegd dat het boek het grootste werk van deze aard van de hand van één enkel mens is.[41]

Avicenna werd in Perzië geboren en was gezegend met een buitengewoon intellect. Hij was tien toen hij de Koran uit zijn hoofd kende en op zijn 21ste beheerste hij alle traditionele takken van de islamitische wetenschap. Hij was bovendien een gerespecteerde arts. Na zijn succesvole genezing van de Samanidische vorst kreeg hij toegang tot een schitterende bibliotheek, die hem in staat stelde zijn studies voort te zetten. In zijn latere leven raakte hij echter in minder gelukkige omstandigheden: gedwongen door de dood van zijn vader en politieke onrust in de regio moest hij van de ene plaats naar de andere reizen. Desondanks bleef Avicenna met een verbazingwekkende energie aan het werk. Een lange dag arbeid aan het hof werd gevolgd door discussie- en studieavonden met studenten, die wel tot diep in de nacht konden duren. Pas tijdens de laatste veertien jaar van zijn leven, in Isfahan, kon Avicenna in alle rust werken.

In zijn filosofie bouwde Avicenna voort op het werk van **al-Fārābī** (870–950), die had beargumenteerd dat filosofie en religie met elkaar in harmonie zijn. Al-Fārābī was de grondlegger van de theorie van het emanationisme, een uitwerking van de ideeën van Plotinus. Intellect, ziel en materie (dit drietal ontleende hij aan Aristoteles) zijn emanaties van de Eerste Intelligentie, God, die over de eerste hemelsfeer heerst. De aarde – de tiende, ondermaanse sfeer – wordt geregeerd door het 'actieve intellect', te identificeren met de aartsengel Gabriël. Volgens het emanationisme kan het intellect via redeneren en comtemplatie door de hemelsferen heen oprijzen om verenigd te worden met het primaire intellect, ongeveer zoals volgens Plato het Goede benaderd kan worden. Al-Fārābī had ook een originele theorie

Avicenna was arts, geleerde en filosoof.

over profeetschap: een profeet is een mens met veel verbeeldingskracht, die slapend of in trance in contact kan treden met het actieve intellect en daardoor spirituele waarheden kan ontvangen.

Volgens Avicenna was God de enige absoluut onvermengde, enkelvoudige entiteit. Verder was hij evenals Aristoteles van mening dat God slechts universalia kent, aangezien Hij zich ophoudt buiten tijd en ruimte, het domein van de particularia. Dit idee ontmoette kritiek van orthodoxe zijde, omdat het niet in overstemming was met de Koran, waarin staat: 'Nog geen stofdeeltje in de hemel of op aarde blijft verborgen voor God'. Avicenna's antwoord hierop was dat God vanuit Zijn plaats buiten tijd en ruimte de hele keten van oorzaak en gevolg kon zien en daardoor elke afzonderlijke gebeurtenis in zijn context kende. Deze uitleg werd nooit volledig geaccepteerd en **al-Ghazālī** bekritiseerde met name de inperking van Gods kennis. Avicenna's afstandelijke en onpersoonlijke opvatting over God was een van de tekortkomingen van zijn filosofie.

Een profeet stelt hij zich, net als al-Fārābī, voor als een mens met een grote verbeeldingskracht, die hem in staat stelt zich te identificeren met het actieve intellect. Bovendien is een profeet charismatisch, heeft hij politieke talenten en is hij in staat filosofie allegorisch uit te drukken in de vorm van religie, zodat ook de massa's haar begrijpen.

Avicenna's psychologie is interessant en in sommige opzichten origineel. Onze vijf zintuigen worden in ons innerlijk weerspiegeld door vijf vermogens, waaronder herinnering, verbeeldingskracht en waardebesef. Net als Aristoteles is Avicenna van mening dat het intellect het goddelijke is in de mens – het is ondeelbaar, immaterieel en onvergankelijk. Het intellect is een spiegel die ideeën die afkomstig zijn van het actieve intellect weerkaatst, en die, bij wijze van spreken, gepolijst kan worden. Avicenna is meer platoons dan aristotelisch in zijn opvatting dat de universalia van bovenaf worden geleerd en niet door ervaring. Een bekend Grieks voorbeeld hiervan is dat we het universele idee 'driehoek' niet intuïtief leren kennen door een groot aantal driehoeken te zien, maar doordat een hogere intelligentie het idee 'driehoek' openbaart aan het verstand. De ideale driehoek is vrij van de onvolkomenheden van fysieke driehoeken, die het verstand enkel voorbereiden op de openbaring. Volgens Avicenna is het denken het vermogen dat de vormen universaliteit geeft.

Avicenna werd na zijn dood niet alleen aangevallen door al-Ghazālī, maar ook door Averroës en, nog later, door **Ibn Khaldūn**, waardoor zijn invloed in de islamitische wereld verminderde. Hij werd symbool voor een bepaalde manier van filosofisch denken, die niet orthodox was. Zijn geloof in de eeuwigheid van de schepping, zijn idee dat een profeet een mens was met veel verbeeldingskracht en zijn (niet in het openbaar uitgesproken) verwerping van de lichamelijke herrijzenis werden later allemaal als heterodox beschouwd. Verder was zijn opvatting

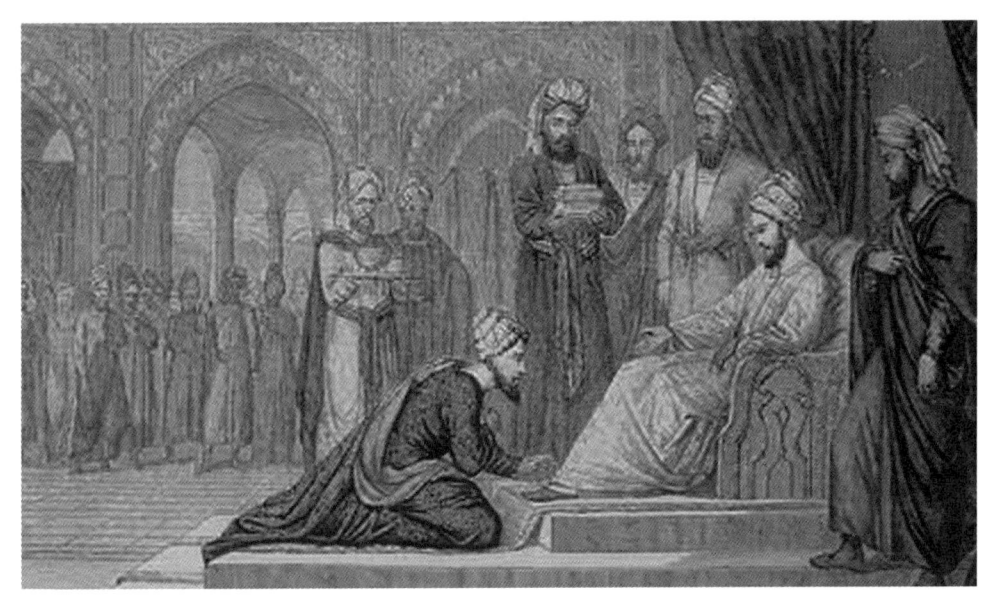

Avicenna wordt ontvangen door de gouverneur van Isfahan.

over God nogal afstandelijk en koel, evenals die over het menselijke intellect. Hoewel hij in Europa veel invloed had, werd Avicenna in zijn eigen cultuur niet erg gewaardeerd. Dit is te betreuren, want hij was niet alleen de belangrijkste aristoteliaanse denker, maar was volgens sommigen ook de grondlegger van een mystieke theosofie, die misschien de voorbode was van latere ontwikkelingen in Iran. De meeste van zijn werken over dit onderwerp zijn echter verloren gegaan.

AL-GHAZĀLĪ
1058–1111

Abu Hamid Muhammad al-Ghazālī stond in twee rijke tradities, die van de theologie en die van het soefisme, en ontwikkelde een denksysteem dat ze samenbracht. Zijn levensgeschiedenis is fascinerend en heeft veel bijgedragen aan zijn faam als denker. Hij lijkt in bepaalde opzichten op Augustinus, met wie hij vaak wordt vergeleken vanwege zijn formidabele intelligentie, zijn innerlijke worstelingen, zijn energie en zijn geloof. Hij was ook een persoon vol tegenstellingen, zoals we zullen zien.

Zijn vader en zijn broer waren bekende soefi's en de jonge al-Ghazālī werd spiritueel onderricht, maar hij bereikte niet de mystieke toestand waarop hij had gehoopt. Zijn voorkeur ging vervolgens uit naar de wetenschap en hij kreeg al snel een aanstelling als leraar theologie aan de Nizamiyah-universiteit in Bagdad. Dat gaf blijkbaar ook geen voldoening, omdat al-Ghazālī met zijn onderzoekende geest inzag dat zowel de theologie als de filosofie zoals die toen beoefend werden, tekortkomingen hadden. Al-Ghazālī verwoordde zijn doel in termen die doen denken aan Descartes:

> *Aangezien ik van plan ben de waarheid te vinden, moet ik in de eerste plaats vaststellen wat de basis is voor zekerheid. In de tweede plaats moet ik erkennen dat zekerheid ligt in duidelijke en volledige kennis van dingen, een kennis die geen ruimte laat voor twijfel of de kans dat er een vergissing wordt gemaakt.*[42]

Op zijn 36ste verdroeg hij niet langer dat hij geen solide basis voor de waarheid kon vinden en kreeg hij een zenuwinstorting. Hij nam ontslag en vertrok naar Damascus waar hij een rondtrekkende soefi werd. Nu hij tot het inzicht was gekomen dat de waarheid niet kon worden gevonden door observatie of rede, vond al-Ghazālī in plaats daarvan een spirituele bron: een licht, zoals hij het noemde, waarmee God zijn hart vervulde. Niet ons verstand brengt ons bij de waarheid, maar Gods genade is de sleutel tot kennis. Hij bracht elf jaar door in ascese en meditatie, daarna begon hij weer les te geven en te schrijven. Een van de redenen daarvoor was de overlevering dat de islam elke eeuw vernieuwd zou worden door een waarachtige leraar. Al-Ghazālī liet zich ervan overtuigen dat hij de leraar was voor de eeuw die (volgens de christelijke kalender) in 1106[43] begon. Zijn omvangrijke *Herleving van de religieuze wetenschappen* heeft hij om die reden geschreven en dit boek is na de Koran nog steeds de meestgelezen islamitische tekst. Aan al-Ghazālī zijn honderden werken toegeschreven, maar veel daarvan ten onrechte. Zo'n veertig zijn vermoedelijk van zijn hand.

Al-Ghazālī was zich scherp bewust van de verdeeldheid binnen de islam en in een autobiografisch werk dat bedoeld was om zijn ontslagneming van de universiteit te rechtvaardigen, gaat hij op vier groepen in het bijzonder in: de ash'aritische theologen, de soefi-mystici, de *falāsifah* (filosofen) en de sjiieten. Al-Ghazālī uitte kritiek op al deze groepen, zoals op theologen die zich wilden baseren op filosofische bewijzen en op soefi's met onorthodoxe monistische ideeën.[44] Zijn felste kritiek richtte zich echter op de filosofen en de sjiitische theologen. Om met deze laatsten te beginnen: de islam is van oudsher verdeeld in een soennitische en een sjiitische richting als gevolg van onenigheid onder de moslims over wie het recht had de Profeet op te volgen. De sjiieten koesterden een speciaal ontzag voor de imams, afstammelingen van de Profeet die volgens hen diens ware opvolgers waren. In hun ogen kon alleen een ware imam instructie geven over de islam, terwijl de soennieten de pragmatische opvatting hadden dat er ontwikkeling mocht zijn in de uitleg van de religieuze wet, als aanvulling op de woorden van de Profeet. Al-Ghazālī beschouwde de sjiitische ideeën als een doodlopende weg: alle ware imams waren namelijk inmiddels overleden.

Voor ons is echter al-Ghazālī's aanval op de filosofen belangrijker: dit was voor het eerst dat een theoloog de Grieks-geïnspireerde islamitische filosofie onderzocht. Hij was de eerste theoloog die voldoende voor die taak was toegerust. Hij verwoordde zijn kritiek met name in *De intenties van de filosofen*, een werk dat ook in Europa invloed had en waarin hij de belangrijkste ideeën van filosofen als Avicenna (Ibn Sīnā) en al-Fārābī uiteenzette en in de tweede plaats in zijn grote werk *Tahāfut al-falāsifah* (*De inconsistentie der filosofen*). De belangrijkste reden voor zijn antipathie tegen de filosofen was zijn overtuiging dat de theologie zich moest laten leiden door geloof en niet door het verstand. Dit was immers, zoals hij had ondervonden, niet in staat de begeerde antwoorden te geven. Omdat het verstand niet betrouwbaar genoeg was om het bestaan

> 'Gods onweegbare beslissingen kunnen niet worden gewogen door het verstand.'

van God of andere geloofswaarheden te bewijzen, moest het naar een secundaire plaats worden verwezen. Hij vindt niet dat er geen filosofie zou mogen bestaan, maar de bevindingen ervan moeten ondergeschikt zijn aan de Koranische openbaring. Evenals al-Ash'ari neemt al-Ghazālī een agnostisch standpunt in over de mysteries van God. Dat blijkt onder meer uit het voorbeeld van een kind dat merkt dat het zich in de hemel bevindt, maar op een lagere plaats dan een bepaalde volwassen man. Het kind vraagt God waarom zijn plaats lager is, waarop het antwoord is dat de man vele goede werken heeft verricht. Het kind vraagt dan waarom hij moest sterven voordat hij goede werken had kunnen doen, waarop God antwoordt dat Hij het leven van het kind had beëindigd omdat Hij wist dat hij een zondaar zou worden. Daarop roepen de verdoemden in de hel: 'Waarom mochten wij niet sterven voor we onze zonden begingen?' Al-Ghazālī zegt dan: 'Gods onweegbare beslissingen kunnen niet worden gewogen door de weegschaal van het verstand en het mu'tazilisme'.

Al-Ghazālī bekritiseerde met name drie ideeën van filosofen als **Avicenna** die, volgens hem, ketterij zijn: dat de wereld eeuwig is, dat God niet in staat is om particularia te kennen en dat de lichamelijke herrijzenis (genoemd in de Koran) fictie is. Deze ideeën waren, voortbouwend op aristotelische veronderstellingen, ontstaan in de traditie van de islamitische filosofie. Al-Ghazālī zei heel terecht dat er een groot verschil is tussen de Koran en Aristoteles. Zijn aanval op de filosofen in *De inconsistentie* was des te effectiever door zijn gebruikmaking van dezelfde bewijsmethode als de aristotelianen. De drie ketterijen hebben nu alleen nog historische betekenis, maar al-Ghazālī's argumenten vormen een fascinerende filosofie op zich.

Een van de belangrijkste kritiekpunten van al-Ghazālī betrof het idee van oorzakelijkheid. Hij richtte zich hierbij vooral op de leer van het emanationisme, dat, gebaseerd op aristotelische kosmologie, een uitgebreide hiërarchie van oorzaak en gevolg poneert, van God omlaag naar de mens.[45] Al-Ghazālī heeft bezwaar tegen het idee dat het universum beheerst zou worden door natuurwetten. Met name de wet van oorzaak en gevolg maakt dat God ondergeschikt zou zijn aan Zijn eigen schepping en aan wetten die gelden voor de mensheid. God kan op elk moment doen wat Hij wil. Al-Ghazālī's argument tegen het causaliteitsidee is dat het louter is gebaseerd op waarneming: we kunnen waarnemen dat vuur brandt, maar we kunnen niet met zekerheid zeggen dat het in alle gevallen zal branden. Wat we hebben waargenomen is niet een 'natuurwet', maar een van de vele voorbeelden waaruit blijkt dat God gewoonlijk op dezelfde manier handelt. Ook wonderen kunnen zo worden verklaard. Dat zijn geen inbreuken op een natuurwet, maar eenvoudigweg ongewone handelingen van God. In dit opzicht doet hij denken aan **al-Ash'ari**, door wie hij werd beïnvloed. Het is overigens opvallend dat er parallellen te vinden zijn in andere tradities, zoals de ideeën van de 18de-eeuwse filosoof David Hume in het Westen en het materialisme van **Chārvāka**, in India. In zijn ijver om aanmatigende filosofen te bestrijden gebruikte al-Ghazālī dezelfde soort argumenten als atheïsten en materialisten – een ironie die een soefi zou waarderen.

Een andere belangrijke kwestie was die van de vrije wil, en ook hier was al-Ash'ari's invloed van groot belang. Al-Ghazālī kon niet te deterministisch zijn, omdat hemel en

David Hume

hel dan hun betekenis zouden verliezen. Daarom poneerde hij drie niveaus: de wereld van de materie is geheel zonder vrije wil, de mens heeft een beperkte vrije wil, zodat hij kan kiezen tussen goed en kwaad, en God heeft een volledig vrije wil.

Wat Gods kennis betreft bekritiseerde al-Ghazālī het emanationistische idee dat God alleen tijdloze universalia kent en buiten tijdelijke particularia staat, door te stellen dat dit in strijd is met uitspraken in de Koran dat God alwetend is. Al-Ghazālī kan worden beschouwd als een tegenkracht tegen de Griekse filosofie, die, in islamitische ogen, meer een rivaliserende religie was dan een denksysteem. De invloed van de *Tahāfut* was zo groot, dat wel wordt gezegd dat al-Ghazālī de filosofie als aparte discipline vrijwel heeft afgeschaft in de oostelijke gebieden van de islam en geheel ondergeschikt heeft gemaakt aan de religie. De belangrijk-

> *De invloed van de Tahāfut was zo groot dat wel wordt gezegd dat al-Ghazālī de filosofie als aparte discipline vrijwel heeft afgeschaft in de oostelijke gebieden van de islam.*

ste reactie kwam een halve eeuw later in het Westen, toen **Averroës** (Ibn Rushd), die in Spanje en Afrika werkzaam was, zijn *Tahāfut al-tahāfut* (*De inconsistentie van 'De inconsistentie'*) schreef.

Heel belangrijk was dat al-Ghazālī het soefisme een plaats heeft gegeven in de orthodoxe islam, een taak waarvoor hij bij uitstek was toegerust. In zijn *Herleving van de religieuze wetenschappen* zette hij de grondslag van de islamitische spiritualiteit uiteen en liet hij zien hoe deze overging in de hogere, mystieke stadia van het soefisme. Later in zijn leven beschouwde al-Ghazālī theologie als helpster van de mystiek. In zijn ogen is liefde de belangrijkste deugd, omdat die het mogelijk maakt dat de ziel God direct ervaart. Dit idee had veel invloed in de islamitische wereld. In zijn *Nis van de lichten* zegt hij in navolging van al-Junayd, de grondlegger van het 'nuchtere' soefisme: 'De woorden van minnaars in hun dronkenschap moeten verborgen blijven en niet bekend worden gemaakt.' Een soefi hoeft zich niet te verantwoorden voor wat hij zegt in de 'dronken' toestand die het gevolg is van de mystieke ervaring, maar hij moet er in nuchtere toestand over nadenken en zijn woorden aanpassen al naar gelang vroomheid en rede het vereisen. Dan citeert hij de beroemde uitspraken van **al-Hallāj** ('Ik ben de waarheid'), Abu Yazid ('Lof zij mij') en Abu Sa'id ('In mijn kledij is niets dan God'), en besluit met de woorden: 'Achter deze waarheden liggen nog andere mysteries – het is niet toegestaan daarin door te dringen'. Het is niet duidelijk wat al-Ghazālī met dat laatste bedoelt: dat je je niet mag bezighouden met die mysteries of dat je ze niet openlijk mag uitspreken.

Het 'nuchtere' soefisme van al-Junayd, dat door al-Ghazālī populair werd gemaakt, stelt de mystieke ervaring – de directe ervaring van God – centraal in de islamitische praktijk. Het biedt een model waarin de excessen van het soefi-enthousiasme worden getemperd door te verwijzen naar schriftuurlijk gezag. De mystiek die hierop is gebaseerd, is niet het absolute monisme of de gelijkstelling van het zelf met God, die voortvloeien uit de drie eerder geciteerde uitspraken, maar een gematigd monisme, waarbij het individuele zelf uitdooft bij de beschouwing van de enkelvoudige realiteit van God.

AVERROËS
(IBN RUSHD)
1126-1198

Averroës wordt door velen beschouwd als de belangrijkste islamitische filosoof. Hij werd geboren in Cordoba, in zijn tijd een centrum van geleerdheid te vergelijken met Damascus en Bagdad in het oosten. Hij werd opgeleid in de wetenschap van de *fiqh* (jurisprudentie) en was een jongere tijdgenoot van de filosoof Ibn Tufayl, die hij ontmoette aan het hof van Abu Ya'qub, de toenmalige vorst in Cordoba. De vorst vroeg hem een commentaar op Aristoteles te schrijven. Dit omvangrijke werk werd beroemd in christelijk Europa en Dante besluit daarom zijn lijst heidense denkers in de eerste kring van de hel met zijn naam:

> ... *Tullius en Seneca de moralist,*
> *Euclides en Ptolemaeus, Hippocrates,*
> *Galenus, Avicenna en Averroës, die*
> *het grote commentaar schreef.*
> Hel, IV

Avicenna is de enige andere moslim die door Dante wordt genoemd. De volgelingen van Averroës in christelijk Europa stonden bekend als de Latijnse averroïsten. Zij beschouwden hem niet alleen als een getrouwe overleveraar van Aristoteles, maar ook als een groot denker. Anderen, onder wie Thomas van Aquino, hadden kritiek op bepaalde aspecten van zijn interpretatie van Aristoteles, die naar hun idee onverenigbaar waren met de christelijke leer, met name betreffende de onsterfelijkheid van de ziel. Russell beschouwde Averroës' interpretatie overigens als correcter dan die van Thomas. Vooral zijn ideeën over het intellect waren invloedrijk. Averroës beargumenteert dat het intellect van God en dat van de mens totaal verschillend zijn. Gods intellect is de oorzaak van de bestaande dingen, terwijl bestaande dingen de oorzaak zijn van het intellect van de mens. Hij zegt ook: 'Intelligentie is niets anders dan de waarneming van dingen samen met hun oorzaken'.[46] De functie van het intellect is de materie af te pellen van de pure concepten, zoals bijvoorbeeld wanneer we naar de afbeelding van een driehoek kijken en slechts de perfecte wiskundige vorm waarnemen en niet de fysieke onvolkomenheden van de tekening. De concepten bestaan echter niet in een domein van pure Vormen, zoals Plato had gesteld, maar slechts in de geest van de mens. Averroës huldigt de nuchtere wetenschappelijke opvatting dat de wereld geordend is en met het verstand begrepen kan worden. De wereld is geschapen door de goedgunstigheid van God en het geluk van de mens hangt samen met zijn vermogen om aan de corrupte materie te onstijgen naar de eeuwigheid van de hogere sferen. Het Latijnse averroïsme had tot in de 15de eeuw veel invloed in Europa.

Voor de islamitische wereld is het belangrijkste werk van Averroës zijn weerlegging van **al-Ghazālī's** Tahāfut al-falāsifah (De inconsistentie van de filosofen) in zijn Tahāfut al-tahāfut (De inconsistentie van 'De inconsistentie'). De ironische titel is overigens geen weerspiegeling van de inhoud, die bestaat uit een grondige en systematische weerlegging van de soms wat onsamenhangende, maar ook zeer uitvoerige argumenten van al-Ghazālī. Zoals veel islamitische filosofen had Averroës tegenstand te verduren van de kant van de *ulama*, de orthodoxe religieuze geleerden, die dankzij hun populariteit onder de bevolking de wereldlijke autoriteiten konden beïnvloeden. Hij werd uit Cordoba verbannen naar het nabijgelegen Lucena en zijn boeken werden in het openbaar verbrand. Na enige tijd was hij weer in de gratie en de rest van zijn leven woonde hij in Marrakesh, in Marokko. Dat hij werd verbannen is een aanwijzing voor het politieke klimaat waarin hij leefde. Een centrale kwestie in zijn tijd was of filosofie en religie volgens de islam met elkaar verenigbaar waren. Volgens al-Ghazālī waren de filosofen *kufr* (ketters) en dat betekende dat ze vanwege hun ideeën vervolgd konden worden. Averroës ging daar in zijn werk tegen in. Hij stelde de vraag of filosofie verboden, toegestaan, aanbevolen of verplicht is volgens de islam. Zijn antwoord was dat filosofie op zijn minst aanbevolen is, omdat de Profeet de moslims herhaaldelijk had aangespoord om na te denken over het universum. Averroës' definitie van

Averroës

filosofie is dat deze bestaat uit nadenken over het geschapene met als doel meer te begrijpen over de Schepper. Hiermee grijpt hij terug op **al-Kindī's** definitie van filosofie: ware kennis en waarachtig handelen.

Averroës neemt van **al-Fārābī** het idee over dat er vijf soorten argumenten zijn (demonstratief, dialectisch, retorisch, sofistisch en poëtisch). Ook bij hem heeft het demonstratieve argument de hoogste rang en is het voorbehouden aan de filosofen, terwijl de ash'aritische theologen zich moeten beperken tot de dialectiek. Rede en openbaring moeten hand in hand gaan, maar als de openbaring in strijd is met de rede moet de betekenis ervan allegorisch worden opgevat. Deze verborgen (*batin*) betekenis moet worden ontdekt door de filosofie.

Het verschil tussen het standpunt van al-Ghazālī – theologisch en mystiek – en dat

HET MIDDEN-OOSTEN

Averroës werd gedwongen boete te doen voor zijn intellectuele moed.

van Averroës – filosofisch en wetenschappelijk – is niet alleen voor de islam van belang, maar ook voor de opkomst van West-Europa. Globaal gezegd volgde de islam al-Ghazālī en Europa Averroës, hoewel het overdreven is om te zeggen dat de opkomst van de natuurwetenschappen in Europa dus het product is van de islamitische filosofie. In bepaalde opzichten is de filosofie van Averroës' inderdaad wetenschappelijk: hij verwierp astrologie en stond sceptisch tegenover alchemie. Maar natuurwetenschappers als Galilei moesten aristotelische ideeën overwinnen voordat hun eigen opvattingen tot bloei konden komen. Je kunt beter zeggen dat Averroës een positieve invloed had op de moderne islam doordat hij het causaliteitsbeginsel verdedigde. **Al-Ghazālī** en **al-Ash'ari** ontkenden beiden het causaliteitsbeginsel omdat als God gedwongen zou zijn natuurwetten te volgen, dit afbreuk zou doen aan Zijn macht. Averroës voerde argumenten aan tegen deze opvatting, die ook was bedoeld om het bestaan van wonderen te bewijzen. Volgens hem is God de wijze schepper en daarom volgt Zijn schepping juiste wetten. De wet van oorzaak en gevolg is daar een van. Hij ontkende niet dat wonderen mogelijk zijn, maar hij was niet van plan een heel denksysteem te ontwikkelen dat gebaseerd was op zulke uitzonderlijke gebeurtenissen. Onder verwijzing naar de Profeet, die ooit had geweigerd een wonder te verrichten omdat hij slechts een menselijk wezen was, stelde hij dat het waarlijke wonder van de islam de Koran is. Dit averroïstische standpunt wordt aangehangen door de meeste moderne islamitische denkers.

Over de vrije wil had Averroës een origineel standpunt, waarbij hij zowel de vrije wil als de predestinatie verwierp ten gunste van determinisme. Handelingen zijn het gevolg van oorzaken die zowel uitwendig (de omstandigheden) als inwendig (de dispositie van de persoon) zijn. God ziet alles en schept de omstandigheden die passen bij onze disposities. Averroës is een optimist en beschouwt de mens als geneigd tot het goede.

Wat voorgangers betreft hoort Averroës meer thuis bij al-Kindī en Aristoteles dan bij al-Fārābī en Plotinus. Volgens al-Fārābī vormden filosofie en religie een – op zich neoplatoonse en mystieke – eenheid. Averroës had een meer analytische benadering en was de eerste die – na de verwarring die was ontstaan toen al-Kindī de *Enneaden* aan Aristoteles had toegeschreven – onderscheid maakte tussen aristotelische en neoplatoonse ideeën. Zijn belang was echter veel groter voor het Westen dan voor de islam. De enorme invloed die Averroës in de Middeleeuwen en de Renaissance had op Europa, kende geen parallel in de islamitische wereld.

De ideeën van Averroës werden veroordeeld door moslimse theologen, die hem dwongen ze bij de Koran af te zweren.

RŪMĪ
1207-1273

De soefidichter Jalal al-Din Rūmī werd geboren in Afghanistan en schreef in het Perzisch, maar op jonge leeftijd verhuisde hij met zijn ouders naar Anatolië, vermoedelijk omdat het gezin moest vluchten voor de plaatselijke heerser of voor de Tartaren. De naam 'Rūmī' is afgeleid van 'Rūm', de Arabische aanduiding voor Anatolië. Rūmī was afkomstig uit een aanzienlijke familie en kreeg een uitstekende opleiding. Toen hij 24 jaar was volgde hij zijn vader op als leraar religieuze wetenschappen en mystiek. Een ontmoeting met de raadselachtige mysticus Shams uit Tabriz had een diepe invloed op hem en hij werd zelf soefi en dichter. Rūmī's omgang met Shams veroorzaakte onenigheid in de kring van Rūmī's leerlingen en Shams werd gedwongen te vluchten. Hij keerde later terug, maar rond 1247 verdween hij opnieuw. Vermoedelijk is hij door iemand uit Rūmī's naaste omgeving vermoord.

Rūmī heeft een uitgebreide verzameling geschriften nagelaten, met name poëzie. Hij wordt beschouwd als de grootste literaire persoonlijkheid van de islamitische wereld en zijn dichtkunst wordt ook in het Westen bewonderd. Rūmī's niet aan enige geloofsrichting gebonden en alles omvattende liefde voor God is ook voor de moderne mens een zeer aansprekende en aanvaardbare vorm van religie. Hoewel de literaire kwaliteiten van zijn gedichten moeilijk zijn in te schatten voor een lezer die geen Perzisch kent, krijgt deze toch in sterke mate een gevoel van een overweldigende mystieke liefde voor God.

Evenals andere soefi's die in dit boek worden besproken, zoals **al-Hallāj,** had Rūmī de gewoonte om ongewone uitspraken te doen die verkeerd begrepen konden worden door ongeschoolden. Zo zei hij ooit: 'Wat mijn geloof betreft ben ik noch jood, noch aanhanger van Zarathoestra, noch moslim in de gebruikelijke zin van het woord.' Hij beweerde alle 72 sekten van de islam te steunen en toen hij van atheïsme en ketterij werd beschuldigd, gaf hij zijn schuld toe. Hij was ook bekend door bedenkelijke praktijken als muziek, zang en dans: Rūmī was de stichter van de Mevlevi-orde, de 'dansende derwisjen', genoemd naar hun 'wervelende' dans. Hij schijnt echter niet vervolgd te zijn. Hij stond kritisch tegenover

---

Kunst als hofmakerij en overgave

In uw licht leer ik lief te hebben.
In uw schoonheid leer ik te dichten.
U danst in mijn borst, waar
niemand u ziet, maar soms zie ik u,
en die aanblik wordt deze kunst.

Uit *The Essential Rumi*, vertaald door Coleman Barks en John Moyne, 1995.

de Grieks-geïnspireerde theologische dialectiek van bijvoorbeeld al-Rāzī: 'Als spirituele geheimen louter door dialectiek onthuld konden worden, zou al-Rāzī ze vast ontdekt hebben, maar de voeten van de dialecticus zijn van hout en houten voeten zijn uiterst wankel.'

Al-Razi (864–930)

Rūmī was zelf geen filosoof, maar door zijn opleiding was hij in staat om de complexiteit ervan te begrijpen. Zijn denken is instinctief en gebaseerd op ervaring, maar desondanks zit er systeem in zijn filosofische opvattingen. Hij is een emanationist in de traditie van **al-Fārābī** en **Avicenna,** met andere woorden: de wereld is volgens hem een emanatie of uitvloeisel van God, en net als Aristoteles is hij van mening dat de bewegende kracht van het universum bestaat uit de liefde tot God. Maar anders dan deze filosofen is volgens Rūmī de liefde groter dan de rede. Het bestaan heeft een doel voor elke ziel, en dat doel is te evolueren in de richting van God. In een opmerkelijke passage in de *Mathnawi* zet Rūmī zijn evolutiefilosofie uiteen:

> *Enkele era's lang dwarrelde ik door de lucht als een stofdeeltje zonder wil, waarna ik binnentrad in de dode wereld van de materie. Toen ik vervolgens de stap maakte naar het domein der planten verloor ik alle herinneringen aan mijn strijd in de wereld van de materie. Vandaar stapte ik in het domein der dieren en vergat heel mijn leven als plant... Opklimmend op de ladder van dierlijkheid werd ik een mens, omhooggetrokken door de scheppende drang van de Schepper. Ik ging voort van domein naar domein, terwijl ik mijn verstand ontwikkelde en mijn gestel versterkte. Het was steeds weer mogelijk om boven het voorgaande type rede uit te komen. Zelfs mijn huidige rationaliteit is nog niet het toppunt van mentale evolutie. Ook deze moet overstegen worden, omdat hij nog is bevlekt met egoïstische, biologische behoeften. Duizenden andere typen rede en bewustzijn zullen tevoorschijn komen tijdens mijn verdere stijging omhoog; een groots wonder!*[47]

Leibniz geloofde dat de fysieke wereld slechts de buitenkant was van de realiteit. De ultieme realiteit bestond uit op de geest lijkende entiteiten, monaden genaamd.

We zien hier dat Rūmī gelooft dat zielen eeuwig zijn en willen evolueren. Dit lijkt op de monaden van Leibniz, met God als grootste monade. Verder beschrijft Rūmī deze evolutie als één ervaring, hoewel het proces 'enkele era's' in beslag neemt. Tijd bestaat niet in het spirituele domein, net zomin als ruimte. Elders schrijft hij: 'Ik bestond al voor het bestaan van namen of van dingen die een naam krijgen.' In de derde plaats is er sprake van een soort evolutionaire reïncarnatieleer. De indruk die de tekst maakt is positief, ondanks de 'egoïstische, biologische behoeften'. Rūmī's God wordt niet bereikt door zichzelf te verloochenen, maar door aan zichzelf te overstijgen. Het ego hoeft niet vernietigd te worden, maar wordt stap voor stap gereinigd tot het geschikt is om de kwaliteitsloze God nabij te zijn. Hierin toont Rūmī zijn islamitische hart. Hij bevestigt de eeuwigheid en de integriteit van het individuele zelf. Het leven is geen illusie, maar een bevestiging van de realiteit. De dood is een illusie.

Een groep dansende derwisjen. De soefi's dansen blootsvoets.

OOSTERSE FILOSOFIE

IBN KHALDŪN
1332-1406

Ibn Khaldūn neemt een heel bijzondere plaats in binnen de traditie van het islamitische denken, maar hij zou in elke traditie een buitengewoon persoon zijn geweest. Hij beschouwde zichzelf als de schepper van een nieuwe wetenschap en daarin had hij gelijk. Tegenwoordig zou zijn onderzoeksterrein cultuurhistorie of sociologie worden genoemd. Sommige van zijn inzichten lopen vooruit op ontwikkelingen in de moderne wetenschap die pas de laatste decennia hebben plaatsgevonden Daarom moet hij, ook al past hij niet in de gebruikelijke categorieën van het moslimse denken, worden beschouwd als een van de grootste denkers van de islam. Afgezien van de grote originaliteit van zijn nieuwe wetenschap formuleerde hij ook belangrijke kritiek op de theologie en filosofie van zijn tijd.

Het levensverhaal van Ibn Khaldūn is fascinerend en er kan geen twijfel over bestaan dat hij een van de belangrijkste figuren van de 14de eeuw is geweest. Hij was een uiterst behendig politicus en diplomaat, en als hij in zijn denken een soort Machiavelli was, dan leek hij in zijn gedrag op een machiavellistische vorst. Ibn Khaldūn werd geboren in Tunis en behoorde tot een aanzienlijke Arabische (of misschien Berberse) familie.

> *Zijn ouders en al zijn leraren werden slachtoffer van de pest die, zoals Ibn Khaldūn droevig opmerkte 'het tapijt met alles erop oprolde'.*

Op jonge leeftijd leerde hij de Koran van buiten en studeerde hij theologie, grammatica, retorica en jurisprudentie. Het rustige verloop van zijn leven en opleiding werd wreed verstoord door de grote pestepidemie van 1349, die niet alleen de bevolking van Europa decimeerde, maar ook die van Noord-Afrika. Zijn ouders en al zijn leraren werden slachtoffer van de pest, die, zoals hij droevig opmerkte, 'het tapijt met alles erop oprolde'. Hij overwoog enige tijd om te emigreren, maar kreeg toen, op twintigjarige leeftijd, van de heerser van Tunis een ambtelijke functie. Dit was het begin van een kleurrijke politieke carrière, waarin Ibn Khaldūn zonder veel scrupules steeds weer liet zien dat hij vooral uit was op roem en geld. Zodra er een nieuwe heerser op de troon zat, bood Ibn Khaldūn hem zijn diensten aan. Hij reisde van hof naar hof door Noord-Afrika en Andalusië en liet geen gelegenheid voorbijgaan om te intrigeren. Na tal van intriges en twee jaar in de gevangenis verloor Ibn Khaldūn blijkbaar zijn interesse in de politiek, vooral na de foltering en executie van zijn vriend Ibn al-Khatīb, evenals Ibn Khaldūn een groot geleerde, dichter en politiek intrigant en vooral werkzaam in Andalusië. Hij trok zich terug en begon aan zijn grote *Geschiedenis,* die hij in 1382 voltooide. Zijn verleden haalde hem echter in en hij moest Tunis (waar hij zich weer had gevestigd) ontvluchten. Onder het voorwendsel een pelgrimage naar Mekka te maken ging hij naar Caïro. Daar werd hij gastvrij onthaald door de plaatselijke geleer-

Hedendaagse pelgrims lopen rond het heiligdom van de Ka'aba in Mekka, Saudi-Arabië.

den en al snel benoemd op een van de hoogste juridische posten in de stad. Ibn Khaldūn ging zo op in zijn nieuwe rol en had zo weinig geduld met de corrupte juridische ambtenaren dat zijn aanstelling niet eens een jaar duurde. Hij vervulde hetzelfde ambt later weliswaar nog een paar keer, maar de aanstellingen duurden nooit lang als gevolg van politieke intriges. Hij ging op pelgrimsreis naar Mekka en bezocht ook Jeruzalem en Damascus. Kort na zijn aankomst in deze laatste stad begon een beleg door de grote Mongoolse vorst Timur Lenk (Tamerlan). Met kenmerkend enthousiasme liet hij zich aan de buitenkant van de stadsmuur neerlaten en ging hij alleen naar de tent van de tiran, waar hij met succes onderhandelingen begon over de overgave van Damascus. Zijn laatste jaren bracht hij door in Caïro, nog steeds verwikkeld in politieke intriges. Hij stierf in 1406.

Ibn Khaldūn verwoordt zijn kritiek op de filosofie en theologie in de *Inleiding* van zijn *Geschiedenis.* Hij zet zijn nieuwe wetenschap af tegen de politieke filosofie van zijn tijd en de wetenschap van de retorica, waarmee hij de dialectische theologie bedoelt. Hij doet geen poging te laten zien hoe de mensen geregeerd *behoren* te worden en ook probeert hij niemand ervan te overtuigen dat het stelsel van de islam onvermijdelijk is. In plaats daarvan onderneemt hij een wetenschappelijk onderzoek naar de verschillende typen staatsinrichting die hebben bestaan en hun relatie tot de menselijke natuur. Zo verkrijgt hij inzicht in de manier waarop er op een natuurlijke manier een staatsbestuur ontstaat en wat van nature de vorm daarvan is. Ook krijgt hij zo een nauwkeurig inzicht in de geschiedenis, gebaseerd op observatie van realiteiten die in het heden aangetoond kunnen worden. Hij schrijft: 'Water lijkt minder op water dan de toekomst op het verleden'. Zijn kritiek op eerdere historici betreft onder meer hun neiging om de loop van islamitische geschiedenis als onvermijdelijk te zien. In hun visie krijgt de heerser zijn gezag van God, via de Profeet. Daarom is het – volgens hen – onvermijdelijk dat een samenleving wordt geregeerd door Gods wet en door profeetschap. Ibn Khaldūn wijst er echter op dat de meeste samenlevingen noch islamitisch zijn, noch tot de 'volken van het Boek' behoren, een term waarmee Mohammed joden, christenen en mazdeërs aanduidde. Toch konden deze samenlevingen zich op rationele wijze organiseren. Hij concludeert daaruit dat de mensen van nature in staat zijn een samenleving en een staatsbestuur te organiseren – beide goede zaken in zijn ogen. Hij vond ook dat de historici hun gezonde verstand niet gebruikten, wanneer ze bijvoorbeeld niet inzagen dat aantallen manschappen of hoeveelheden geld genoemd in de kronieken niet juist konden zijn.

> *'Het intellect moet niet worden gebruikt om na te denken over zaken als de enkelvoudigheid van God, het hiernamaals, de waarheid van profeetschap, het reële karakter van de goddelijke attributen of over iets anders dat voorbij het niveau van het intellect ligt.'*

Ibn Khaldūn heeft om vergelijkbare redenen kritiek op de Griekse traditie van Plato en **al-Fārābī**. Hij maakt onderscheid tussen natuurlijke wetenschap en goddelijke wetenschap (een onderscheid dat hij ontleent aan **Avicenna**) en stelt dat de natuurlijke wetenschap nooit goed is toegepast op de mensheid. De goddelijke wetenschap richt zich op het Goede en hangt samen met metafysische kwesties als de aard daarvan, en die worden opgelost door openbaring of door te filosoferen. Openbaring bevestigt echter zichzelf en erover filosoferen is retorisch, omdat er niets bewezen kan worden. De natuurlijke wetenschap richt zich op wat bewezen kan worden. Ibn Khaldūn bekritiseert dus niet de religie of de filosofie, maar degenen die beweren dat ze bewijzen hebben voor goddelijke zaken. Hij vindt hen retorici. Hij schrijft: 'Het intellect moet niet worden gebruikt om na te denken over zaken als de enkelvoudigheid van God, het hiernamaals, de waarheid van het profeetschap, het reële karakter van de goddelijke attributen of over iets anders dat voorbij het niveau van het intellect ligt' (*Inleiding* 3, 38). Evenals **al-Ghazālī** verwerpt hij godsbewijzen. Hij maakt echter geen bezwaar tegen de filosofie, zolang die maar zijn plaats kent. De enige filosoof die aan zijn kritiek ontsnapt is **Averroës**, die eveneens onderscheid maakte tussen ware religie en ware filosofie. Qua filosofie is Ibn Khaldūn modern maar qua religie verlangt hij naar de tijd van vóór de dialectische theologie. Men zou kunnen denken dat hij een tegenstander van het soefisme was. Zijn opvattingen hierover leken echter op die van al-Ghazālī en zijn gedichten zijn in soefi-stijl geschreven.

Laten we ons nu richten op wat Ibn Khaldūn zelf de *'ilm al-'umran* noemde, de 'wetenschap van de beschaving'. *'Umran*, 'cultuur' of 'beschaving', is een van de twee belangrijkste termen in het gedachtegoed van Ibn Khaldūn. De andere term is *'asabīya* ofwel sociale cohesie, een kwaliteit die hij associeert met de nomadische Arabieren. De twee belangrijkste sociale groepen die hij onderscheidt zijn nomaden en stadsbewoners. Zijn beeld van de geschiedenis is cyclisch. Het is ook, zoals te verwachten is van iemand met zijn achtergrond, een nogal pessimistisch beeld, waarin instabiliteit en verval onvermijdelijk zijn. De nomaden zijn moedig en hebben een krachtige 'asabīya. De stadsbewoners zijn welvarend en ontwikkeld, maar zijn individueel en als groep zwak. Ibn Khaldūns theorie van de 'umran houdt in dat de nomaden de stadsbewoners overwinnen en ongeveer drie generaties of 120 jaar over hen heersen, en in die tijd nemen ze de ondeugden van de stad over.

De heerser moet dan huurlingen inzetten om zijn gezag te beschermen, maar zijn rijk is rijp om bij de eerste aanval te bezwijken. Ibn Khaldūns ideeën over cultuur zijn, hoewel alleen toepasbaar op de cultuur van zijn tijd, een geslaagde analyse van de waargenomen feiten. Plato's theorie (om een voorbeeld te noemen) over het verval van de maatschappij van aristocratie naar tirannie is, ondanks enkele interessante observaties, vooral bedacht om in zijn metafysica te passen. Ibn Khaldūns originaliteit ligt in zijn radicale methodologie, zijn opvattingen over de menselijke natuur en het idee van 'asabīya.

Arabische nomaden

Deel III

HET
VERRE OOSTEN

CHINA, KOREA
EN JAPAN

OOSTERSE FILOSOFIE

CHINESE FILOSOFIE
INLEIDING

De ontwikkeling van de Chinese filosofie wordt vaak beschreven als dialectisch, waarbij de these wordt gevormd door het confucianisme, de antithese door taoïsme en boeddhisme en de synthese door het neoconfucianisme.

De drie grote spirituele leiders van China: Boeddha, Lao Tse en Confucius.

De Chinese filosofie is sterk bepaald door de geïsoleerde positie van China in de wereld. In het oosten en zuiden wordt het land begrensd door uitgestrekte oceanen, in het noorden en westen door onbegaanbare bergen, woestijnen en onherbergzame gebieden. Daardoor heeft de filosofie zich in China nog sterker dan in India onafhankelijk kunnen ontwikkelen. Dat heeft een positieve kant: de Chinese cultuur bleef millennia lang onaangetast. Maar ook een negatieve: door de afwezigheid van buitenlandse invloeden werd de Chinese filosofie niet uitgedaagd zich te vernieuwen, waardoor er weinig variatie in ontstond. Het lijdt echter geen twijfel dat het Chinese denksysteem tot de belangrijkste ter wereld behoort.
Terwijl het Westen de nadruk legt op het rationele en India op het spirituele, heeft China de langste traditie op het gebied van ethiek en omgangsvormen. China toont ons hoe wij moeten samenleven.

De grondlegger van de Chinese filosofie is Confucius, wiens gedachtegoed veel invloed heeft gehad op allerlei aspecten van de cultuur, waaronder het openbaar bestuur en het rechtssysteem. Hij is de belangrijkste bron voor de Chinese filosofie. China is even schatplichtig aan hem als het Westen aan Socrates. De zwakke plekken in de Chinese filosofie zouden aangeduid kunnen worden als de disciplines waar Confucius zich niet op gericht heeft. Volgens Fung Yu-Lan zijn dat het ontbreken van een filosofische methode, logica en epistemologie, en een zwak ontwikkelde metafysica.

Het taoïsme, de andere belangrijke Chinese stroming, is op een bepaalde manier de tegenhanger van het confucianisme. Het typeert zichzelf als zwak, vrouwelijk, passief en donker – als het *yin* kortom, tegenover het sterke, mannelijke, actieve en lichte *yang* van het confucianisme. Het staat voor het contemplatieve aspect van het leven, terwijl het confucianisme het actieve aspect vertegenwoordigt. Het confucianisme maakt sinds de Han-dynastie (206 v.C.–220 n.C.) deel uit van het staatsbestel, in meer of mindere mate, terwijl het taoïsme in contact stond met de natuur en een ascetische levenswijze ontwikkelde. Het is vaak beschreven als een egalitaire tegencultuur. De denkrichting is gesticht door Lao Tse, maar Zhuangzi heeft er evenveel aan bijgedragen. Zij heeft zich later tot een grotere verscheidenheid ontwikkeld dan het aan de gevestigde orde gekoppelde confucianisme. Het taoïsme verwerd gemakkelijk tot bijgeloof, waarzeggerij en magie. Een veel voorkomende obsessie onder taoïsten was het vinden van het levenselixer, een streven dat haaks stond op de leer van zijn grondleggers.

Het Boeddhisme, dat in de 2de eeuw v.C. opkwam, was de eerste substantiële invloed van buitenaf. Maar de Chinese cultuur was zo sterk dat het haar eigen vormen creëerde, vaak door samensmelting met het taoïsme, waarmee het veel overeenkomstig heeft. Het Chinese zenboeddhisme (oorspronkelijk *Chan*) is een uit het taoïsme voortgekomen variant die zich sterk onderscheidt van het in India voorkomende boeddhisme. Een tweede belangrijke Chinese vorm van het boeddhisme is het Huayen, complexer dan het anti-intellectualistische zenboeddhisme.

De ontwikkeling van de Chinese filosofie is vaak beschreven als een dialectische, waarbij de these wordt gevormd door het confucianisme, de antithese door het taoïsme en het boeddhisme en de synthese door het neoconfucianisme. In de grote neoconfuciaanse renaissance van de 11de en 12de eeuw werden taoïstische en boeddhistische concepten geïncorporeerd, waardoor een evenwichtiger en sterker confucianisme ontstond. Dat betekende niet dat het nieuwe confucianisme al het goede aan deze twee stromingen onttrok – er was geen sprake van een darwiniaanse strijd om de macht. Het Chinese gezegde 'drie religies, één religie' geeft de betrekkelijk vreedzame coëxistentie van de drie tradities goed weer. Maar het kan veilig worden gesteld dat het confucianisme de belangrijkste denkrichting was en de meeste invloed had op de Chinese maatschappij. Taoïsme en boeddhisme heb-

Een zen-tuin van de Nanzenji-tempel in Kyoto, Japan.

ben bijgedragen aan die grote hoofdstroom en hadden daarnaast een bescheidener maar niet onbelangrijke eigen rol in het Chinese denken.

Het is misschien goed te vermelden dat termen als confucianisme en confucianistisch nauwelijks gebruikt worden in de Chinese filosofie. De confucianisten werden simpelweg aangeduid met *ru (ju)*, wat 'geletterde' betekent. De *ru* vormden de hoogopgeleide elite die zich met filosofische kwesties bezighield. Zij spraken over de Weg (Tao), maar onderscheidden zich van onorthodoxe denkers als de taoïsten en van de boeddhisten. Zoals voor de *astika* filosofieën in India de Veda's een openbaring zijn, zo vormde de filosofie van Confucius voor de *ru* de waarheid. Waarschijnlijk is het correcter om ze niet als confucianisten maar als traditionele Chinese filosofen te bestempelen.

De 20ste eeuw was waarschijnlijk de meest traumatische periode in meer dan 2000 jaar Chinese geschiedenis. Door de roerige ontwikkelingen in Europa en zijn groeiende dominantie en invloed was het oude Chinese systeem langzamerhand onhoudbaar geworden. Het keizerrijk eindigde in 1912 en werd eerst vervangen door een republiek en vervolgens door het communisme van Mao Zedong, die in 1949 de macht greep. Ook de filosofie van het oude rijk kreeg het zwaar te verduren: het confucianisme vormde niet langer de kern van regering en onderwijs. In dezelfde periode ontstond er in het Westen veel interesse voor zenboeddhisme en taoïsme. Het zenboeddhisme (dat nu sterker wordt geassocieerd met Japan) sprak tot de westerse verbeelding door het drama, de esthetische inslag en de afkeer van intellectualisme. De aantrekkingskracht van het taoïsme school daarentegen in de verbondenheid met de natuur, het mededogen en de afwijzing van systematiek, technologie en commercie. In sommige opzichten lijkt het taoïsme veel op de Europese Romantiek van twee eeuwen geleden, maar het kent niet het zelfdestructieve egoïsme van de westerse stroming. Wat er van deze oude stromingen zal overleven in de toekomstige Chinese filosofie kunnen wij slechts afwachten.

Transcriptie van Chinese karakters

Er zijn twee systemen om Chinese karakters om te zetten in Latijns schrift. Het oudere en bekendere is de Wade-Giles-methode, maar deze wordt beschouwd als slechter dan de nieuwere pinyin-methode, die nu de officieel geaccepteerde is. Hoewel sommige namen zoals Lao Tse en Mao Tsetoeng bekender zijn in de Wade-Giles-transcriptie dan in pinyin (Laozi en Mao Zedong) wordt in dit boek in eerste instantie gekozen voor de officiële manier van schrijven. De Wade-Giles-spelling staat erachter of wordt er tussen haakjes aan toegevoegd.

CONFUCIUS
(KONGFUZI, KUNG FU-TSU)
551–479 v.C.

Confucius is een transcriptie van Kongfuzi, wat letterlijk 'Meester Kong' betekent. Hij werd in het Westen bekend door de publicatie van confucianistische werken door jezuïeten die zich in 1583 in Beijing hadden gevestigd. 'Confucius' werd in het Westen al snel synoniem met Chinese wijsheid. Het lijkt misschien alsof zijn belang in China werd overdreven, maar dat is niet zo. Hoewel er vaak weinig relatie is tussen zijn filosofie en zijn historisch belang, is hij onbetwist de meest invloedrijke figuur in het Chinese denken.

Wat er is overgeleverd over het leven van Confucius is niet erg opzienbarend vergeleken met de levens van sommige andere filosofen uit zijn tijd. De *Analecten*, waarin zijn leer te vinden is, zijn waarschijnlijk lang na zijn dood opgeschreven en gedurende meer dan tweehonderd jaar 'bewerkt'. Maar toch bevat zijn biografie geen bovennatuurlijke of onmogelijke anekdotes. Als de apocriefe en onbetrouwbare bronnen buiten beschouwing worden gelaten, is het verhaal ongeveer als volgt. Hij werd geboren in de provincie Lu, het huidige Shandong. Zijn familie behoorde misschien tot de aristocratie, maar toen Confucius werd geboren, hadden zij geen inkomsten meer uit land. Confucius vond de tijd waarin hij leefde turbulent, wat hij illustreerde met een verhaal over zijn vader die eens met zijn blote handen het valhek van een stad omhoog had gehouden om zijn metgezellen te helpen ontsnappen. Maar de Periode van de Strijdende Staten was nog niet begonnen. Zijn vader stierf toen hij drie was en hij werd opgevoed door zijn moeder. Confucius beweert dat hij 'eenvoudige posities bekleedde' toen hij jong was. 'Daarom ben ik geoefend in allerlei vormen van dienstbaarheid.' (*Analecten*, IX, 6).[48] Volgens **Mencius** was hij ooit een lagere functionaris die een aantal winkels leidde, en in een andere periode een 'hoeder van vee'. Hoe het ook zij, hij was anderen altijd aan het onderwijzen. Hij is de eerste bekende leraar van China (al is er een onbetrouwbare legende die beweert dat hij les zou hebben gehad van Laozi). Mogelijk heeft hij een militaire training gehad: hij bekwaamde zijn leerlingen in wagenmennen en boogschieten. Maar zijn intellectuele passie betrof traditionele ceremonies. Op 27-jarige leeftijd was hij misschien in dienst bij het hof van Lu en later als diplomaat verbonden aan het hof van Wei. Zijn rol was uitgespeeld toen hij weigerde, of niet in staat was, om de hertog te adviseren in militaire aangelegenheden. Toen hij achter in de veertig was, zou hij volgens enkele bronnen politiecommissaris in Lu zijn geworden, maar na korte tijd weer ontslag hebben genomen. 'Meer dan een decennium' reisde hij door andere provincies ten zuidwesten van Lu. Confucius was toen in de vijftig en zou doodsvijanden hebben gehad. In 484 v.C. was hij terug in Lu en zou hij aan het hof een lage adviseur zijn geweest. Desondanks zijn er verschillende gesprekken tussen hem en de hertog en zijn eerste minister uit deze periode opgetekend. Confucius stierf in 479 v.C.

Belangrijker dan zijn politieke carrière was het feit dat hij een school stichtte, waarschijnlijk na zijn dertigste. Zijn leer en persoonlijkheid hadden een enorm effect op zijn leerlingen. Hieronder een speelse beschrijving van hemzelf:

> *De gouverneur van She vroeg Tzu-lu over Confucius. Tzu-lu gaf geen antwoord. De Meester [Confucius dus] zei: 'Waarom antwoordde je niet simpelweg iets als: hij is het soort man dat vergeet te eten als hij een probleem probeert op te lossen dat hem dwarszit, die zoveel vreugde kent dat hij zijn zorgen vergeet en die de ongemakken van de ouderdom niet bemerkt.'*
> Analecten, VII, 19.

Volgens de meest extreme overlevering had Confucius meer dan 3000 studenten. Een belangrijk deel van hen heeft zelf weer confucianistische scholen opgericht, elk met een eigen nadruk. Sommige bronnen beweren dat Confucius de samensteller (of schrijver) is van de titels die tegenwoordig bekend staan als de 'Confucianistische Klassieken', waaronder *Het klassieke boek over poëzie*, *Het klassieke boek over geschiedenis* en *Het Boek over Li*. Maar van het enorme aantal confucianistische werken is er één dat het overgrote deel van de leerstellingen aan 'de Meester' toeschrijft: de *Analecten* ('verzamelde gesprekken'). De *Analecten* zijn niet door Confucius geschreven, maar bevatten uitspraken en dialogen die aan hem en enkele van zijn volgelingen worden toegeschreven.

Net als bij veel andere oosterse culturen die in dit boek worden beschreven, lopen de Chinese filosofie en religie in elkaar over. Het confucianisme werd, net als het taoïsme, een populaire vorm van religie die het derde grote geloofssysteem van China en Oost-Azië, het boeddhisme, beconcurreerde. Een bekend Chinees gezegde luidt: 'drie religies zijn één'. Het confucianisme was waarschijnlijk het eerste ideeënsysteem dat vorm kreeg in China en zijn langdurige invloed is veel groter geweest dan van de andere twee religies.

Het confucianisme kan omschreven worden als een vorm van humanisme; het was vooral gericht op het sociale leven van de mens, niet op het goddelijke. Het houdt zich dus bezig met ethiek, moraal en psychologie: hoe vormen wij een karakter dat vanzelf het goede doet? Hoe moeten wij samenleven? Het confucianisme stelt zich deze vragen op alle niveaus, van familierelaties tot internationale diplomatie en regels. Het taoïsme, ter vergelijking, benadrukt het metafysische, richt zich vooral op meta-ethiek – vragen over het wezen, de realiteit en de kenbaarheid van de morele *Tao*. Dat leidt bij sommige taoïsten tot scepticisme of relativisme, dat de menselijke moraal slechts ziet als een klein onderdeel van de *Tao* van de natuur.

Confucius kiest nadrukkelijk voor de mens wanneer hij zegt: 'Het is de mens die de Weg (Tao) breder kan maken, niet de Weg die de mens breder kan maken' (*Analecten*, XV, 29). Andere taoïsten (soms 'primitivisten' genoemd) werden antimoralistisch en antisociaal en vluchtten in eenzaamheid en quiëtisme. Een primitivist die Confucius wil aanraden hem te volgen en de wereld achter zich te laten, zal als antwoord kunnen krijgen:

> *'Ik kan mij niet verenigen met vogels en andere dieren. Behoor ik niet tot het menselijk ras? Met wie moet ik me dan verenigen? Aangezien de Weg [Tao] te vinden is in het Rijk, zou ik nooit met jou willen ruilen'*
>
> Analecten, XVIII, 6.

Het confucianisme contrasteert met het boeddhisme omdat het discussies over het eeuwig leven vermijdt – dat was een onderwerp waar Confucius zich niet over uitliet. Hij stelt zich agnostisch op tegenover het leven na de dood en adviseert terughoudendheid jegens hogere wezens:

> *Fan Ch'ih vroeg wat wijsheid was. De Meester zei: 'Werken aan de dingen waarop de mensen recht hebben en afstand bewaren tot de goden en de geesten terwijl men ze respect betuigt, kan wijsheid worden genoemd.*
>
> Analecten, VI, 22.

Confucius markeert een verandering in het Chinese denken over goddelijke zaken, al spreekt hij er weinig over. In de vroegere dynastieën hield de religie zich bezig met *Shang Di,* 'de keizer daarboven'. Confucius spreekt zelden, zo klagen sommige discipelen, over *Tian* ('Hemel' of 'Natuur'), en hij weigerde te spreken over de Weg of de Wil van Tian. Dit betekende een breuk met het oude concept van een persoonlijke en actieve morele autoriteit. Voor Confucius en zijn opvolgers is morele autoriteit onpersoonlijk en wordt die geboden door de algemene wetten die in de natuur verankerd zijn. Het zou niet correct zijn om Confucius een atheïst te noemen, want hij accepteert de autoriteit van Tian, maar desondanks functioneert zijn filosofie zonder een persoonlijke godheid.

Vergelijkbare ontwikkelingen speelden zich elders in de wereld af in deze periode. Er ontstonden nieuwe geloofssystemen: de *Upanishaden,* het boeddhisme en het jaïnisme in India; in Griekenland de rationele filosofie. Deze systemen bewegen zich alle op hun eigen manier weg van de tribale en rituele religies, ofwel naar een ethische en sociale leer (Confucius en Socrates) ofwel naar meer speculatieve vormen van filosofie en religie (Lao Tse, de *Upanishaden* en het boeddhisme). Het moet echter opgemerkt worden dat Confucius een conservatief en behoudend karakter had. Zijn benadering – respect voor de oude religie 'waarbij men zijn afstand bewaart' – heeft meer overeenkomsten met Socrates en de *Upanishaden* dan met het radicalere boeddhisme.

Een tweede aandachtspunt dat Confucius onderscheidt is zijn nadruk op traditionele rituelen en gedragsregels ('*li*'). Als mensen volgens de tradities leven, zal hun gedrag vanzelf op de juiste manier gereguleerd worden. *Li* verwijst naar een heel scala van gedragingen: zowel gehoorzaamheid aan de ouders en respect voor de voorouders als het uitvoeren van de voorgeschreven rites in de voorgeschreven situaties – het juist vervullen van je plichten dus. Confucius is ervan overtuigd dat als mensen *li* volgen, dit hun eigen karakter en dat van de staat zal hervormen. Hij denkt bijvoorbeeld dat een man die trouw is aan zijn vader en aan zijn oudste broer – de twee belangrijkste traditionele relaties in het oude China – ook trouw zal zijn aan de staat. Op dezelfde manier zijn de rituelen van belang, niet om hun religieuze betekenis, maar omdat ze de mensen verfijnde regels bieden waaraan ze zich kunnen houden:

Confucius raadpleegt de I-ching.

> *Tzu-kung wilde af van de gewoonte om schapen te offeren bij de komst van de nieuwe maan.*
> *De Meester zei, 'Ssu, jij wilt de waarde van die schapen niet kwijtraken, maar ik zie de rite niet graag verloren gaan.'*
>
> Analecten, III, 17.

Het belang dat Confucius hecht aan *li* (riten) in alle lagen van de maatschappij is vergelijkbaar met Plato's idee van rechtvaardigheid; het is geen rechtssysteem, maar een ordening waarbij alle mensen hun plaats kennen.

Een ander belangrijk concept bij Confucius is *yi*, wat zoiets als 'deugdzaamheid', 'plicht' betekent. Confucius koppelde dit begrip niet specifiek aan *li*, maar het geeft zijn denksysteem een moreel principe dat aan de sociale riten ten grondslag ligt:

> *De edele is niet onveranderlijk voor of tegen iets. Hij laat zich leiden door de regels van de deugdzaamheid (yi).*
>
> Analecten, IV, 10.

De confucianistische filosofie wordt gecompleteerd door het begrip *ren* (humaniteit). *Ren* wordt ook wel omschreven als 'goedheid', 'vriendelijkheid', 'medemenselijkheid'. Toen Confucius werd gevraagd naar de betekenis van *ren*, antwoordde hij: 'Heb uw medemens lief.' Uit zijn woorden wordt duidelijk dat hij deze eigenschap als de belangrijkste beschouwt: 'Wat kan een mens doen met *li* (riten) als hij niet *ren* is?'

Humaniteit moet dus volgens hem het richting gevende principe zijn in het sociale leven. Hoewel Confucius niet zeer duidelijk is over de betekenis van *ren* – het lijkt een verzamelwoord voor allerlei vormen van rechtschapenheid en 'goedheid' – hebben zijn opvolgers het tot het belangrijkste begrip van de Chinese filosofie gemaakt. De filosofen van de Han-dynastie (206 v.C.–220 n.C.) interpreteerden het min of meer als 'liefde', waarna het langzaam evolueerde tot 'universele liefde'. In de neoconfucianistische school, die werd geleid door **Zhang Zai** (1020–1077 n.C.), omvatte *ren* ten slotte het hele universum en werd het omschreven als 'één lichaam vormen met alle dingen'[49].

> *'Op 70-jarige leeftijd volgde ik het verlangen van mijn hart en ik deed wat goed was.'*

Bij Confucius echter kan *ren* het best beschouwd worden als de belangrijkste eigenschap van de 'nobele mens', waarover hij veelvuldig spreekt in de *Analecten*. De nobele mens (of 'gentleman' in de vertaling van Lau) is bescheiden, serieus, respectvol, loyaal en flexibel: 'Hij volgt de regels van de deugdzaamheid.'

Een andere term die hij vaak gebruikt voor de nobele mens is de 'rechtschapen mens'. Het juiste gedrag en goedheid zijn nauw met elkaar verweven. Elders zegt hij dat de nobele mens zowel natuurlijke kracht als verfijning bezit, een combinatie van eigenschappen die ook bij Plato voorkomt. Volgens Confucius wordt politieke hervorming en stabiliteit niet in eerste instantie bereikt door wetgeving, maar door moreel gezag: de leider moet een rechtschapen man zijn. Ooit vroeg een vorst Confucius naar zijn mening over de doodstraf en het antwoord van de meester was zeer verhelderend:

> *'Welke noodzaak is er om te doden wanneer u het land regeert? Streef zelf naar het goede en het gewone volk zal goed zijn. De deugd van de nobele is als de wind; de deugd van de kleine man is als het gras. Laat de wind over het gras waaien en het zal zeker buigen.'*
>
> Analecten, XII, 19.

Een ander belangrijk aspect in zijn sociale filosofie is de zogenaamde 'correctie der namen', volgens Confucius het leidende principe bij het regeren. In enge zin betekent dit principe dat het gedrag in overeenstemming is met (talige) codes zoals *li* en wetten. In de bredere zin wil het zeggen dat men de rol op zich neemt die overeenkomt met zijn naam (of eigenlijk namen), waarin ook rang en status zijn uitgedrukt, en vervolgens dat verschijning en wezen, het innerlijke en het uiterlijke samenvallen. De correctie der namen is heel belangrijk in de latere Chinese filosofie en wordt op blz. 130–132 nader toegelicht.

Het doel van de leer van Confucius wordt het best uitgelegd in een van de langere passages in de *Analecten*. Confucius nodigt vier van zijn leerlingen uit om te vertellen wat ze zouden willen doen als ze er de mogelijkheid toe kregen. De eerste zou de verantwoordelijkheid over een klein belegerd koninkrijk op zich nemen; de tweede zou leiding willen geven aan een heel district; de derde wilde een ceremoniemeester zijn. De vierde, Tien, zei:

> *'Tegen het einde van de lente, als de natuur weer helemaal tot leven is gekomen, zou ik met vijf of zes vrienden en zes of zeven kinderen willen gaan zwemmen in de Yi, van de frisse lucht genieten op het Regenaltaar en zingend terugkeren naar huis.'*
> De Meester zuchtte en zei: *'Ik zou willen wat Tien wil'.*
>
> Analecten, XI, 25.

Wat opvalt aan deze enigszins dromerige passage is dat het sterk contrasteert met de nadruk die Confucius doorgaans legt op constante studie, het goed uitvoeren van de riten en de hervorming van de gemeenschap. Dit is de Confucius die zijn leven beschrijft in termen van een toenemend welbehagen en een toenemende juistheid: 'Op zeventigjarige leeftijd volgde ik het verlangen van mijn hart en ik deed wat goed was.' De inspanning om wijsheid te vergaren en zichzelf te ontwikkelen wordt niet geleverd om de wijsheid en de ontwikkeling zelf, maar omdat het vreugde schenkt.

Hoewel Confucius tijdens zijn leven politiek niet erg succesvol was, drongen zijn ideeën gaandeweg door in de politiek van het hele Chinese rijk tijdens de Han-dynastie (volgend op de Qin-dynastie, waarin China was verenigd). Tijdens de Han-dynastie werd het confucianisme uitgeroepen tot staatsideologie (2de eeuw). Toen de Han-dynastie eindigde in 220, verloor het confucianisme aan invloed, maar in de Song-dynastie (960–1279) beleefde het een wedergeboorte, vooral door de orthodoxe neoconfucianist

Zhuxi (1130–1200). Hij ordende het confucianistische gedachtegoed en zijn commentaren vormden de basis voor de ambtenarenexamens, die rond 1313 werden opgesteld en ongeveer 600 jaar in dezelfde vorm zouden blijven bestaan. Zij werden door de Engelse Oost-Indische Compagnie overgenomen en zo oefende Confucius via het Britse rijk zijn eerste invloed uit op het Westen.

Keizer Kao Tsu (persoonlijke naam Liu Pang), stichter van de Han-dynastie, offert een varken, een geit en een koe bij het graf van Confucius, een handeling die de goedkeuring van de filosoof zeker niet had gekregen!

DE CORRECTIE DER NAMEN

De correctie der namen is voor het eerst aan de orde gesteld door **Confucius** *(551–479 v.C.) en is volgens Wing-Tsit Cha 'een terugkerend thema in de confucianistische school en in bijna alle andere scholen' in de Chinese filosofie. Het onderwerp zaaide tweedracht tussen degenen die belang hadden bij de bestaande sociale en ideologische normen en waarden en de anderen die ze bekritiseerden en wilden veranderen. Het idee van de 'correctie' was ontstaan naar aanleiding van Confucius' overtuiging dat de namen en gedragingen aan het veranderen waren, ten slechte. In het proces dat hij beschrijft kwam de macht steeds verder af te staan van degene die hem moest uitoefenen – idealiter de vorst – en naar steeds onbelangrijker figuren en posities werd doorgegeven. De macht werd overgegeven van de keizer aan de edelen, van de edelen aan de ministers en van de ministers aan de ambtenaren. Dat zou uiteindelijk leiden tot de val van het rijk. De oplossing hiervoor was volgens Confucius de 'correctie van de namen'. Dat betekende twee dingen: ten eerste dat de 'namen' die mensen hebben, hun titels en rollen zoals minister, boer, vader, zoon enzovoort, en hun gedrag moeten overeenstemmen; en ten tweede dat woorden en daden in het algemeen overeenstemmen.*

Confucius wordt gevraagd wat zijn eerste maatregel zou zijn als hij zou regeren en zijn antwoord is: de 'correctie van de namen'. In zijn woorden:

> Als de namen niet correct zijn, zal wat gezegd wordt niet redelijk klinken; als wat gezegd wordt, niet redelijk klinkt, worden de zaken niet goed uitgevoerd; als de zaken niet goed worden uitgevoerd, zullen riten en muziek niet onderhouden worden; als riten en muziek niet onderhouden worden, zullen misdaden niet op de juiste manier bestraft worden; als misdaden niet op de juiste manier bestraft worden, zullen de gewone mensen niet meer weten wat te doen en wat te laten. Daarom, wanneer de edele iets een naam geeft, moet het de juiste naam zijn en wanneer hij iets zegt, moet het uitvoerbaar zijn. De edele mag met betrekking tot wat hij zegt nooit slordig zijn.
>
> *Analecten* XIII, 3.

Zijn andere directe uitspraak over dit onderwerp is:

> Laat de leider een leider zijn, de onderdaan een onderdaan, de vader een vader en de zoon een zoon.
>
> *Analecten*, XII, 11.

HET VERRE OOSTEN

Confucius is vooral geïnteresseerd in ethiek. Als de 'nobele' man of 'gentleman' zorgvuldig, nauwkeurig, duidelijk en praktisch is in wat hij zegt, is het voor anderen niet moeilijk om te volgen. Als hij slordig, onduidelijk of onrealistisch is in zijn woorden, zullen anderen onzeker zijn. Autoriteiten hebben in zijn visie een grote verantwoordelijkheid.

Confucius' idee over de correctie der namen is een van de moeilijkste in zijn filosofie. Waar het de regering van het rijk betreft, is het goed te begrijpen. Maar het andere aspect, het overeenstemmen van woord en daad, kennis en handeling, naam en werkelijkheid, is complexer. Het probleem schuilt niet zozeer in wat hij zegt als wel in wat hij niet zegt of alleen aanduidt. Net als de kwestie van de menselijke natuur, die hij weigerde te bespreken, werd het onderwerp een fundamenteel discussiepunt onder zijn volgelingen. Hieronder worden enkele van hen en hun afwijkende opvattingen besproken.

Hanfeizi *(280–233 v.C.) brengt de correctie der namen onder in de wetgeving. Iedereen moet zijn plicht doen en niet meer dan zijn plicht. Meer doen dan je behoort te doen, is even slecht als minder doen; je prestaties overdrijven is even slecht als je prestaties afzwakken. Dit extreme standpunt leidt tot tirannie en ademt nauwelijks de geest van Confucius.*

De confucianistische ***Xunzi*** *(298–238 v.C.), leraar van Hanfeizi, onderzoekt het concept nauwkeuriger. Hij koppelt het aan de waarnemingen van onze zintuigen. Als we iets zien, maar niet in staat zijn het juist te benoemen, 'is er geen kennis' en kunnen we het niet gebruiken. Naamgeven maakt deel uit van het denken. Voor Xunzi is onze naamgeving eerder conventioneel dan fundamenteel: onze ordening van de dingen is geen natuurlijke, al is zij noodzakelijk. Hierin wijkt hij af van de veel populairdere opvatting dat de namen iets wezenlijks uitdrukken. De wijsgeer is iemand die de dingen op de juiste manier ziet en er als een soort orakel het juiste woord aan hecht. Een typische vertegenwoordiger van deze opvatting is een andere confucianist, Tung Chungshu (circa 179–circa 104 v.C.), die was gefascineerd door etymologie. Het woord voor mensen (min) is afgeleid van het woord voor slaap (ming); daarom moeten de mensen ontwaken door het volgen van onderwijs. Confucius deed geen uitspraken over het wezen van woorden en ondersteunt dus geen van beide opvattingen.*

De correctie der namen werd bekritiseerd door de radicale volgelingen van ***Mozi*** *(circa 470–circa 391 v.C.), die het uitgangspunt van een-naam-een-*

ding onhoudbaar vonden. Een vergelijkbaar standpunt werd ingenomen door de denkers uit de 'School der Namen' (ook wel 'pro-en-contra-redeneerders' genoemd, een soort sofisten) zoals de paradoxenmaker Gongsun Long. In het hoofdstuk over Xunzi bestuderen we zijn opvattingen nader. De sociale orde was essentieel voor hem en het vergroten van de linguïstische logica was een manier om die orde te bekritiseren. Hij werkte een subtiele interpretatie van de correctie der namen uit.

In de neoconfucianistische beweging van de 12de eeuw werd het onderwerp weer van belang. **Wang Yangming** *(1472–1529 n.C.) ging verder dan iedereen voor hem: hij beweerde dat naam (of kennis) en actualiteit (actie) hetzelfde zijn. Iets weten en er niet naar handelen is niet goed, evenmin als handelen zonder kennis, en deze zaken scheiden is een logische fout. Ook bij hem houdt de naam een moreel gebod in.*

Taoïsten nemen een tegengesteld standpunt in. **Laozi** *(Lao Tzu), bijvoorbeeld, opent de* Daode Jing *met de geheimzinnige regels:*

> De Weg die gezegd kan worden is niet de eeuwige Weg;
> De naam die genoemd kan worden is niet de eeuwige naam.
> Naamloos is de oorsprong van Hemel en Aarde;
> Het naamdragende is de moeder van alle dingen.
> Laat er daarom altijd niet-zijn wezen, zodat we hun subtiliteit
> kunnen zien.

Terwijl Confucius intermenselijke duidelijkheid en orde bepleit, benadrukt Laozi het onderliggend mysterie van het leven. De echte leraar 'verspreidt denkbeelden zonder woorden'. Namen hebben hun kracht: 'Het naamdragende is de moeder van alle dingen', maar de fundamentele werkelijkheid bevindt zich voorbij het noembare.

Zhuangzi *vindt op een vergelijkbare manier dat het confucianistische gezichtspunt helderheid, subtiliteit en inhoud mist: 'Woorden zijn meer dan wind. Woorden willen iets zeggen. Maar als wat zij willen zeggen niet vaststaat, zeggen ze dan wel iets?'*

MOZI (MO TZU)
circa 470–circa 391 v.C.

Het mohisme, de denkrichting die werd gesticht door Mozi, is de tweede belangrijke school uit de vroege Chinese filosofie uit de Periode van de Strijdende Staten (403–222 v.C.). Het verdween door de unificatie van het Chinese rijk onder de Qin-dynastie en door toedoen van rivaliserende denkers, en werd verboden toen het confucianisme in de Han-dynastie de staatsfilosofie werd. Confucianisten deden het af als te idealistisch in zijn universalisme terwijl de taoïsten het te streng en veeleisend vonden vanwege zijn utilitaristisch moralisme. Binnen 300 jaar na zijn dood was de school van Mozi verdwenen. Het mohisme zou nooit meer zijn oude invloed terugkrijgen, hoewel het vanwege zijn utilitarisme en anticonfucianisme in de 20ste eeuw een bescheiden opleving zou kennen.

Zoals bij veel Chinese denkers uit de voorkeizerlijke tijd is Mozi's leven niet goed gedocumenteerd. Hij werd geboren in de provincie Lu of de provincie Song, het huidige Shandong. Verschillende bronnen beweren dat hij een ambachtsman was, een volgeling van Confucius en vervolgens een huursoldaat of (volgens de kroniek *Shi Ji* uit de 1ste eeuw v.C.) een machtige overheidsdienaar. Hoe het ook zij, uiteindelijk gaf hij zijn eerdere functies op en werd hij een zwervende leraar, net als **Confucius** proberend verschillende vorsten van zijn ideeën te overtuigen. Minstens drie scholen van leerlingen droegen Mozi's denkbeelden uit en andere volgelingen probeerden een eind te maken aan de vele aanvalsoorlogen of ontwikkelden een sterk semantische en protoweten-

> *'Als ik doe wat Tian wil, doet Tian wat ik wil.'*

schappelijke filosofie. In de *Mozi*, het boek waarin het gedachtegoed van het mohisme vooral te vinden is, lijken rivaliserende scholen hun ideeën te presenteren, want elk onderwerp krijgt drie verschillende essays. Delen van de *Mozi* zijn later toegevoegd en waarschijnlijk heeft Mozi niets van het boek zelf geschreven, maar het wordt algemeen beschouwd als representatief voor zijn filosofie.

Het centrale begrip in Mozi's filosofie is *li* (voordeel of nut), dat hij inpast in een altruistisch utilitarisme. De belangrijkste deugd daarin is liefde of *jianai,* wat contrasteert met de confucianistische nadruk op familierelaties en gedoceerde zorg voor anderen. Mozi zegt hierover dat als mensen deze doctrine van partijdigheid jegens de familie volgen, iedereen daar slechter van wordt. Het is in het voordeel van je familie als ieders zorg en liefde alle medemensen betreft. Deze deugd moet men nastreven niet omdat hij natuurlijk of goed is in zichzelf, maar omdat de praktische consequenties gunstig zijn. Maar op andere plaatsen verwijst hij naar *Tian* ('Hemel' of 'Natuur') om zijn utilitarisme te rechtvaardigen. Zo zegt hij: 'Als ik doe wat Tian wil, doet Tian wat ik wil.'[50] *Tian* keurt moreel handelen goed en straft immoraliteit. Hoewel het mohisme tegenwoordig weer aandacht krijgt vanwege zijn gelijkenis met de christelijke doctrine van naastenliefde, is zijn appèl voor een universeel utilitarisme in werkelijkheid heel anders.

Tegenover het belang van de familietrouw in het confucianisme stelde Mozi dat men moet doen wat een universeel voordeel voor alle mensen oplevert. Goed doen (*li*: 'voordeel' of 'bruikbaarheid') wordt voornamelijk in materialistische termen uitgedrukt. We hebben onze medemensen lief door hun fysieke behoeften te vervullen, door ze voedsel, kleding en onderdak te geven – niet door ze te verwennen met een of andere emotie. Onze zorg voor wie veraf staat, zelfs voor diegenen die in andere landen wonen, moet ons doen streven naar vrede. Mozi verwierp 'agressieve' oorlogen. Vreemd genoeg zag hij egoïsme niet als de oorzaak van oorlogen, maar een verschil van mening over morele zaken. Het gevolg daarvan was echter allesbehalve 'moreel'. Daarom dringt hij aan op een gewone, ondubbelzinnige en meetbare moraal – algemene utiliteit. Het belangrijkste kwaad in de maatschappij is volgens Mozi zelfzucht of partijdigheid, het voortrekken van degenen die dichtbij staan. Partijdige liefde is geen liefde.

Andere filosofen verwierpen Mozi's gedachtegoed niet helemaal, maar vonden zijn ontkenning van de speciale banden tussen familieleden en personen in een hiërarchische verhouding een zwakte. Zoals de confucianistische **Xunzi** twee eeuwen later schreef: 'Mozi begrijpt wat gelijkheid is (universele liefde), maar niet wat ongelijkheid is (onderscheid in menselijke relaties).'

Het mohisme was tegen alles wat niet direct bijdroeg aan het welzijn van de mensen. Daarom bekritiseerde het de confucianistische preoccupatie met opzichtige rituelen – vooral de dure begrafenisceremonies en de opvoeringen (van muziek) voor vorsten. Mozi gaat dus veel verder dan Confucius, die van de rituelen hield en alleen een zekere afstand bepleitte tegenover de primitieve overtuigingen die ze voor een groot deel hadden gevormd. Confucius' gesprek met Tzu-kung[51] over een dierenoffer illustreert de scheidslijn tussen beide denkrichtingen in dit opzicht: 'Jij wilt de waarde van die schapen niet kwijtraken, maar ik zie de rite niet graag verloren gaan.' Aan de andere kant voelt Mozi verplichtingen tegenover Tian en onderkent hij het nut van openbare debatten over spoken en geesten. Mozi is een sterk tegenstander van uitgebreide begrafenissen en rouwrituelen, waarbij hele fortuinen werden verspild en jaren van productiviteit verloren gingen aan het rouwproces. Hij bekritiseert zelfs de traditie om celibatair te zijn tijdens de rouwperiode aangezien men dan de plicht tot reproductie verzaakt.

Mozi's afkeer van muziek betrof de extravagante verspilling ervan. Het woord voor muziek betekende ook 'plezier', 'amusement', door Confucius vaak aan *li* (riten) gekoppeld. In het oude China verwees het waarschijnlijk naar grootse koninklijke con-

Mozi beschouwde muziekuitvoeringen als een onnodige verspilling.

certen, compleet met acrobaten. De muzikanten konden volgens Mozi beter de akkers bewerken of kleren maken, vorsten zouden geen uitvoeringen moeten organiseren en de staat zou geen dure orkesten moeten onderhouden. Hij schijnt er niet tegen te zijn geweest als mensen tijdens hun werk floten, maar nergens geeft hij blijk van enig esthetische interesse. Confucius daarentegen schijnt eens zo geraakt te zijn geweest door een muziekuitvoering dat hij drie maanden lang zijn voedsel niet meer proefde. De filosofie van Mozi lijkt hierin op het karikaturale utilitarisme van Dickens' *Hard Times*, waarin Gradgrind elke activiteit alleen waardeert naar haar rendement.

Interessant in Mozi's afwijzing van muziek en andere vormen van cultureel vermaak is de complete desinteresse in subjectiviteit. Zijn definitie van utilitarisme gaat geheel voorbij aan noties zoals plezier, pijn, tevredenheid en ontevredenheid. Hij weegt het genot dat muziek kan brengen niet mee. Dit is een opvallend kenmerk van de vroege Chinese filosofie: er is geen plaats ingeruimd voor 'ervaring', 'bewustzijn' of een 'innerlijk leven'. Er is geen dualisme tussen lichaam en geest. Alle filosofen lijken naturalisten te zijn geweest.[52] Mozi's utilitarisme is aantrekkelijk omdat het een meetbare standaard geeft – 'subjectieve' staten zouden die onbereikbaar maken. Voor Mozi is het grootste 'goed' simpelweg dat zoveel mogelijk mensen het 'goed' hebben, en dat is naar zijn idee objectief te meten.

Ondanks zijn enge utilitaristische perspectief heeft het mohisme onmiskenbaar aantrekkelijke elementen. Hoewel we, zelfs uit praktisch oogpunt, moeten vrezen dat het zichzelf vernietigt uit pure vreugdeloosheid, is er weinig in te brengen tegen de aandacht voor praktische liefdadigheid en goed bestuur. De universele zorg voor anderen was nieuw en kan gezien worden als een voorloper van het liberale humanisme. Mozi's aandacht voor de *xiaoren* of 'mindere man' tegenover Confucius' ideaal van de *zhunzi* of 'superieure, edele man' is verfrissend egalitair. Hoewel Confucius zich bekommert om alle niveaus van de maatschappij, is het zijn doel om de mensen te verheffen tot een *zhunzi*; Mozi heeft zulke ambities niet.

Met betrekking tot het goddelijke spreekt Mozi over de Wil van Tian, die correspondeert met het taoïstische idee van een constante *Tao* of Weg, waaraan getoetst kan worden wat goed is. We leren de Wil van Tian kennen door te kijken naar de natuurlijke harmonie die ons tot voorbeeld strekt. Vervolgens brengen wij hiermee de moraal van de staat in overeenstemming door te bepalen welk beleid voordelig is en zoeken de goedkeuring van de vorst, die het beleid voorschrijft aan iedereen. Net als de meeste denkers uit zijn tijd idealiseert Mozi een vroegere periode, (in zijn geval de Xia-dynastie, 2183–1752 v.C.) toen goed bestuur en universele liefde nog gemeengoed waren. Maar anders dan zij spreekt hij ook over een 'natuurlijke staat' waarin anarchie en geweld domineren. Het moet opgemerkt worden dat Mozi niet gelooft dat de mens van nature goed is. Hooguit verlangt de mens er van nature naar om het goede te doen, maar hij heeft geen richtlijn. Alleen aan de hand van een natuurlijke waarde kunnen wij een sociale moraal vormen die de menselijke ondernemingen succesvol harmoniseert en inpast in een schema van algemeen nut. Deze gedachte verschilt fundamenteel van het confucianisme, vooral van de latere confucianist **Mencius**.

Dit leidt tot Mozi's opvatting over de rol van de leider of Zoon van de Hemel (*Tian*). Omdat we het niet eens zijn over morele zaken, kiezen we uit ons midden de meest wijze persoon om recht te spreken en morele oordelen te geven. Hij wordt de Zoon van de Hemel. Dan brengen we onze moraal met die van hem in overeenstemming zoals hij zijn moraal in overeenstemming brengt (harmoniseert) met die van *Tian* – die zoals we weten is gericht op universeel voordeel (utiliteit). De leider kiest (eveneens op grond van morele deugd en wijsheid) zijn ministers en de aristocratie en uiteindelijk de dorpshoofden die het geharmoniseerde morele systeem implementeren. Hierdoor verdwijnt de baaierd aan waardesystemen en daaruit voortkomende aanleidingen tot oorlog. Ook de taal waarmee men oordelen uitspreekt verandert. De taal moet de utilitaire moraal weerspiegelen en mensen ertoe aanzetten om dat te doen wat tot universeel welbevinden leidt – het doel van *Tian*, het natuurlijke doel.

Als sociaal gericht denker verwerpt Mozi fatalisme. Zijn kritiek op het confucianisme hierover is waarschijnlijk niet helemaal terecht, maar het is duidelijk dat het mohisme zich niet verstaat met welke vorm van goddelijke predestinatie dan ook. Mozi vindt dat het openbare onderricht ook het uitspreken van zinnen als 'er is geen noodlot' en 'er zijn geesten' moet bevatten. Hierdoor gaat men zich beter gedragen en dat is tot nut van het algemeen. Onze handelingen hebben directe gevolgen, in het voordeel of in het nadeel van de mensheid. Dat is niet alleen een materialistische kwestie van oorzaak en gevolg: Mozi gelooft dat de Hemel actief intervenieert door rechtvaardige gebeden te verhoren, goede acties te belonen en de onrechtvaardigen te straffen.

De filosofie van Mozi bevat elementen die wij associëren met vroeg westers gedachtegoed: het utilitarisme, het koppelen van moraal en autoriteit aan een 'natuurlijke orde', pragmatische theorieën over taal en gelijkheid. Zijn analytische begrippen maakten de weg vrij voor de ontwikkeling van het intellectualistische taoïsme. Sommigen beweren dat Mozi's kritiek het confucianisme tot verfijning heeft gedwongen in het werk van Mencius en Xunzi. Anderen zelfs dat zijn invloed, al kreeg hij minder erkenning, even groot is geweest als die van Confucius.

LAOZI (LAO TZU)
4de eeuw v.C.?

Laozi wordt, samen met **Zhuangzi**, gezien als de grondlegger van het taoïsme (daoïsme). Het is niet zeker of hij echt bestaan heeft en en of zijn werk door hem (alleen) is geschreven. Mogelijk is het zoals bij veel vroege Chinese filosofen en representeert de *Laozi* of, zoals het beter bekend staat, de *Daode Jing (Tao Te Ching)* het gedachtegoed van Laozi, maar is het door volgelingen geschreven. De *Daode Jing*, letterlijk *Het klassieke boek over de Weg (Dao) en zijn kracht (De)*, is een kort werk in poëtische stijl, dat vaker becommentarieerd en vertaald is dan enig ander Chinees geschrift. Zijn invloed op het Chinese leven, van het bestuur tot de kookkunst, is enorm.

Een van de controversiële aspecten van het taoïsme is zijn claim de oorspronkelijke 'Weg' te kennen. De meeste Chinese filosofen idealiseren een of andere vroegere 'gouden tijd' waarin, zo beweren ze, de principes van hun filosofie van nature werden toegepast. De vorsten en leermeesters uit deze tijd waren mythisch. Het was heel belangrijk voor de taoïsten om zich te kunnen profileren als de vertegenwoordigers van de natuurlijke orde, tegenover de 'onnatuurlijke' beschaving van het confucianisme met zijn deugden als *ren* en *yi*:

> *Toen de grote Tao begon te tanen, kwamen de doctrines van menselijkheid (ren) en rechtvaardigheid (yi) op. Toen scherpzinnigheid en vernuft ontstonden, kwam er hypocrisie. Als de zes familierelaties niet in harmonie zijn, wordt er ouder- en kinderliefde gepropageerd. Als de staat in wanorde is, worden de trouwe en toegewijde ministers geprezen.*[53]

De kritiek van het taoïsme is dat als er werkelijke deugd is, het niet nodig is er constant over te praten. Het confucianistische kernbegrip is *ren*, 'goedheid' of 'medemenselijkheid'. Laozi's dramatische reactie:

> *Hemel en Aarde zijn niet menselijk [ren]. Zij beschouwen alles als stropoppen. De wijze is niet menselijk. Hij beschouwt alle mensen als stropoppen.*

Noch de wijze noch het universum is *ren* want zij zijn onpartijdig. Het taoïsme belooft ons het verloren paradijs terug te geven ter-

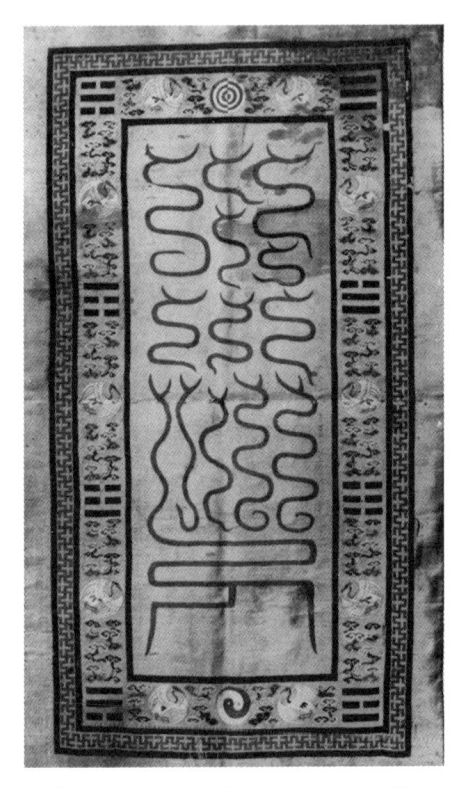

Heilige taoïstische tekens op een wandkleed uit de Ming-periode (1368–1644).

wijl het confucianisme in zijn optiek moet worstelen in een gevallen wereld.

Er zijn verschillende verhalen over het leven van Laozi. Volgens een ervan werd hij geboren in Juren in de staat Chu. Hij werkte als archivaris voor de staat Zhou voordat hij zich besloot terug te trekken uit de wereld en China te verlaten. Hij trok westwaarts op de rug van een waterbuffel, maar werd door een grenswacht herkend. Die wilde hem niet doorlaten voordat hij zijn wijsheid had opgeschreven. In twee tot drie weken schreef hij de 81 korte hoofdstukjes die de *Daode Jing* vormen. De wacht liet hem door en er werd nooit meer iets van hem vernomen. Andere onwaarschijnlijke legenden laten hem Confucius onderwijzen of Boeddha tot verlichting brengen. Zij illustreren vooral de behoefte van het taoïsme om de eerste leer te zijn.

Volgens taoïstische bronnen leefde Laozi in de 6de eeuw v.C., misschien als een oudere tijdgenoot van Confucius. Andere dateren hem later, tot in de 4de eeuw v.C. Fung Yu-Lan zegt in *Een geschiedenis van de Chinese filosofie* over het taoïsme:

> *De taoïsten streefden ernaar een eenheid van de geest te maken – alle activiteiten moesten in harmonie zijn met het onzichtbare en men moest ze uitvoeren met de grootst mogelijke gulheid jegens al wat leeft. In de praktijk accepteren zij de gedachten van de yin-yangschool, nemen de goede punten van het confucianisme en het mohisme over en combineren die met de belangrijke ideeën van de School van Namen en Wet. Zij reageren op de seizoenen en de veranderingen in de natuur. Ze zijn overal op hun plaats. Hun ideeën zijn eenvoudig en makkelijk uit te voeren.*
> *Ze doen weinig, maar bereiken veel.*

Als dit juist is, leefde Laozi zowel na Confucius (551–479 v.C.) als na **Mozi**, stichter van het mohisme, die rond 391 v.C. stierf. Hij ging zeker aan **Zhuangzi** (369–286 v.C.) en **Mencius** (371–289 v.C.) vooraf, want beiden geven er blijk van de *Daode Jing* te kennen.

De beschrijving die hierboven is gegeven lijkt geloofwaardig. De *Daode Jing* is misschien nog meer een reactie op een bestaan-

Laozi op een waterbuffel.

de conservatieve denkrichting dan een beschrijving van de aloude, tijdloze Weg zoals de volgelingen graag beweren. En de intensiteit van de kritiek die uit het boek van Laozi spreekt, bevestigt dat het een radicaal alternatief wilde vormen voor de algemeen geaccepteerde filosofie.

Het taoïsme gebruikt de symboliek van *yin* en *yang*, de twee contrasterende maar complementaire begrippen uit de Chinese filosofie, om zich te positioneren tegenover het confucianisme. Vanuit het taoïstische perspectief is het confucianisme *yang* in zijn aandacht voor het mannelijke, voor structuur, groei, uiterlijkheid en verlichting, terwijl het taoïsme *yin* is in zijn vrouwelijkheid, quiëtisme, innerlijkheid en passiviteit. Het taoïsme staat met zijn positieve waardering van het vrouwelijke bijna alleen in de oude filosofie. Zelfs de meest progressieve tendensen in de Griekse of Indiase filosofie uit die tijd komen niet in de buurt. *Tao* wordt in het boek van Laozi het vaakst vergeleken met de vrouw, het kind en het water. Ze hebben alle drie de *yin*-kwaliteiten van passiviteit, zwakte en potentie. Het is dus niet vreemd dat het taoïsme in het openbare Chinese leven nooit de status heeft bereikt van het confucianisme, maar meer in het verborgene invloed uitoefende. Veel belangrijke karakteristieken van het Chinese boeddhisme, vooral het chan- of zenboeddhisme, en het neoconfucianisme zijn terug te voeren op het taoïsme.

Het centrale begrip van Laozi is *Tao* of Weg. Het heeft twee aspecten: *Tao* is hoe men moet zijn en hoe men zich moet gedragen; en het is het wezen van alle dingen. Het lijkt op het concept van de natuurlijke wet dat in sommige westerse filosofische stromingen voorkomt – één principe dat zowel ons moreel gedrag als de fysieke werkelijkheid schraagt. Door samen te vallen met *Tao* en alle zelfzucht los te laten, wordt een mens vervuld. *Tao* is bij alle vroege Chinese denkers een belangrijk begrip, maar door de nadruk die Laozi en Zhuangzi erop legden, werden zij bekend als de taoïsten.

De enorme verschillen in vertalingen en interpretaties van de *Daode Jing* illustreren het cryptische gehalte van het werk. De eerste zin opent al radicaal anders dan rivaliserende Chinese denkrichtingen:

> *De Weg (Tao) die genoemd kan worden is niet de eeuwige Weg. De naam die genoemd kan worden is niet de eeuwige naam. Naamloos is de oorsprong van Hemel en Aarde. Wat naam draagt is de moeder van alle dingen. Laat er daarom altijd niet-zijn wezen, zodat we hun subtiliteit kunnen zien.*

'De correctie der namen' is een centraal thema bij veel denkers die in dit boek besproken worden, te beginnen bij Confucius[54]. Hiermee wordt de overeenkomst bedoeld tussen woord en daad, rangschikking en werkelijkheid. Filosofen zo verschillend als de idealistische **Mencius** en de tirannieke **Hanfeizi** vinden dat de hervorming van de maatschappij afhankelijk is van een duidelijke definitie van de namen. Laozi, daarentegen, benadrukt dat wat genoemd kan worden verdwijnt. De eeuwige *Tao* kan niet genoemd worden. Over het gebruik van woorden zegt hij ook:

> *De wijze regeert zonder iets te ondernemen (wuwei) en verspreidt ideeën zonder woorden.*

Na *Tao* is *wuwei* het belangrijkste begrip bij Laozi. Het moet niet begrepen worden als dadenloosheid, maar als het niet tegen de natuur in gaan, het volgen van de gang van de Weg.

Een andere taoïstische term die tegen het confucianisme indruist, is *xu (hsu)* of leegte: 'Tao is leeg.' Ook hier geldt dat de leegte van *Tao* niet iets is zonder substantie of realiteit, maar de leegte van een schaal met een oneindige capaciteit, een oneindige baarmoeder. Het is niet moeilijk te begrijpen dat het taoïsme de weg heeft bereid voor de komst van het boeddhisme in China, vanaf de 2de eeuw n.C. *Xu* lijkt op *shūnyata*, de 'leegte' uit het Madhyāmika-boeddhisme, maar ze zijn niet gelijk. Het voornaamste verschil tussen beide richtingen is misschien dat het taoïsme de wereld steeds bekrachtigt, terwijl het boeddhisme voorbij de wereld reikt. Hoewel het taoïsme wordt geassocieerd met kluizenaarschap en terugtrekking, ziet het de terugtrekking als de meest effectieve manier om wereldse doelen te realiseren: 'Omdat hij geen persoonlijk belang heeft, zijn zijn persoonlijke belangen vervuld.' Rust is belangrijk bij Laozi, maar betekent niet dat men wereldse activiteiten moet nalaten. Men moet het geloof in de uitwerking van activiteiten loslaten. Confucius spreekt daarentegen herhaaldelijk over zijn onvermoeibaarheid.

Een ander belangrijk verschil tussen Laozi en het boeddhisme is de mate waarin hij de spirituele realiteit bevestigt: 'De essentie is zeer reëel; het bevat bewijzen.' Het boeddhisme neigt naar een algemeen 'nee' tegen de wereld, maar het taoïsme zegt 'ja'.

> *... de wijze leeft in het dikke (substantiële), hij verblijft niet bij het dunne (oppervlakkige). Hij leeft in het fruit (werkelijkheid), verblijft niet bij de bloem (verschijning).*

Voor Laozi is de realiteit van Tao niet bereikbaar door de oppervlakkige constructies van de kennis. Leven in de werkelijkheid is iets anders dan praten over haar verschijningsvormen. Dit thema wordt verder uitgewerkt bij Zhuangzi, opvolger van Laozi.

ZHUANGZI (CHUANG TZU)
369-286 v.C.

Zhuangzi wordt met **Laozi** (Lao Tzu), beschouwd als stichter van wat later het taoïsme werd genoemd. Net als bij Laozi is het niet zeker of hij werkelijk heeft bestaan. Volgens sommigen is het aan hem toegeschreven werk, de *Zhuangzi*, een anthologie van taoïstische auteurs. Er is zelfs een traditie die beweert dat beide meesters een en dezelfde waren, maar dit werd pas eeuwen na publicatie van de *Zhuangzi* en de *Daode Jing* voor het eerst geopperd. Daarbij zijn er wezenlijke verschillen tussen beide denkers en ook als ze niet hebben bestaan, representeren de hier besproken werken afzonderlijke filosofische scholen. We nemen aan dat er een historische Zhuangzi heeft bestaan, al heeft hij niet alles in de *Zhuangzi* geschreven. De huidige versie van de *Zhuangzi* is samengesteld door Guo Xiang rond 300 n.C. Guo Xiang is belangrijk omdat hij zowel de volgorde heeft bepaald als verwijderd wat hij niet als authentiek beschouwde. Een eerdere versie van dit werk zou 51 hoofdstukken hebben gehad, maar de huidige, van Guo Xiang, heeft er maar 33. Om een of andere reden is de oudere versie volledig verdrongen en vervolgens verloren gegaan. De *Shi Ji*-kroniek lijkt te verwijzen naar een vroegere versie van 100.000 woorden, die erg onpraktisch was vanwege de enorme variatie aan doctrines die werd verkondigd.

Alleen de eerste zeven hoofdstukken, de zogenaamde 'inner chapters', worden door de kenners gezien als het werk van Zhuangzi. De hoofdstukken 8 tot 22 worden traditioneel de 'outer chapters' genoemd en hoofdstukken 23 tot 33 de 'miscellaneous chapters'. Sommige geleerden verdelen de *Zhuangzi* nog verder en herkennen er vijf of meer auteurs in. Al deze subtiliteiten voeren te ver voor de behandeling van de *Zhuangzi* in dit boek. We zullen daarom het hele werk behandelen als een vergaarbak van Zhuangzi's denkbeelden, met speciale aandacht voor de 'inner chapters'. In die hoofdstukken wordt Laozi niet genoemd, maar de auteurs van de 'outer chapters' kennen de *Daode Jing* en putten er duidelijk uit.

Alles wat wij weten, of denken te weten, over het leven van Zhuangzi is afkomstig uit bronnen die van eeuwen later dateren. Die vertellen ons dat hij een ambtenaar was in de provincie Mcng (het huidige Henan). Hij had klaarblijkelijk een enorme reputatie opgebouwd als wijs man en wees het verzoek af van koning Wei om zijn eerste minister te worden. Een versie van dit verhaal is te vinden in hoofdstuk 17 van de *Zhuangzi*:

> *Eens, toen Chuang Tzu [Zhuangzi] aan het vissen was in de rivier de P'u, arriveerden twee functionarissen van de koning van Ch'u. Ze vertelden hem dat de koning graag wilde dat hij de regering van het rijk op zich zou nemen.*
>
> *Chuang Tzu viste gewoon door en zei, zonder zijn hoofd om te keren: 'Ik heb gehoord dat er een heilige schildpad is in Ch'u die al drieduizend jaar dood is. De koning bewaart hem, gewikkeld in kleden, in een kist die in de oude tempel staat. Wat denk je, zou die schildpad liever dood zijn en in de vorm van botten vereerd worden? Of zou hij liever leven en zijn staart door de modder slepen?'*
>
> *'Hij zou liever leven en zijn staart door de modder slepen,' antwoordden de twee functionarissen.*
>
> *Chuang Tzu zei: 'Ga weg! Laat mij mijn staart door de modder slepen!'*[55]

Of dit verhaal nu werkelijk gebeurd is of niet, het illustreert duidelijk een aantal 'primitivistische' aspecten van het taoïsme. Zhuangzi verkiest de natuur boven de beschaving, het echte leven, hoe onaanzienlijk ook, boven het begraven zijn in geformaliseerd respect, en eenvoud boven verfijning. Al moet het gezegd dat de *Zhuangzi*, zelfs in vertaling, een zeer verfijnde en zelfverzekerde sfeer ademt. De literaire stijl ervan is sprankelend en houdt een duidelijke verbetering in ten opzichte van de *Daode Jing*.

De *Zhuangzi* en de *Daode Jing* hanteren vergelijkbare concepten voor *Tao* (de mystieke en transcendente Weg) en *De* (de deugd of kracht van de Weg in gemanifesteerde vorm). Zhuangzi ontwikkelt met deze begrippen een veel explicieter mysticisme, met beschrijvingen van meditatieve technieken in de 'inner chapters'. De volgende instructie schrijft hij toe aan Confucius, die speels is omgetoverd tot een taoïst:

> *Bundel al je aandacht. Luister niet met je oren, luister met je geest. Luister niet met je geest, maar met je levensadem (qi). Oren luisteren alleen naar geluiden. De geest is zich alleen bewust van zijn objecten. Maar zich richten op de levensadem betekent leeg zijn en wachten op het ontstaan van objecten. Het is de enige weg die wortelt in leegte. Leegte is het vasten van de geest.*[56]

Dit taoïsme lijkt een transcendentale meditatieve ervaring na te streven, die parallellen heeft met het vedische concept van meditatie via *prana* of 'adem'. Door meditatie weet men samen te vallen met de Grote Vervuller, als het ware een te worden met Tao. Zoals veel taoïsten echter is Zhuangzi niet tevreden met de innerlijke ervaring alleen. Hij laat Confucius zeggen: 'Het is gemakkelijk om geen voetafdrukken meer achter te laten, maar moeilijk om te lopen zonder de grond te raken.' Met andere woorden, mediteren (waarbij men geen voetafdrukken achterlaat) is niet zo moeilijk; veel moeilijker en belangrijker is de actieve, participerende meditatie in het gewone alledaagse leven. Zoals al werd opgemerkt in het hoofdstuk over Laozi, dit naar buiten gerichte mysticisme onderscheidt het taoïsme van het boeddhisme, al zou het later wel invloed uitoefenen op de typisch Chinese vorm ervan, het Chan- of zenboeddhisme.

Zhuangzi's vertrouwen op mystieke ervaring is de sleutel tot de sceptische en primitivistische aspecten in zijn filosofie. Het geloof in een monistische Tao geeft hem de zekerheid om conservatieve intellectuele en sociale constructies te verwerpen. In een van de belangrijkste passages van hoofdstuk twee betwijfelt hij of we het bestaan van iets kunnen bepalen:

> *Eens droomde Chuang Chou dat hij een vlinder was. Hij fladderde rond, was gelukkig met zichzelf en deed wat hij wilde.*
> *Hij wist niet dat hij Chuang Chou was. Opeens werd hij wakker en daar lag hij: een man, onmiskenbaar Chuang Chou. Maar hij wist niet of hij Chuang Chou was die had gedroomd dat hij een vlinder was of een vlinder die droomde dat hij Chuang Chou was. Er moet toch verschil zijn tussen Chuang Chou en een vlinder!*
> *Dit wordt de Transformatie der Dingen genoemd.*

Zhuangzi trekt de realiteit van waken en dromen in twijfel door hun inconsistentie aan te geven, net als de Indiase Vedāntin-denker **Gaudapada** enkele eeuwen later zou doen. In hetzelfde hoofdstuk onderzoekt Zhuangzi of wij een vastomlijnd zelf hebben:

> *Vreugde, verdriet, verrukking, angst, spijt, wispelturigheid, stugheid, bescheidenheid, koppigheid, oprechtheid, verontwaardiging – muziek uit holle vaten, paddestoelen omhoogschietend uit het vocht, dag en nacht die elkaar afwisselen om ons heen, en niemand weet waar ze vandaan komen. Accepteer! Accepteer! Het is genoeg dat ze 's morgens en 's middags bij ons zijn. Zonder hen zouden we niet bestaan; zonder ons zouden zij zich niet kunnen manifesteren. Maar ik weet niet waardoor ze zijn zoals ze zijn. Het lijkt soms alsof ze een Ware Meester hebben, maar toch vind ik geen spoor van hem. Hij veroorzaakt van alles – dat is zeker. Toch kan ik zijn vorm niet zien. Hij heeft identiteit maar geen vorm.*

Wing Tsit-Chan beweert in *A Source Book of Chinese Philosophy* dat deze passage 'de lange traditie van agnosticisme in China heeft versterkt'. Confucius is ook agnostisch waar het de regionen betreft die voorbij de gewone ervaring liggen; hij raadt ons aan ons te beperken tot wat we weten. Zhuangzi wijkt hier sterk van af, vindt dat we ons in deze zaken moeten verdiepen en hun mysterie moeten ondergaan. Vergeleken met andere denkers uit de klassieke periode in China is hij ongewoon geïnteresseerd in subjectieve innerlijke ervaring.

Het agnosticisme van Zhuangzi betreft ook de taal:

> *Woorden zijn meer dan wind. Woorden hebben iets te zeggen. Maar als wat ze zeggen niet vaststaat, zeggen ze dan wel iets? Of zeggen ze niets? Mensen beweren dat hun woorden anders zijn dan het gepiep van jonge vogels, maar is er wel een verschil? Of is er geen verschil?*

Het zou verkeerd zijn dit als een puur destructief scepticisme op te vatten. Zhuangzi valt de zekerheid van de confucianisten en mohisten met hun eindeloos geredeneer over terminologie aan:

> *Als de Weg gebaseerd is op kleine prestaties en woorden gebaseerd op ijdele vertoningen, dan zijn we bij het goed en kwaad van de confucianisten en mohisten. Wat de een goed noemt, noemt de ander kwaad; wat de een kwaad noemt, noemt de ander goed. Maar als we willen weten wat goed en kwaad is, dan hebben we helderheid nodig.*

Zhuangzi lijkt te beweren dat de aandacht van bijvoorbeeld de confucianisten voor riten onjuist is. De 'kleine prestaties' zijn niet genoeg, ze zijn niet de 'Weg'. En men moet belang hechten aan betekenissen, want 'woorden hebben iets te zeggen', al is dat iets dan constant aan verandering onderhevig. Het is niet goed om aan woorden te hangen alsof ze een vastomlijnde betekenis hebben. Op een andere plaats zegt Zhuangzi dat woorden zijn zoals een net waarmee men vissen vangt. De betekenis is het belangrijkste (dat is de vis), en als we die eenmaal gevangen hebben, kun je de woorden vergeten. Het is niet mogelijk om de betekenis van woorden bij voorbaat te bepalen, zoals we geen vis kunnen vangen op straat. Betekenis is dus altijd context gebonden.

Een ander bekend verhaal illustreert Zhuangzi's idee over kennis:

> *Chuang Tzu [Zhuangzi] en Hui Tzu [Huishi] wandelden over de dam in de rivier de Hao, toen Chuang Tzu zei: 'Kijk eens hoe die vissen daar heerlijk door het water snellen! Dat is waar vissen werkelijk van houden!'*
>
> *Hui Tzu zei: 'Jij bent geen vis – hoe weet jij dan waar vissen van houden?'*
>
> *Chuang Tzu zei: 'Jij bent mij niet, dus hoe weet jij dat ik niet weet waar vissen van houden?'*
>
> *Hui Tzu zei: 'Ik ben jou niet, dus ik weet in ieder geval niet wat jij weet. Aan de andere kant, jij bent zeker geen vis, dus dat bewijst nog steeds dat jij niet weet waar vissen van houden!'*
>
> *Chuang Tzu zei, 'Laten we terugkeren naar je vraag. Jij vroeg me hoe ik weet waar vissen van houden – dus je wist al dat ik het wist toen je dat vroeg. Ik weet het doordat ik hier aan het water sta.'*

Een taoïstische monnik.

Hoewel we enige sympathie voelen voor Huishi's achterdocht, is de boodschap duidelijk. Zhuangzi gelooft dat de werkelijkheid kenbaar is door directe ervaring, maar niet door bespiegeling en speculatie. Huishi speculeert over wat Zhuangzi weet en niet weet; Zhuangzi *kent* het geluk van de vissen. De kritiek betreft niet de kennis, maar het verlangen er een vaste en objectieve vorm aan te geven. Vergelijkbare discussies vonden plaats in de Indiase filosofie, waarschijnlijk rond dezelfde tijd: 'Niet dat wat uitgedrukt wordt door taal, maar dat waardoor taal wordt geopenbaard, dat alleen is Brahman, en niet de objecten die de mensen vereren.[57]

Vergeleken met de oosterse filosofie ontwikkelden westerse denkrichtingen pas zeer recent een dergelijk subtiele visie op kennis en taal.

De politieke opvattingen van Zhuangzi zijn net als bij **Laozi** gecentreerd rond het begrip *wuwei* (doen door niet-doen). Een regering moet zo weinig mogelijk doen, niet alleen in de zin dat het zichzelf door goed beleid overbodig moet maken, maar vooral in de meer radicale betekenis dat een regering het beste kan regeren door passief te zijn:

> *Er is iets geweest als de mensen met rust laten en tolerantie; er is nooit zoiets geweest als het regeren van mensen. Mensen met rust laten komt voort uit de angst de natuurlijke dispositie van de mensen te perverteren en tolerantie komt voort uit de angst hun karakter te verpesten. Maar als hun natuurlijke dispositie niet geperverteerd wordt en hun karakter niet verpest, waartoe zou dan nog een regering nodig zijn? Vanaf de Drie Dynastieën heeft de wereld verkeerd in een wanorde van verheffingen en straffen. Hoe moeten de mensen de gelijkmatige gang van hun leven volgen?*[58]

MENCIUS
(MENGZI, MENGE K'E)
371–289 v.C.

Mencius[59] wordt traditioneel gezien als de 'tweede wijze' van het confucianisme. Hij heeft globaal gesproken dezelfde relatie tot **Confucius** als Plato tot Socrates. Zoals Plato Socrates tot een centrale figuur in het westerse denken heeft gemaakt, zo is de enorme invloed van het confucianisme ondenkbaar geweest zonder Mencius. Mencius voegde ook een metafysische dimensie toe aan de leer van Confucius, net als Plato bij Socrates. Mencius was geen directe leerling van Confucius; hij was enige tijd in de leer bij zijn kleinzoon. Hij is een van de weinige betrouwbare autoriteiten op het gebied van de originele denkbeelden van Confucius. Zijn eigen werk, bekend als de *Mencius*, is een van de Vier Boeken die samen de basis vormen van het confucianistische onderwijssysteem zoals dat in 1313 is geïnstitutionaliseerd.

Mencius werd geboren in de staat Zou, het huidige Shandong. Zijn vader stierf, net als die van Confucius, toen hij drie jaar oud was. Hij werd opgevoed door zijn moeder, die zich uitzonderlijk inspande om haar zoon een ideale opvoeding te geven. Nadat hij een leraar was geweest en vervolgens, in Qi, een ambtenaar, begon hij rond te reizen om zoals Confucius en Mozi voor hem zijn ideeën te slijten aan een reeks vorsten, met even weinig succes. Hij schijnt gestorven te zijn in afzondering, in het bijzijn van een

'Morele principes plezieren onze geest zoals het vlees van runderen, schapen en varkens onze mond.'

aantal leerlingen, mogelijk werkend aan de *Mencius*, hoewel in ieder geval een deel van het werk van latere datum lijkt te zijn. Mencius leefde in dezelfde tijd als **Zhuangzi**, maar ze noemen elkaar geen van beiden in hun werk. Dat komt misschien doordat, zoals Fung Yu-lan suggereert, Mencius Zhuangzi slechts als een volgeling van Yang Zhu[60] beschouwde en Zhuangzi Mencius als gewoon weer zo'n volgeling van Confucius. Hoe het ook zij, ze hebben elkaars werk niet goed bestudeerd.

Om Mencius te begrijpen, is het belangrijk om zijn verhouding tot andere filosofen in deze rijke periode van het Chinese denken te kennen. Zoals de kritiek op het brahmanisme door figuren als **Chārvāka** en **Boeddha** leidde tot een opleving en verfijning van de Indiase filosofie, zo herdefinieert Mencius het confucianisme tegenover zijn criticasters. Een van de belangrijkste opposities was die met het legalisme (zie het hoofdstuk over **Hanfeizi**), een invloedrijke filosofie die beweerde dat de mens zelfzuchtig en onbetrouwbaar is. Hier tegenover stelde Mencius dat de mens van nature goed is. Hij toonde dat aan met het verhaal van de kleuter die in de richting van een put loopt: Mencius zegt dat iedereen het kind vanzelf zal tegenhouden om een ongeluk te voorkomen. Dit gaat terug op de confuciaanse notie *ren*, gewoonlijk vertaald met 'liefdadigheid', 'medemenselijkheid'. De laatste lijkt voor Mencius de meest toepasselijke term.[61] Het is misschien wat naïef om te zeggen dat mensen van nature goed zijn, maar Mencius preciseert het op een subtiele manier door te spreken over de ongeconditioneerde menselijke reflexen. De natuurlijke (medelevende) reactie van het hart kan, zo betoogt hij, in de loop van het leven gecorrumpeerd of verfijnd worden: 'Klein is het verschil tussen een mens en een bruut. De lage mens verliest deze onderscheidende eigenschap, terwijl de edele mens haar behoudt.'[62] Om zijn overtuiging dat de kiem van goedheid in de mens aanwezig is, werd hij ook aangevallen door een andere confucianistische filosoof, **Xunzi,** die het tegenovergestelde geloofde.

Een ander belangrijk meningsverschil was dat tussen Mencius en de mohisten, volgelingen van **Mozi**. Laatstgenoemde was een utilitaristisch denker die zich afzette tegen de confucianistische waardering voor tradities en riten. Mencius baseert zijn verdediging weer op de natuurlijke reacties van het hart. Om de mohistische kritiek op begrafenisceremonies te pareren, verwijst hij naar een imaginaire natuurlijke staat (waarbij hij gebruikmaakt van Mozi's eigen methoden) en de oorsprong van het begrafenisritueel. De primitieve mens is geschokt omdat zijn vader of broer, wiens lichaam hij heeft achtergelaten in een greppel, is opgegeten door aaseters. Deze instinctieve reactie heeft geleid tot het uitgebreide begrafenisritueel, waarin de doden worden geëerd en de levenden getroost. Mencius' argument doet overtuigend aan. Zijn visie op de natuurlijke goedheid van de mens heeft uiteindelijk de overhand gekregen in China, en bestaat tot op de dag van vandaag. Mencius illustreert met de doctrine van de Vier Beginpunten hoe de deugd vanzelf voortkomt uit instinctmatige reacties:

> *Het gevoel van medelijden is het begin van menselijkheid, het gevoel van schaamte en afkeer is het begin van rechtvaardigheid, het gevoel van respect en gehoorzaamheid is het begin van fatsoen, en het gevoel van goed en kwaad is het begin van wijsheid. Mensen hebben de Vier Beginpunten zoals ze vier ledematen hebben.*[63]

In overeenstemming daarmee leert de wijze de mensen te ontwikkelen wat zij van nature al hebben. Mencius gebruikt de vergelijking van de kok die de principes van de goede smaak bijbrengt. Zoals de kok de goede smaak niet heeft uitgevonden, maar begrijpt wat de mensen lekker vinden, zo 'weet de wijze als eerste wat in onze geest aanwezig is. Daarom plezieren morele principes onze geest zoals het vlees van runderen, schapen en varkens onze mond.'

De confucianistische ethiek is sterk ontwikkeld door Mencius. Vooral het begrip *yi*, dat hij definieert als 'het pad dat men moet volgen'. Dit niet zo belangrijke begrip bij Confucius wordt bij Mencius een categorische imperatief: 'Ik houd van het leven en ik houd van de deugdzaamheid. Als ik beide niet kan hebben, geef ik mijn leven op en kies ik voor de deugdzaamheid.'

Politiek gesproken is Mencius de meest democratische van de confucianistische denkers (de mohisten lijken de legitimiteit van de staat te koppelen aan democratische keuze en groepen mohisten schijnen hun leiders democratisch gekozen te hebben – om ze tot de dood te volgen). Confucius volgde de oude doctrine van het 'mandaat van de hemel': de natuurlijke autoriteit van een vorst kwam te vervallen als hij niet meer deugdzaam was. Mencius, ook hier waarschijnlijk beïnvloed door het mohisme, zei dat dit door het volk werd bepaald, 'dat stemt met de voeten'. Als een vorst deugdzaam is, stroomt het volk toe om zijn schatkist en zijn leger te vullen. Mencius noemt dit het 'winnen van de harten en geesten van het volk':

> *Als een leider zijn ministers beschouwt als zijn handen en voeten, zullen zijn ministers hem beschouwen als hun hart en hoofd. Als een leider zijn ministers beschouwt als honden en paarden, zullen ze hem beschouwen als elke andere mens. Als een leider zijn ministers beschouwt als vuil en gras, zullen ze hem beschouwen als een bandiet en een vijand.*

Zoals gezegd voegde Mencius een metafysisch element toe aan het confucianisme. Een traditionele overtuiging in de Chinese filosofie, die wortelde in het volksgeloof, was dat het universum uit *qi (chi)* bestond, een substantie die allerlei gedaanten kon aannemen, van de grofheid van de aarde tot de fijnheid van de hemel. Een mens bestaat volgens Mencius uit een mengsel van het grove en het fijne *qi* en het spirituele pad is een kwestie van het 'cultiveren' van het eigen *qi*:

> *Voed het op een eerlijke manier en plaats geen obstakels op zijn pad, dan zal het de ruimte tussen Hemel en Aarde vullen.*
> *Dit is het* qi *dat rechtvaardigheid doet samenvallen met de Weg ... het wordt geboren uit een accumulatie van rechtvaardigheid en kan niet worden bereikt door een sporadische uiting van rechtvaardigheid... Wanneer men zich slechter gedraagt dan het hart wil, stort het in ... u moet eraan werken en er altijd aan denken. Tegelijk moet u zijn groei niet forceren.*[64]

De confucianistische traditie vóór Mencius is gericht op het actieve en openbare leven; contemplatie krijgt weinig aandacht. Terwijl het taoïsme en later het boeddhisme veel aandacht richten op het zijn, is het confucianisme vooral geïnteresseerd in doen. Maar door moraal aan metafysica te koppelen, vormt Mencius het begin van het confucianistisch mysticisme. Zijn voorbeeld zal cruciaal zijn in de filosofie van de neoconfucianisten in de 11de eeuw en later, die het confucianisme met taoïstische en boeddhistische ideeën zullen versterken en vernieuwen.

XUNZI (HSUN TZU)
circa 320–circa 230 v.C.

Confucius had twee belangrijke opvolgers in de Periode van de Strijdende Staten (403–222 v.C.). De eerste was **Mencius**, die de ideeën van Confucius over *ren* (menselijkheid) verder ontwikkelde en een metafysi-

> *'De menselijke natuur is slecht; goedheid is het gevolg van bewuste activiteit.'*

sche dimensie toevoegde door te beweren dat de mens van nature goed is. Xunzi, de tweede, richtte zich sterker op *li* (riten) en de rol van de maatschappij in de vorming van de mens. Hij benadrukte het belang van sociale conventies, want 'de menselijke natuur is slecht; goedheid is het gevolg van bewuste activiteit'. Het wekt geen verbazing dat dit leidde tot een debat over natuur versus opvoeding. Confucius richtte zijn aandacht op sociaal gedrag, op riten, regering en cultuur. Hij lijkt opzettelijk te zwijgen over de menselijke natuur, maar dat onderwerp is opgepakt door zijn twee belangrijkste opvolgers. Xunzi had meer invloed in de Qin- en de Han-dynastie (die eindigde in 220 n.C.). Hierna domineerde het boeddhisme eeuwenlang het Chinese denken, om opgevolgd te worden door een confucianistische renaissance op basis van het gedachtegoed van Mencius. Zijn versie van het confucianisme prevaleerde in China gedurende de rest van de Keizertijd van de 11de tot de 20ste eeuw. Xunzi werd echter min of meer vergeten tot in de 19de eeuw, toen er hernieuwde belangstelling ontstond voor zijn denkbeelden. Xunzi was de belangrijkste criticaster van de vroege Chinese filosofie: hij bekritiseerde het confucianisme van Mencius, het mohisme, het taoïsme en een reeks andere richtingen die minder bekend zijn geworden.

Volgens de *Shi Ji*-kroniek werd Xunzi geboren in Zhao, het huidige Shanshi en Henan. Op 50-jarige leeftijd werd hij samen met andere intellectuelen in dienst genomen door het hof van Ji aan de oostkust, waar hij de beroemdste geleerde was. Door de jaloezie van zijn rivalen moest hij vluchten naar de staat Chu in het zuiden, waar hij magistraat werd van de stad Lanling voordat de plaatselijke leider werd afgezet en hij zijn functie verloor. Over zijn leven is verder weinig bekend, maar hij was in ieder geval actief tussen 298 en 238 v.C. Hij stichtte ook een school en tot zijn leerlingen behoorden de legalistische filosoof **Hanfeizi** en Li Si, die later de eerste minister van de staat Qin was en, nadat alle andere staten overwonnen waren, van het hele Keizerrijk. Het was Li Si

Li Si

> *'De edele mens houdt rekening met wat in hem is en verlangt niets van de Hemel. De lage mens negeert wat in hem is en verlangt alles van de hemel.'*

die de aanbeveling deed alle boeken in het rijk te verbranden en alle niet-legalistische filosofieën uit te bannen, vooral het confucianisme. In hoeverre Xunzi verantwoordelijk is voor het autoritaire gedrag van zijn twee discipelen[65] is moeilijk uit te maken, maar als leraar van deze twee invloedrijke figuren kan zijn leer er niet vreemd aan zijn geweest. Xunzi vond in ieder geval dat de uiteindelijke autoriteit bij de *junzi*, de 'ontwikkelde confucianistische gentleman' berustte. Zijn pessimisme over de menselijke natuur heeft enige overeenkomsten met Hanfeizi's nogal cynische concept van de 'klassebelangen'. En hij bepleitte het verbeteren van de menselijke natuur met behulp van tot het uiterste doorgevoerd legalisme. Maar vergeleken met het sterke, om niet te zeggen extreme anti-traditionalisme en anti-moralisme van zijn beide studenten, doet Xunzi's beschouwende filosofie betrekkelijk moralistisch aan en is zij eerder een verfijnd pleidooi voor tradities dan een tegenstander ervan. Hun ideeën en praktijken waren een voortzetting van zijn dogmatische assertiviteit, maar een radicale breuk met zijn vaak heel bedachtzame argumentatie.

Xunzi's filosofie is gebaseerd op de fundamentele overtuiging dat de mens alleen door socialisatie goed wordt. Hanfeizi's cynisme voerde zo ver dat hij ministers en hoge ambtenaren een hoge mate van paranoia aanraadde. Xunzi propageerde onderwijs en helderheid van denken: 'De edele mens houdt rekening met wat in hem is en verlangt niets van de hemel. De lage mens negeert wat in hem is en verlangt alles van de hemel.'[66] Het woord *Tien*, gewoonlijk vertaald als Hemel, is een kernbegrip in het Chinese denken in deze periode. Voor **Mozi** betekent het een God die reageert op de gebeden en handelingen van de mensen. Voor Confucius en Mencius vertegenwoordigt het zoiets als de abstracte wil van God: hoe de dingen horen te zijn. Voor de taoïsten is het meer iets als 'de natuur': hoe alles is onder de regie van de wetten van de natuur. Xunzi's kritiek op de lage mens is dat hij zoekt naar een macht buiten hemzelf, eventueel bovennatuurlijk, die hem te hulp moet komen. Hierin werkt hij de gedachte van Confucius uit dat de mens op zichzelf moet vertrouwen: 'Het is de mens die in staat is om de Weg te verbreden, niet de Weg die in staat is om de mens te verbreden.' Xunzi is een pragmatisch naturalist: 'Wanneer de fundamenten van het leven [bijvoorbeeld de landbouw] goed georganiseerd zijn en voorspoed brengen, kan de Natuur [*Tien*] geen armoede veroorzaken.'

De filosofie van Xunzi lijkt op het eerste gezicht weinig met het taoïsme overeenkomstig te hebben. Xunzi is zeer onmystiek, maar hij gebruikt het taoïsme als vertrekpunt voor een naturalistische en wetenschappelijke benadering. Over het lot schrijft hij: 'Het is een goed lot om [riten en offers] te beschouwen als ornamenten, maar een slecht lot om ze te beschouwen als heilige handelingen met een bovennatuurlijk gevolg.' Met andere woorden: het lot is je goed gezind als je de juiste visie hebt aangeleerd door het juiste onderwijs. Dit is een extrapolatie van de gedachten van Confucius, maar waar Confucius weigert te speculeren over het bovennatuurlijke, negeert Xunzi het volledig.

Xunzi's visie op het fysieke universum is een natuurlijke voortzetting van het confucianisme. Zij vormt een drieledig systeem, zoals uiteengezet in *De doctrine van de middenweg van hemel, aarde en de mens*: 'De hemel heeft zijn seizoenen, de aarde zijn rijkdommen en de mens zijn regering.' Op hemel en aarde hebben we geen invloed; op de wereld van de mens wel. Xunzi's meest originele bijdrage aan de Chinese filosofie is misschien wel zijn visie op de mens als een rentmeester van de natuur:

> *Waarom de Hemel [de natuur]*
> *groots vinden en bewonderen,*
> *als u hem als een ding kunt*
> *koesteren en reguleren?*
> *Waarom de Hemel gehoorzamen*
> *en prijzen,*
> *als u het Mandaat van de Hemel*
> *tot uw voordeel kunt gebruiken?*
> *Waarom naar de seizoenen*
> *kijken en op ze wachten,*
> *als u op ze kunt reageren en*
> *gebruik van ze maken?*
> *Waarom de dingen zich uit*
> *zichzelf laten vermeerderen*
> *als u het vermogen hebt om ze*
> *te transformeren?*
> *Waarom de dingen beschouwen*
> *als dingen,*
> *als u ze kunt verzorgen zodat u*
> *ze niet verliest?*
> *Waarom bewonderen hoe de*
> *dingen ontstaan,*
> *als u ze tot volle ontwikkeling*
> *kunt brengen?*

Zo'n gezichtspunt was te radicaal om grote invloed te kunnen hebben op het Chinese denken, maar het had het begin kunnen zijn van de eerste wetenschappelijke traditie van de mensheid. In zijn enthousiasme om de natuur te gebruiken doet het denken aan de westerse Verlichting in de 18de en 19de eeuw. Velen zouden nu een zekere reserve voelen tegenover Xunzi's gebrek aan respect voor de natuur en juist een voorkeur hebben 'om van de dingen te genieten als dingen' in plaats van ze te zien als middelen tot een doel. Ons hart ligt dichter bij het traditionele Chinese concept van harmonie tussen mens en natuur, al kan dat van onze economie misschien niet gezegd worden. Als het taoïstische begrip *wuwei* wordt begrepen als 'geen activiteit ondernemen die tegen de natuur ingaat', dan is Xunzi duidelijk geen taoïst.

Een andere belangrijke bijdrage die Xunzi heeft geleverd was zijn opvatting over de 'correctie der namen'. Dat was het antwoord van Confucius op de ineenstorting van de sociale orde en houdt ten eerste in dat iedereen de hem toegewezen rol speelt in de maatschappij en ten tweede dat de 'edele man' door duidelijk en eerlijk taalgebruik het pad uitzet dat de anderen kunnen volgen. Dit principe was van twee kanten bekritiseerd. Door de latere mohisten, die het hadden verworpen omdat een object met allerlei namen kon worden aangeduid: ding, levend wezen, dier, zoogdier, primaat, mens, man, vader enzovoort. En door de zogenaamde School der Namen met zijn linguïstische paradoxen. De meest beruchte komt van Gongsun Long: 'Een wit paard is geen paard.' Gongsun Long redeneerde dat als iemand een wit paard wil en een geel paard krijgt, hij het zou weigeren. Daarom is een 'paard' niet hetzelfde als een 'wit paard'. Dit illustreert dat het een-naam-een-dingprincipe van de 'correctie der namen' tot een paradox leidt.

Xunzi moest accepteren dat het confucianistische systeem niet werkte op basis van een-naam-een-ding; hij paste het aan op grond van mohistische theorieën. Het woord 'paard' is een 'enkelvoudige naam' terwijl 'wit paard' een 'samengestelde naam' is; 'omdat verschillende realiteiten verschillende namen hebben, moet je verschillende realiteiten ook altijd verschillende namen geven'. Xunzi is op zijn best een onwillige logicus. Nadat hij het confucianisme heeft gered van de ondergang door een logische paradox, gaat hij snel over tot de bewering dat semantisch getheoretiseer verboden moet worden omdat het woorden gebruikt om verwarring te stichten en daarmee de sociale orde aantast – en het moet natuurlijk overal in de staat gelden, want zoals alle confucianisten houdt hij van eenheid. Het oordeel van de wijze of edele man gaat boven de logica en voldoet om te bepalen hoe een naam gebruikt moet worden. Het is deze houding, of een houding die er nauw mee verwant is, die Li Si de opdracht gaf om boeken te verbranden en onwelgevallige denkers uit te schakelen.

Xunzi's overtuiging dat de menselijke natuur onbetrouwbaar is, is essentieel in zijn denken. Daarom benadrukt hij het belang van onderwijs, training en aanpassing aan sociale regels. Bij Mencius behoeft alleen de al aanwezige menselijke inborst getraind te worden, maar bij Xunzi zijn de gedragsregels een extern systeem van sociale controle dat bepaalt welke verlangens nagejaagd mogen worden in een geordende maatschappij. Alleen als die maatschappij zo is georganiseerd dat de verschillende standen zich aan specifieke normen houden, kunnen de schaarse natuurlijke goederen zo worden toegewezen dat iedereen tevreden is. Het verschil tussen de twee opvolgers van Confucius wordt duidelijk in hun visie op de bereikbare wijsheid van een mens. Beiden beweren dat een ieder de potentie heeft om een wijze te worden, maar terwijl Mencius dit voor een werkelijke mogelijkheid houdt, is Xunzi zoals te verwachten sceptisch: 'Het is mogelijk voor een mens met voeten om de hele aarde rond te lopen, maar tot nog toe is niemand daartoe in staat gebleken.' De reden dat we de hele aarde niet rondlopen, ofwel wijzen worden, is dat de motivatie ons ontbreekt. Xunzi's scherpe oog voor de natuurlijke context waarin een mens leeft, is zowel zijn sterkte als zijn zwakte. Xunzi kent, gemeten naar de standaarden van zijn tijd, zijn gelijke niet als wetenschappelijke geest en bekritiseerder van de Chinese filosofie; maar zijn pragmatisme van veiligheid voor alles wint het altijd van zijn filosofische durf. De *Xunzi* heeft veel wat bewonderd kan worden, maar weinig om plezier aan te beleven. Voor Confucius en Mencius leveren de sociale controle en de rituelen uiteindelijk iets op, namelijk rust, ongetroubleerd gedrag en vreugde: 'Op zeventigjarige leeftijd volgde ik het verlangen van mijn hart en deed wat goed was.' Voor Xunzi echter blijft de sociale controle altijd een noodzaak, zonder welke de orde van de maatschappij uiteen zou vallen.

HANFEIZI
(HAN FEI TZU)
circa 280–233 v.C.

Hanfeizi, of Meester Hanfei, was een unieke en centrale figuur in de geschiedenis van de Chinese filosofie. Hij was een leerling van **Xunzi**, de belangrijkste confucianist van zijn tijd, maar verwierp het conventionalisme van het confucianisme. Hoewel hij een aristocraat was, vond hij dat de keizer de aristocratie moest behandelen volgens dezelfde objectieve standaarden als alle andere onderdanen. Net als de vroege taoïsten wordt hij beschouwd als lid van een groep – bekend als de legalisten – die pas later door historici als zodanig is beschouwd. Noch de taoïsten, noch de legalisten beschouwden zich als een groep in de klassieke periode.

Hanfei leefde in de turbulente en gewelddadige Periode van de Strijdende Staten en bedacht een praktisch systeem om de macht te verkrijgen en te behouden. Hij nam de drie centrale concepten van zijn filosofie over van Shang Yang, ooit premier van de staat die China zou unificeren (en die vrijwel zeker niet de auteur is van *Het boek van de heer Shang*), Shenzi (350–275 v.C.) en Shen Pu-hai (tot 337 v.C.). De belangrijkste hiervan waren de reeks objectieve standaarden voor beloning en straf, promotie en ontslag. Cruciaal hierbij is voor Hanfei het begrip zelfbelang. Hanfei was ervan overtuigd dat de grootste bedreiging voor de vorst van zijn ministers kwam. Door hen te houden aan een zeer strikt regelsysteem, kon hij voorkomen dat ze hem door 'overreding' konden manipuleren. Tegelijk beschermden deze regels het volk, door duidelijk te maken waaraan het zich te houden had en te voorkomen dat overheidsdienaars straffen zouden gebruiken om loyaliteit af te dwingen. Hanfei voerde de ideeën van het legalisme op een formele manier door tot in het extreme. Niemand staat boven de wet en de wet is genadeloos. De confucianistische doctrine van de 'correctie der namen', die bij **Confucius** een correctief middel is om de natuurlijke orde te herstellen ('laat de heerser een heerser zijn, de onderdaan een onderdaan, de vader een vader en de zoon een zoon'), is in het legalisme een middel geworden om hoge functionarissen te regeren (en bedreigen) door te voorkomen dat ze iets doen wat buiten hun strikte functie-omschrijving valt. Er zijn talrijke verhalen van confucianistische zijde die de onrechtvaardige gevolgen van dit systeem moesten aantonen. Een officier die spontaan een moedige en succesvolle aanval uitvoerde op de vijand, werd naderhand terechtgesteld wegens ongehoorzaamheid. De eigenaar van een herberg die de vorst met zijn jas bedekte toen hij lag te slapen, onderging hetzelfde lot. Hanfei schrijft het volgende over ministers die bijzondere prestaties leveren:

> *Het is niet zo dat de vorst niet tevreden is over de grote prestatie [van zijn minister], maar hij vindt het feit dat deze grote prestatie niet correspondeert met de woorden zwaarwegender. Daarom moet hij gestraft worden.*[67]

De geschriften van Hanfei staan vol energiek en nuchter pragmatisme. Hij wijst het naar het verleden kijkende confucianisme en het moraliserende mohisme af en verdedigt in plaats daarvan dat alle manieren om totale orde te bereiken toegestaan zijn. Hoewel de invloed van zijn leermeester Xunzi niet overdreven moet worden, leunt Hanfei sterk op diens idee dat het volk ervan weerhouden moet worden om het rijk te weerstreven. Dit rechtvaardigde het doden van filosofen en het verbranden van boeken. Verder nam Hanfei Xunzi's theorie over dat de menselijke natuur slecht is. Xunzi beweerde dat de mens evenmin van nature goed is als hout van nature recht. Voor Xunzi is dit aanleiding om te pleiten voor opvoeding en training door een wijze meester. Hanfei gebruikt dezelfde vergelijking, maar werkt haar anders uit:

> *Hoewel er hout is dat van nature recht is en stammen die van nature rond zijn*[68] *[eens in de honderd generaties] stelt de geoefende ambachtsman hier geen prijs op. Waarom niet? Omdat er meer dan één persoon is die wil rijden en de boogschutter meer dan één pijl wil afschieten. Zo stelt de verlichte vorst ook geen prijs op mensen die van nature goed zijn en geen straf en beloning nodig hebben. Waarom niet? Omdat de wetten van de staat gehandhaafd moeten worden en de regering niet voor één persoon is bedoeld.*

Niet alleen is het onmogelijk om te vertrouwen op de natuurlijke goedheid van de mens, een goed mens is volgens Hanfei zelfs van geen waarde. Juist omdat de 'twee hendels' van straf en beloning geen vat op hem hebben, moet je de van nature goede mens zien kwijt te raken. Het legalistische systeem is gebaseerd op een ethiek van manipulatie. Vertrouw de mensen niet, zegt Hanfei, vertrouw je vermogen om ze zo te manipuleren dat ze je gehoorzamen.

De *Hanfeizi* bevat een commentaar op Laozi, die een passieve regeringsvorm voorstaat. Hanfei zegt dat als de objectieve standaarden zijn geïnstitutionaliseerd en functioneren, de leider niets meer hoeft te doen. De mensen gedragen zich allemaal al volgens de gestelde regels. Het *wuwei* (doen door niet-doen) van de taoïsten komt zowel voort uit het concept van de transcendente Tao als uit scepticisme aangaande de werkzaamheid van morele doctrines. Het *wuwei* van de legalisten komt voort uit de 'zelfvoorzienende' staatsstandaarden die het gedrag van de onderdanen reguleren en voorschrijven wat hoort en wat niet: 'Zoals het water stroomt en zoals een boot drijft, zo volgt de leider de gang van de Natuur en legt een oneindig aantal geboden en verboden op.'[69] Hanfei nam ook Xunzi's pleidooi voor keiharde straffen over met het argument dat hoe harder de straffen zijn, hoe minder ze toegepast hoeven te worden. Het hoeft geen betoog dat het niet zo uitpakte en dat de legalistische dynastie zowel wat betreft de hoeveelheid als de wreedheid van de straffen haar gelijke niet kent. Noch Machiavelli noch de islamitische sociaal theoreticus **Ibn Khaldūn** komen in de buurt van Hanfei's meedogenloosheid en misschien is alleen in de verhalen van Orwell en Kafka iets te vinden dat nog verder gaat. Het is waarschijnlijk overbodig te zeggen dat hoewel Hanfei de notie van het *wuwei* bij zijn denkbeelden heeft ingelijfd, die niets te maken hebben met de geest van **Laozi** en **Zhuangzi**. Wel geeft dit aan dat de filosofie van Laozi door veel meer mensen werd bestudeerd dan de volgelingen van Zhuangzi alleen. Hanfei creëerde een artificiële Tao om er een door mensen gemaakt paradijs mee aan te drijven.

Hanfei had een iets andere visie op de menselijke natuur dan Xunzi. Xunzi beschouwde de mensen als gedreven door zelfzuchtige verlangens, Hanfei legde de nadruk op hun neiging de waarden aan te nemen die bij hun status of rang hoort. Daarom geloofde hij dat niemand objectief kan oordelen. Dit concept van de menselijke identiteit die wordt gevormd door de rol die men in de gemeenschap speelt, vloeit met hulp van Hanfei's pessimisme soepel voort uit de sociale inzichten van het confucianisme en het mohisme. Zijn visie werd bewaarheid in Hanfei's eigen leven. Hij leefde in de staat Han en gaf koning An een overzicht van zijn ideeën. Ze werden verworpen, maar de riva-

Qin Shi-huang-di

liserende vorst Qin Shih-huang-di was onder de indruk. Een van Hanfei's medestudenten op de school van Xunzi was Li Si, die later de premier werd van de staat Qin. Toen Hanfei adviseur bij dezelfde staat wilde worden, vond Li Si dat hij niet te vertrouwen was en liet hem gevangenzetten. Vervolgens stuurde Li Si hem vergif, dat Hanfei innam in het besef dat zijn positie uitzichtloos was.

Li Si bracht veel van Hanfei's ideeën zelf in praktijk. De rigoureuze discipline die werd geïntroduceerd in Qin was een van de factoren die ervoor zorgde dat de staat alle andere staten overwon en China voor het eerst unificeerde (in 221 v.C.). Daarna begon Shih-huang-di het Chinese keizerrijk te organiseren op legalistische grondslag. De schaal van deze onderneming en de vastberadenheid van hem en Li Si was opmerkelijk. Het probleem van de invallen in het noorden werd opgelost door de bouw van de Chinese Muur in 214 v.C. Het probleem van de rivaliserende, niet-legalistische filosofieën werd opgelost door de opdracht te geven alle boeken te verbranden, om 'het volk onwetend te maken'. Li Si schreef:

> *Vroeger was het rijk verdeeld. Omdat er geen keizer was, waren landheren actief en om de mensen in verwarring te brengen, zeurden ze over de Ouden. Nu regeert Uwe Majesteit het verenigde rijk, waarin het onderscheid tussen goed en slecht even hel-der is als uw onaantastbare autoriteit. Maar er zijn personen die heimelijk een leer prediken die tegen het keizerlijk beleid ingaat. Wanneer zij nieuwe instructies te horen krijgen, bekritiseren zij die in het licht van hun eigen leer en zetten het volk aan tot oneerbiedigheid...*
> *Uw dienaar verzoekt daarom om alle personen die literaire of filosofische werken bezitten op te dragen hun boeken te vernietigen. En zij die hun boeken binnen dertig dagen na het decreet nog niet hebben vernietigd, moeten worden opgesloten en dwangarbeid verrichten.*[70]

OOSTERSE FILOSOFIE

Qin-keizer Shih-huang-di laat de boeken verbranden die tegen zijn opvattingen ingaan.

Het gevolg hiervan was dat een groot deel van de literatuur uit de vroege periode verloren is gegaan. De enige overgebleven kopieën werden bewaard in de keizerlijke bibliotheek, die in brand werd gestoken door een rebellerend leger in 206 v.C. Hanfei had Li Si direct geïnspireerd op dit punt, want hij schreef: 'In de staat van een verlicht heerser is er geen literatuur; de wetten vormen de leer.'

De heerschappij van Shih-huang-di richtte zich met een niets ontziende energie op de unificering van recht, filosofie, politiek, economie en militaire macht. De Argentijnse schrijver Jorge Luis Borges omschreef de keizer ooit met een mengeling van bewondering en afgrijzen als 'een geest die in staat was alle menselijke kennis te vernietigen en een muur om het rijk te zetten'. Het succes van de keizer was ongetwijfeld grotendeels te danken aan de invloed van de legalistische denkbeelden in zijn tijd. Het snelle verval van het Qin-keizerrijk na de dood van de keizer illustreerde zeer duidelijk de zwakheid van het extreme legalisme. Hanfei had gelijk toen hij meende dat een imperium geregeerd kan worden met de ijzeren vuist van de wet; maar hij had ongelijk toen hij dacht dat het volk 'een oneindig aantal geboden' en straffen zou accepteren. Achteraf bleek het confucianistische concept, waarbij de keizer regeert met een Mandaat van de Hemel dat is gebaseerd op rechtvaardigheid en rechtschapenheid, zowel humaner als stabieler te zijn.

HUINENG
638-713

De vroegste vermeldingen van het boeddhisme in China dateren al van 2 v.C. Ongeveer 150 jaar later werden de eerste Chinese vertalingen van boeddhistische teksten gemaakt en in de 3de eeuw n.C. waren er twee grote scholen actief, die werden aangeduid met de sanskriettermen *prajna*, wat 'kennis' betekent, en *dhyana,* wat 'meditatie' betekent. De *dhyana*-school zou zich later ontwikkelen tot de meest Chinese vorm van het boeddhisme. Het woord *dhyana* werd omgezet in het Chinese woord *Chan,* dat beter bekend werd als zen.

De meditatieve praktijk in China week af van die in India. In India wordt meditatie geassocieerd met stilzitten en de geest naar binnen richten door middel van een reeks methoden zoals adembeheersing en het in stilte reciteren ('chanten') van *mantra's*. In China werden de gebruiken beïnvloed door het taoïsme en ontstond een meditatietechniek die meer naar buiten was gericht. Tegen de tijd dat het zenboeddhisme de belangrijkste boeddhistische richting was geworden, betekende meditatie echter gewoonweg 'verlichting'. Het zenboeddhisme was gericht op 'plotselinge verlichting' (*satori*), waarin het afweek van de boeddhistische richting die 'geleidelijke verlichting' nastreefde.

Bodhidharma (460–534) wordt traditioneel gezien als de eerste zenpatriarch. Veel meer is echter bekend over een latere figuur, Hongren (601–674), de vijfde patriarch. Hij introduceerde de *Sūtra van de diamant* in China, die de belangrijkste boeddhistische tekst werd. De *Sūtra van de diamant* maakt deel uit van de 'Perfectie van Wijsheid'-traditie.[71]

Onze kennis over het leven van Huineng is afkomstig uit de *Altaar Sūtra van de zesde patriarch*, een verzameling verhalen over hem die is bijeengebracht door volgelingen. Hij werd geboren in een arme familie in de enigszins afgelegen provincie Guangdong. Hoewel hij een onbelezen houthandelaar was, zou hij als twintiger de *Sūtra van de diamant* hebben gelezen en zich als leerling hebben aangemeld bij de vijfde patriarch Hongren. Hij weet Hongren te overtuigen om hem te accepteren ondanks zijn 'barbaarse' afkomst, en krijgt een nederige functie als rijststamper in de keuken. Hongren kondigt aan dat hij degene die 'de centrale gedachte' van de boeddhistische leer het best in een vers weet uit te drukken, de zesde patriarch zal worden. Het vers van de belangrijkste discipel Shenxiu luidt als volgt:

> *Het lichaam is de boom van perfecte wijsheid.*
> *De geest is de houder van een heldere spiegel.*
> *Wrijf het onophoudelijk schoon,*
> *Laat het niet stoffig worden.*
>
> *Hongren zegt dat dit de beste poging is, maar niet goed genoeg. Daarna schrijft Huineng zijn vers:*
>
> *Perfecte wijsheid heeft in essentie*
> *geen boom*
> *en de heldere spiegel heeft geen houder.*
> *De boeddha-natuur is altijd helder en puur.*
> *Waar zou er stof moeten zijn?*

Uiteraard erkent Hongren de wijsheid van Huineng. Maar hij verkondigt die niet in het openbaar. Hij wijdt Huineng in aan de hand van de *Sūtra van de diamant*, en zijn leerling bereikt onmiddellijke verlichting. Dan adviseert Hongren hem om in het geheim te vertrekken om geen jaloezie te wekken bij de anderen.

Dit verhaal moet begrepen worden in het licht van de politieke twisten die volgden. Huineng's volgeling Shenhui voerde na de dood van Huineng een fanatieke strijd over wie de echte zesde patriarch was met de Noordelijke School van Shenxiu. Uit de *Altaar Sūtra* zou je kunnen afleiden dat Shenxiu die titel had gekregen en dat Hongren Huineng nooit heeft ingewijd. Alle complimenten aan zijn adres worden privé gemaakt en in het openbaar is hij vijandig tegenover de onontwikkelde Huineng. Maar het kan ook zijn, zoals de traditie van de Zuidelijke School claimt, dat Huineng inderdaad werd uitgeroepen tot de zesde patriarch in 661 n.C. Het feit dat Shenhui in het bezit was van de waarschijnlijke overblijfselen van Hongren lijkt de kwestie uiteindelijk beslist te hebben. *De Altaar Sūtra* geldt als hét klassieke werk van het zenboeddhisme.

Er zijn geen bewijzen dat Huineng zelf ooit het patriarchaat opeiste. Uit wat bekend is van hem blijkt hij een geniale man te zijn geweest, een uitzonderlijke geest die enige overeenkomst vertoonde met de Indiase Madhyāmika-boeddhist **Nāgārjuna**. De twee verzen laten het verschil zien tussen de nieuwe aanpak van Huineng en die van Shenxiu. De traditionele methode om verlichting te bereiken houdt een constante inspanning in om de geest te zuiveren. Huineng ontkent zelfs de mogelijkheid om de boeddha-natuur te vertroebelen. Ten diepste zijn wij reeds boeddha's. Daarom kan verlichting opeens intreden. In plaats van de traditionele weg van formele meditatie, bepleit hij de vrije meditatie met als doel *samadhi* te bereiken, wat in de Chinese traditie 'kalmte' betekent. In de woorden van de *Altaar Sūtra*:

> *Goede en geleerde vrienden, kalmte (samadhi) en wijsheid (prajna) zijn de fundamenten van mijn methode. Ten eerste, denk niet dat ze verschillend zijn. Zij vormen één geheel. Kalmte is het wezen van wijsheid en wijsheid is de functie van kalmte. Wanneer wijsheid zich manifesteert, schuilt er kalmte in. Wanneer kalmte zich manifesteert, schuilt er wijsheid in... Zeg niet dat wijsheid op kalmte volgt of andersom, of dat ze verschillend zijn.*

HET VERRE OOSTEN

Nāgārjuna mag dan Huineng's boeddhistische voorvader zijn, de invloed van het taoïsme op zijn denken is waarschijnlijk groter. Net als de taoïsten hield hij er een monistische visie op na. Hij verwerpt het dualisme tussen een wereld van verschijnselen en een onderliggend principe. Een ander taoïstisch begrip is 'afwezigheid van gedachten': 'De afwezigheid van gedachten betekent niet getroebleerd worden door externe objecten.' Het betekent niet dat men zonder bewustzijn is, maar dat de geest vrij is van gehechtheid aan dingen. Een punt van kritiek van Huineng op de noordelijke

> 'Ons wezen
> is van nature
> zuiver.'

school was dat die inactiviteit propageerde tot het punt van verdoving, wat volgens hem niet overeenkwam met de Weg (Tao). De zuidelijke zenmeester kon gewoon zijn werk doen, daarbij steeds verkerend in de boeddha-geest en niet gehecht aan objecten, extern of intern. Hierin krijgt de taoïstische ethiek van doen door niet-doen een boeddhistische vorm. Een ander concept dat vreemd is aan het Indiase boeddhisme maar verwant aan het taoïsme is 'een boeddha worden in ditzelfde lichaam'. Terwijl het boeddhisme het lichaam traditioneel als een belemmering beschouwt, accepteert het zenboeddhisme net als het taoïsme alle dingen zoals ze zijn. De zo vaak gehoorde regel van Huineng, dat 'ons wezen van nature zuiver is', houdt in dat men door iets af te wijzen een valse dualiteit creëert.

Hoewel de Noordelijke School de geleidelijke verlichting nastreefde en de Zuidelijke School de plotselinge verlichting, accepteerden beide scholen elkaars methoden. Zoals Huineng zegt: 'Zij die misleid zijn, begrijpen gaandeweg, terwijl de verlichte opeens begrijpt. Maar wanneer ze hun eigen geest kennen, dan kennen ze hun wezen en is er geen verschil in hun verlichting.' Het fundamentele verschil tussen beide richtingen is niet werkelijk de manier waarop ze verlichting bereiken, maar hun opvatting over de geest. De Noordelijke School is gericht op constante inspanning om de geest te zuiveren, terwijl de Zuidelijke School zich inspant om de oorspronkelijke zuiverheid van de geest te zien.

Het zenboeddhisme van Huineng werd bekend als het 'zen van de patriarchen' en de oudere traditie, die van Bodhidharma zei af te stammen, werd het 'zen van de Voltooide' genoemd. Ze bestonden harmonieus naast elkaar, hoewel het op *satori* gerichte zenboeddhisme van Huineng sterker groeide voordat het neoconfucianisme in de 11de en 12de eeuw het verval ervan inluidde. Juist in die tijd begon het zenboeddhisme populair te worden in Japan, waar het zich tot moderne vormen ontwikkelde. De Zuidelijke School van Huineng correspondeert met het rinzai-zenboeddhisme van **Eisai** en de Noordelijke School van Shenxiu met het soto-zenboeddhisme van **Dōgen**. In de 20ste eeuw sprak het zenboeddhisme tot de verbeelding van velen in het Westen, waar de combinatie van een verfijnd inzicht in de menselijke geest en eenvoudige, directe ervaring steeds populairder werd.

FAZANG (FA TSANG)
643-712

Fazang werd geboren in Zhangan, het huidige Sian in midden-China, en stamde af van een Oezbeekse grootvader. Hij was een boeddhist en probeerde de eerdere stromingen van het Chinese boeddhisme te verenigen. Zijn eigen traditie was een vorm van Mahāyāna-boeddhisme die was gebaseerd op de *Avatamsaka Sūtra* ('Sūtra van de bloemenslinger') Deze sūtra werd in de 6de eeuw in China geïntroduceerd en had een richting voortgebracht die de Huayen-school wordt genoemd (meestal vertaald als de 'School van de Bloemenslinger'). De populariteit ervan was in China veel groter dan elders. Deze richting staat in Korea bekend als kegon en heeft ook volgelingen in Japan.

Fazang werd op 28-jarige leeftijd een monnik en was een volgeling van Dushun en Chihyan, stichters van de Huayen-school. Net als andere boeddhisten uit zijn tijd werd hij uitgenodigd op het hof van keizerin Wu, waar hij voordrachten hield over het boeddhisme aan de hand van een gouden beeld van een leeuw. Zijn overzicht van de boeddhistische filosofie was verhelderend, al is het goed te begrijpen dat de keizerin Fazangs uiteenzettingen moeilijk vond. Hij onderscheidt vijf richtingen in het boeddhisme. De eerste is het Hīnayāna- of Theravāda-boeddhisme, de vroege leer van Boeddha, die zegt dat het leeuwenbeeld geen werkelijk karakter of wezen heeft omdat het afhankelijk is van zijn oorzaak.[73] De tweede is het Mahāyāna-boeddhisme, dat stelt dat de leeuw niet alleen geen karakter heeft, maar ook geen essentie: het bestaat niet, het is leeg.[74] De derde is de Chinese richting, bekend als Tiantai, volgens welke de leeuw weliswaar geen karakter of wezenlijke existentie heeft, maar wel een voorlopige realiteit. De vierde is het zenboeddhisme (zie het hoofdstuk over Fazangs tijdgenoot **Huineng**), dat beweert dat het bewustzijn bij verlichting voorbij leegte en bestaan kalmte bereikt. De laatste richting is de Huayen-school, die spreekt van de uiteindelijke verlichting of 'perfecte realiteit', waarin het universum helder wordt gezien als een ongedifferentieerde massa. Alles wordt beschouwd als onwerkelijk, waardoor alles met het ene en het ene met alles verbonden is. Het doel van Huayen is om *Bodhisattva* of Boeddha-in-spe te worden. De *Bodhisattva* is weliswaar volledig verlicht, maar stelt zijn totale verlossing uit om anderen te helpen op hun weg.

Een jonge boeddhistische monnik.

Fazang gebruikt nog een aantal andere beelden om de moeilijke concepten van Huayen te verduidelijken. Zeer belangrijk is het net van de god Indra, dat bezet is met diamanten. Elke diamant reflecteert alle andere diamanten en het net zelf, zodat het geheel in elk deel wordt weerspiegeld en elk deel vervat is in het geheel. Door een van de 'feiten' te kennen, kan het geheel worden gekend. En daarbij is elk feit verbonden met alle andere feiten en kan geen enkel feit alleen bestaan. Onder deze werkelijkheid van de feitelijke wereld heerst een andere realiteit, een ander 'beginsel', dat overeenkomsten heeft met de noumenale wereld van Kant en de Ideeën van Plato. De wereld van de feiten komt voort uit dit beginsel, uit het rijk van de geest. Door het primaat van de geest aan te nemen betoont Fazang zich een idealistisch filosoof. Net als Plato ziet hij dit beginsel als eeuwig en onveranderlijk, al heeft het geen realiteit na verlichting.

Fazang's ideeën hebben veel invloed gehad op het neoconfucianisme. Net als in India in dezelfde tijd begonnen boeddhistische begrippen en denkbeelden in China overgenomen te worden door niet-boeddhistische filosofische stromingen.

Een boeddhistische tempel in Tatung.

ZHANG ZAI
1020–1077

Zhang Zai was een centrale figuur in het neoconfucianisme. Hij was de leraar van zowel de gebroeders Cheng als **Zhuxi**, de belangrijkste denker uit deze periode die veel aan Zhang Zai heeft ontleend. Een kerngedachte van Zhang Zai is dat het universum één is, maar er vele manifestaties zijn. Het Verheven Uiterste, een term die verwijst naar de fundamentele werkelijkheid, uit *Het boek der veranderingen* (*Yi Jing* of *I Ching*) is volgens Zhang hetzelfde als de fysieke kracht of *qi*, die de substantie van de fysieke wereld is. Nog belangrijker is echter het begrip 'menselijkheid' (*ren*), 'één lichaam vormen met alle dingen'. Dit wordt wel beschouwd als het belangrijkste neoconfucianistische concept en het is goed om het nader te bespreken.

Hoewel het geïmpliceerd werd door de vroege confucianisten, vooral Mencius, was het Zhang Zai's formulering die de neoconfucianisten inspireerde. De 'Westelijke Inscriptie', gegraveerd op de westelijke muur van zijn leszaal, is Zhangs belangrijkste tekst. Daarin schrijft hij:

> *De Hemel is mijn vader en de Aarde is mijn moeder en zelfs zo'n nietig schepsel als ik vindt een plaats tussen hen. Daarom beschouw ik dat wat het universum vult als mijn lichaam en dat wat het universum stuurt als mijn natuur.*
> *Alle mensen zijn mijn broeders en zusters en alle dingen zijn mijn metgezellen.*

Cheng Yi, die terecht beweerde dat er niet meer zoiets was geschreven sinds **Mencius**, begroette deze revolutionaire tekst met enthousiasme. Maar het concept reikt verder dan dat van Mencius doordat *ren* de hele schepping omvat. Zhang lijkt beïnvloed te zijn door het boeddhistische streven naar universeel mededogen, dat het neoconfucianisme eeuwenlang zou inspireren. Zhang wijkt echter af van het boeddhisme doordat hij de confucianistische relaties en hiërarchieën in stand wil houden, wat hij illustreert aan de hand van een aantal voorbeelden van juist gedrag en beleid. De liefde voor allen komt tot uiting in specifieke relaties; zij wordt er niet door beperkt.

Het 'één lichaam vormen' betekent dat onze menselijkheid niet anders kan dan met mededogen reageren op het lijden buiten ons. Het klassieke voorbeeld van Mencius (371–289 v.C.) is dat iemand die een klein kind ziet dat in een put dreigt te vallen, geneigd is in te grijpen. Volgens **Wang Yangming** (1472–1529 n.C.) 'toont dit dat menselijkheid (*ren*) één lichaam vormt met het kind'. Dit mededogen betreft ook het lijden van dieren, geknakte planten en zelfs gebroken objecten: 'Zelfs wanneer hij gebroken tegels en stenen ziet, kan hij een gevoel van spijt niet onderdrukken. Dat laat zien dat zijn menselijkheid één lichaam vormt met tegels en stenen.' Het is alsof het kwaad dat een ogenschijnlijk ander schepsel of ding wordt aangedaan ons wordt aangedaan. Strikt genomen wordt ons geen schade berokkent, maar onze menselijkheid wordt ervaren als een universeel lichaam: 'Dat wat het universum vult, beschouw ik als mijn lichaam.'

Zelfs een kleingeestige, gemene persoon, een 'kleine man', voelt deze impuls. Wang Yangming vervolgt: 'Hoewel de geest van een kleine man verdeeld is en beperkt, kan zijn menselijkheid die één lichaam vormt vrij blijven van duisternis.' De problemen ontstaan wanneer de kleine man wordt geprikkeld 'door verlangens en verblind door zelfzucht... Gedreven door hebzucht of angst, aangezet tot haat zal hij dingen vernietigen, leden van zijn eigen soort doden, wat niet al. In extreme gevallen zal hij zelfs zijn familie vermoorden en de menselijkheid die één lichaam vormt zal geheel verdwijnen'.

Het mausoleum van Confucius.

ZHUXI (CHU HSI)
1130–1200

Zhuxi is de meest invloedrijke filosoof in de Chinese geschiedenis sinds **Mencius**. Hij was een neoconfucianist en hervormde en formaliseerde het confucianisme, dat weer het kloppend hart van de Chinese cultuur zou worden. Hij bepaalde wat de canon van het neoconfucianisme zou worden. Die werd vooral gevormd door de Vier Boeken: de *Analecten* van **Confucius**, de *Mencius*, *De Grote Leer* en *De doctrine van het midden*. Deze boeken werden in 1313 de basis van het examensysteem voor openbare functies, dat tot 1905 is gehanteerd en model heeft gestaan voor westerse examens. Behalve dat hij de canon heeft gevestigd, werd zijn opvatting over de ware confuciaanse stamboom de norm. Die begon bij de auteurs van de confucianistische klassieken en werd in de 11de eeuw gerevitaliseerd en voortgezet door Zhou Dun Yi, Zhang Zai en de gebroeders Cheng, die allen hieronder worden besproken.

Zhuxi bewerkte het confucianistische gedachtegoed en verwijderde wat volgens hem niet paste in de traditie. Zijn filosofie brengt Confucius, Mencius, de oude Chinese metafysica van *yin* en *yang* en de vijf elementen, en enkele taoïstische en boeddhistische ideeën samen. Hij is vergelijkbaar met een figuur als **Shankara** in India, die een beslissende invloed had op de hernieuwde belangstelling voor de filosofische klassieken van de Vedānta. Zhuxi zag zichzelf eerder als een middelaar dan als een grondlegger, maar zijn 'grote synthese', zoals Wing-Tsit Chan het noemde, behoort tot de belangrijkste ontwikkelingen in het confucianisme en de Chinese cultuur.

Het confucianisme kende een lange periode waarin het zich niet of nauwelijks vernieuwde. Hoewel het ook toen de belangrijkste filosofie was in het Chinese rijk, vertoonden het taoïsme en het boeddhisme een grotere vitaliteit en meer ontwikkeling. De wedergeboorte van het neoconfucianisme begon enkele eeuwen voor Zhuxi en beleefde in de 11de eeuw een hoogtepunt. Vijf filosofen uit deze tijd verdienen hier aandacht. Ze waren allen nauw bij elkaar betrokken en kenden elkaar.

Zhou Dun Yi (Chou Tun-I, 1017–1073) was een bijzondere persoonlijkheid en wekte de indruk een soort zenmonnik te zijn, maar hij was in werkelijkheid meer door het taoïsme beïnvloed. Hij introduceerde veel begrippen die cruciaal zouden worden in het neoconfucianisme. Een typerende uitspraak van hem was: 'Zonder verlangen is men leeg wanneer men kalm is en eerlijk wanneer men handelt.' Het confucianisme is altijd meer geïnteresseerd geweest in activiteit dan in rust. Dat is niet verbazend gezien de nadruk die Confucius legde op de ethische en sociale kant van het leven en zijn weigering over het metafysische na te denken. Dat betekende dat de contemplatieve behoeften in de praktijk werden ingevuld door het taoïsme en het boeddhisme. Je zou kunnen zeggen dat Zhou dit aspect van het leven herwon voor het confucianisme. Zijn hierboven gegeven uitspraak bevat allerlei vreemd materiaal voor de orthodoxen: verlangenloosheid, leegte en kalmte stonden op ongemakkelijke voet met het traditionele confucianisme. Door ze te introduceren, zette hij een lijn uit voor zijn opvolgers.

Zhang Zai (1020–1077) leverde twee invloedrijke concepten. Het eerste was dat het universum één is maar er vele manifestaties zijn. Het tweede en belangrijkste was zijn interpretatie van *ren*, menselijkheid of liefde, 'één lichaam vormen met het universum'. Dit is waarschijnlijk de centrale gedachte van het neoconfucianisme en wordt in het hoofdstuk over Zhang behandeld. Zoals we hieronder zullen zien, nam Zhuxi deze gedachte van Zhang over. Net als Zhou Dun Yi ontwikkelde Zhang een unificerende, meer holistische filosofie.

Cheng Hao (1032–1085) en Cheng Yi (1033–1107) zijn waarschijnlijk het enige (bekende) stel filosofenbroers uit de geschiedenis[75]. Zij waren beiden leerling van Zhou Dun Yi en Zhang Zai en bevriend met de vijfde grote denker uit hun tijd, Shao Yong (1011–1077). Omdat Zhuxi de meeste van zijn ideeën verwierp, wordt hij hier niet verder besproken. Opmerkelijk genoeg verschillen de ideeën van de broers sterk. Cheng Yi was de grondlegger van het rationalisme in het neoconfucianisme en Cheng Hao was de eerste idealist. Overeenkomstig was echter dat zij hun filosofie baseerden op het begrip 'principe' of *li*.[76] Het principe is de unificerende factor in het universum, overal aanwezig en onveranderlijk. Hun concept *Tien Li* ('het Principe van de Hemel') omvat zowel de morele als fysieke wetten – hoe wij ons gedragen moeten en hoe de

> *'In essentie is er slechts één Verheven Uiterste, maar elke van de miljarden dingen is ervan doortrokken en bezit het Verheven Uiterste in zijn geheel.'*

dingen zijn. Cheng Hao benadrukte het eerste aspect, Cheng Yi onderzocht vooral het tweede.

Van deze vijf filosofen is Cheng Yi de werkelijke voorvader van Zhuxi en het was zijn rationalisme dat het latere neoconfucianisme het meest heeft beïnvloed. Deze traditie werd later bekend als de Cheng-Zhu-school. Cheng Yi's ideeën hadden wel veel invloed, maar werden zeker niet algemeen aanvaard: hij werd van officiële zijde gecensureerd. Een aardige indicatie voor het klimaat in zijn tijd is dat er slechts vier mensen op zijn begrafenis durfden te komen. Ook Zhuxi had vaak problemen met de autoriteiten. Zijn genie bezorgde hem veel aanstellingen, maar meestal was hij te radicaal om ze te kunnen behouden. In 1179 werd hij bijvoorbeeld benoemd tot prefect, maar in 1182 werd hij gedegradeerd omdat hij aan de keizer had gemeld dat er staatscorruptie werd bedreven. Vergelijkbare benoemingen in 1190 en 1194 eindigden op dezelfde manier. Uiteindelijk dreigde hij zelfs de doodstraf te krijgen. De enige baan die hij wist te behouden was die van tempelwachter, die paste bij zijn studieuze temperament. Maar wel bezochten meer dan duizend rouwenden zijn begrafenis.

Het belangrijkste begrip in de filosofie van Zhuxi is waarschijnlijk dat van het Verheven Uiterste. Hij ontleende het aan Zhou Dun Yi (zie boven) en het is verwant met het Absolute in de Indiase filosofie en het Goede bij de Grieken. 'Het Verheven Uiterste is niets anders dan het principe,' schrijft Zhuxi. Zo koppelt hij Zhou's Verheven Uiterste aan het principe, dat zoals we hebben gezien van de gebroeders Cheng afkomstig is. 'In essentie is er slechts één Verheven Uiterste, maar elk van de miljarden dingen is ervan doortrokken en bezit het Verheven Uiterste in zijn geheel.' Zhuxi gebruikt het beeld van maanlicht dat op rivieren en meren schijnt om te illustreren dat het Verheven Uiterste zich op vele manieren en plaatsen manifesteert. De Indiase Vedānta-traditie hanteert een zeer vergelijkbaar beeld van zonlicht dat reflecteert in kannen met water. Het is echter interessant om op te merken dat het beeld van Zhuxi de eenheid van het licht benadrukt in zijn manifestaties, terwijl in het Indiase beeld de individualiteit van de kannen wordt benadrukt. Misschien is dat een uiting van de Chinese visie op de mens als deel van de maatschappij, en van het corresponderende gebrek aan aandacht voor het individu. Het doet denken aan **Fazangs** beeld van het universum als een met diamanten bezet net, waarin elke diamant alle andere reflecteert. Wing-Tsit Chan voert het neoconfucianistische concept van het 'principe' terug op het Huayen-boeddhisme van Fazang, waarin de wereld van 'het principe' ten grondslag ligt aan de gewone wereld van de 'feiten'.[77]

De vraag is hoe de wereld zich manifesteert. Zhuxi karakteriseert manifestaties als ontmoetingen tussen principe (*li*) en materiële kracht (*qi*). Zoals we in het hoofdstuk over Mencius gezien hebben, is *qi* (of *chi*) het oude Chinese concept van energie of levenskracht die door het universum stroomt. Goed en kwaad bestaan niet in het Verheven Uiterste, maar ontstaan in de manifestaties. Zoals alle confucianisten behalve **Xunzi** gelooft Zhuxi dat het goede wezenlijk en natuurlijk is en het kwade incidenteel en onnatuurlijk.

De volgende passage vertelt meer over het Verheven Uiterste en zijn relatie tot de dualiteit van *yin* en *yang* en de 'vijf elementen':

> *Het Verheven Uiterste is gelijk aan de top van een huis of het eind van de horizon waarachter niets meer is.*
> *Het is het uiterste van het principe.*
> *Yang is actief en yin is kalm. In hen is het niet het Verheven Uiterste dat actief of kalm is. In hen huizen simpelweg de principes van activiteit en kalmte.*
> *Principe is niet zichtbaar; het wordt zichtbaar door yin en yang. Principe hecht zich aan yin en yang zoals een man schrijlings op een paard zit.*
> *Zodra yin en yang de vijf elementen voortbrengen worden ze ingesloten door de fysieke natuur en gedifferentieerd tot individuele dingen, elk met zijn eigen natuur. Maar het Verheven Uiterste is in elk ding.*

Zhuxi's interessante visie op *ren* is afkomstig van Zhang Zai: '*Ren* is het principe van liefde, en onpartijdigheid is het principe van *ren*. Daarom, als er onpartijdigheid is, is er *ren*, en als er *ren* is, is er liefde.' We zagen dat **Mozi** als eerste het concept van onpartijdige liefde hanteerde en hoe hij bekritiseerd werd door de confucianisten vanwege zijn gebrek aan respect voor speciale relaties. Bij Zhuxi is onpartijdigheid het onderliggende principe van liefde en zoals het Verheven Uiterste volledig aanwezig is in elk individu, zo is universele liefde volledig aanwezig in familie- en liefdesrelaties. Bij Zhuxi is universele liefde de bron van alle specifieke (liefdes)relaties.

De menselijke natuur is volgens Zhuxi één met dit principe. De Weg (of principe) is de natuur van het universum als een eenheid en in individuen of dingen wordt de Weg (of principe) hun natuur.

Zhuxi was, zoals gezegd, de erfgenaam van Cheng Yi's rationalisme. Het idealisme van zijn broer Cheng Hao werd voortgezet door Lu Xiangshan (Lu Hsiang-Shan) (1139–1193), een tijdgenoot van Zhuxi die het primaat van de geest verdedigde. Voor Zhuxi betekende het oude confucianistische gebod om 'de dingen te onderzoeken' vooral rationele bestudering van de dingen. Voor de idealisten is alles vervat in de geest en is het daarom voldoende om de geest te onderzoeken. Zhuxi had veel meer invloed dan Lu Xiangshan op het verdere verloop van het Chinese denken en het culturele leven en pas met Wang Yangming (1472–1559) kreeg het idealisme weer een grote aanhang.

Picturale voorstelling van de dualiteit van yin en yang.

WANG YANGMING
1472–1529

De meest invloedrijke Chinese filosoof van de laatste duizend jaar was **Zhuxi**. Zijn rationele neoconfucianisme werd de norm en vanaf 1313 vormde zijn selectie van klassieke confucianistische werken de basis voor de examens voor openbare functies. Oppositie kwam in zijn tijd van de idealist Lu Xiangshan (1139–1193), maar het zou drie eeuwen duren voordat er een filosoof opstond die Zhuxi ook maar enigszins naar de kroon kon steken. Dat was Wang Yangming, een idealist zoals Lu, wat wil zeggen dat beiden de geest voor de fundamentele realiteit hielden. De school van filosofen die Wang volgde wordt de Wang-Lu-school genoemd; de school van Zhuxi, die zich baseerde op de denkbeelden van Cheng Yi, de Cheng-Zhu-school.[78]

Wang was een ondernemende en succesvolle man, die in zijn tijd beter bekend was om zijn capaciteiten als bestuurder en militair dan als een filosoof. In zijn strijd tegen het getij van corruptie en nepotisme leed hij herhaaldelijk nederlagen. In 1506 werd hij bijvoorbeeld voor twee jaar verbannen naar een half barbaarse regio voor het beledigen van een eunuch (op een hoge positie). Tussen 1510 en 1521 beleefde hij een glorierijke en opmerkelijke carrière, waarbij hij economische hervormingen doorvoerde, opstanden neersloeg, rechtsprak en scholen sticht-

> *Op zijn trouwdag werd hij zo in beslag genomen door een gesprek met een taoïstische monnik, dat hij pas de volgende dag weer thuiskwam.*

te. Van 1521 tot 1527 was hij weer op nonactief gezet, nu in zijn geboorteprovincie. Daarna werd hij nog één keer opgeroepen om een rebellie de kop in te drukken, wat hij met succes deed. Hij stierf in 1529.

De filosofie van Wang Yangming had veel invloed in de 150 jaar na zijn dood. Hoewel hij streed met de orthodoxie die de boventoon voerde, had hij geen serieuze rivaal. De politieke situatie in de Ming-dynastie was gespannen en eruditie was niet erg in trek. Toen Wang Yangming jong was, tastte hij de verschillende intellectuele disciplines af, waaronder Zhuxi's confucianisme (toen in verval), literaire compositie, krijgskunde en de taoïstische zoektocht naar het levenselixer. De gedrevenheid van Wang manifes-

De Drumtoren, gebouwd tijdens de Ming-dynastie, aan de noordgrens van Beijing.

teerde zich al vroeg. Hij zou ooit met een vriend zeven dagen lang bij een bamboebos hebben gezeten om 'de principes ervan te onderzoeken'. Uiteindelijk werd hij ziek en gaf hij zijn inspanningen op. Net als Confucius had hij de reputatie om zichzelf te verliezen wanneer hij iets aan het leren was: op zijn trouwdag werd hij zo in beslag genomen door een gesprek met een taoïstische monnik, dat hij pas de volgende dag weer thuiskwam. Langzaamaan ontwikkelde Wang zijn eigen filosofie. Tijdens zijn ballingschap had hij een ervaring van verlichting die cruciaal zou worden voor zijn werk. Daaraan legde hij in 1508 de eerste hand, om het tot 1521 te blijven verfijnen. Op vijftigjarige leeftijd had hij zijn denkbeelden in grote lijnen uitgewerkt.

Wang Yangming verzette zich tegen het denkbeeld van Zhuxi dat principe en dingen identiek zijn en zei dat principes tot de geest behoren. Hij illustreerde dit met het voorbeeld (dat voor ons wat al te zeer voor de hand ligt) dat de liefde voor de ouders niet ophoudt te bestaan nadat de ouders overleden zijn. Het 'principe' is niet te vinden in de dingen zelf (bijvoorbeeld in de ouders), maar in de geest van het individu. Volgens Wang Yangming fragmenteerde en verwarde het rationalisme van Zhuxi de geest:

> *De mensen beseffen niet dat het hoogste goed in hun geest is te vinden en zoeken het erbuiten. Omdat ze geloven dat elk ding en elke gebeurtenis zijn eigen vaste principe heeft, zoeken zij het hoogste goed in individuele dingen. Daardoor raakt de geest gefragmenteerd, geïsoleerd, verbrokkeld. Verward en ongericht heeft de geest geen duidelijke richting.*

Het idealisme van Wang Yangming heeft daarentegen het tegenovergestelde effect:

> *Wanneer men eenmaal beseft dat het hoogste goed in de geest ligt en niet daarbuiten gezocht hoeft te worden, dan krijgt de geest een vaste richting en bestaat het gevaar niet meer dat de geest gefragmenteerd, geïsoleerd en verbrokkeld raakt. De geest zal dan niet meer verward en ongericht zijn, maar kalm.*

Wang had een oplossing voor de filosofische impasse die was voortgekomen uit de al te grote nadruk op 'het onderzoek der dingen' en de filologie door de opvolgers van Zhuxi. Die bestond uit de 'verbreiding van de ingeschapen kennis van het goede'. In plaats van te werken van buiten naar binnen – van observatie en studie naar het intrinsieke principe – moest men uitgaan van de aangeboren kennis van het goede, die gelijk is aan het Principe van de Natuur. In de overtuiging dat de mens van nature goed is, is Wangs filosofie verwant aan het gedachtegoed van **Mencius** (371–289 v.C.).

Wang Yangming is, net als de meeste confucianisten, in de eerste plaats gericht op ethiek. Dat past goed in zijn filosofie, want ethische concepten (bijvoorbeeld de liefde van kinderen voor hun ouders) zijn voor een belangrijk deel mentaal. Zijn uiteenzetting over 'één lichaam vormen met alle dingen' is een fraai geschreven en zeer duidelijk betoog[79] en toont de kracht van zijn benadering. Dus wat betreft zijn zorgen over het verval van de moraal, de fragmentatie van de filosofie en de teloorgang van de confucianistische traditie was het idealisme van Wang een succes.

Maar in vergelijking met het westerse idealisme is Wangs concept van de geest niet erg goed uitgewerkt. Op metafysisch niveau worstelt hij met een verklaring van de fenomenen. Zijn uitspraak dat 'er niets onder de hemelen is, dat buiten de geest bestaat' werd getart door iemand die enkele bloesemende bomen aanwees en vroeg wat zij met de geest te maken hadden. Het antwoord van Wang, dat de kleuren zich tonen wanneer men naar de bloesems kijkt, is mild uitgedrukt niet bevredigend. Al is Wang een filosoof van de geest, hij is niet zozeer in intellectuele noties geïnteresseerd, als wel in morele hervorming. In zijn filosofie betoogt hij dat kennis en handelen hetzelfde zijn en zijn leven bevestigde dat. Wang was dus in alle opzichten een voorbeeldig filosoof.

Zijn notie over de bruikbaarheid van kennis in actie werd een belangrijk thema in de filosofie na hem. Het is in zekere zin tot zijn uiterste consequentie doorgevoerd door **Mao Zedong** (Mao Tse-Tung): ondanks zijn materialisme klinkt er een echo van Wang door in zijn theorie van de geest.

DAI ZHEN (TAI CHEN)
1723–1777

De twee belangrijkste scholen in het neo-confucianisme waren het rationalisme van **Zhuxi** (1130–1200) en het idealisme van **Wang Yangming** (1472–1529). Zhuxi gebruikte de ratio om het principe in de dingen te vinden, terwijl Wang Yangming het in de geest zocht. Hoewel Zhuxi vergeleken met Wang relatief veel aandacht besteedde aan 'het onderzoek der dingen', deed hij dat om het principe ofwel Verheven Uiterste te vinden. Een westerse parallel kan bij Plato gevonden worden: de 'dingen' zijn alleen van belang voor zover ze in de richting van de waarheid wijzen, die bepaald wordt door de pure rede.

Een andere filosoof die Zhuxi bekritiseerde, was Dai Zhen. Hij verzette zich ertegen dat Zhuxi's principe (*li*) opvatte als een 'ding'. Dai Zhen kwam voort uit de traditie van de Han-geleerdheid, een stroming die teruggreep op de filosofen uit de Han-dynastie (206 v.C.–220 n.C.), die zich voor het eerst richtten op de 'confucianistische klassieken' (zoals de *Analecten*, de *Mencius* en de *Doctrine van het midden*). De groep van Dai Zhen wordt ook wel de 'School voor Onderzoek op Basis van Bewijzen' genoemd; hij bestond dus uit empiristen. De volgelingen van de Han-geleerdheid hielden zich graag bezig met objectiverende en kritische redeneringen over onderwerpen van filologische, historische en wiskundige aard. Dai Zhen onderscheidde zich van hen omdat hij dergelijk onderzoek uitsluitend beschouw-

Ching-Hai: eerste toegangspoort van de Tempel van Confucius.

VERLANGEN

Een van de meest interessante thema's in de Chinese filosofie is verlangen. Verlangen speelt geen grote rol bij de vroege filosofen. **Confucius** *verwerpt het niet, maar lijkt te vinden dat het enige begeleiding en vorming nodig heeft. De laatste stap van zijn leer luidt: 'Op zeventigjarige leeftijd volgde ik het verlangen van mijn hart en deed wat goed was.'* **Mencius** *adviseerde een koning die bekende een zwak voor seks te hebben: 'Als Uwe Hoogheid van seks houdt, laat uw onderdanen dan hetzelfde genot smaken – waarom zou u dan niet de waarachtige vorst van het rijk worden?' Mencius doet veel uitspraken over het verlangen en maakt het tot een sleutelbegrip in zijn filosofie. Zo beschouwt hij het verlangen naar eer als de basis voor fatsoenlijk gedrag. De edele man zal zijn verlangens niet per se willen vervullen of onderdrukken. Ze zijn natuurlijk en daarom goed, hoewel hij toevoegt: 'Om de geest te voeden gaat er niets boven het hebben van weinig verlangens.'* **Xunzi** *levert een interessant commentaar op een filosoof, van wie hij zegt dat hij begreep wat het inhield om weinig verlangens te hebben, 'maar niet wat het inhoudt om er veel te hebben'. Het belang van dat laatste was dat het een vorst kan helpen bij zijn leiderschap als hij weet wat de verlangens van het volk zijn.*

Het taoïsme is daarentegen kritischer. **Laozi** *spreekt veel over het verlangen. Zo zegt hij: 'Toon de objecten van verlangen niet, anders zullen de harten van de mensen in verwarring raken'. En: 'De wijze verlangt ernaar geen verlangen te hebben.' De taoïsten beschouwden het ideaal van de leegheid als een verlangenloze, onthechte staat van zijn. Het taoïsme staat over het algemeen vijandig tegenover het verlangen. Toch bestaat er een opmerkelijke substroming in het taoïsme, die hedonistisch is en zelfbehoud tegen elke prijs predikt, zoals blijkt uit de woorden die zijn overgeleverd van Yang Chu (440–360 v.C.). Deze tendens kwam ook weer op in de neotaoïstische 'Lichte Conversatie'-school in de 3de eeuw n.C., die zelfs de morele conventies overboord gooide.*

Het boeddhisme is van alle Chinese filosofieën en religies het meest gekant tegen het verlangen. Een van de essentiële gedachten van Boeddha was dat het verlangen, ook wel dorst (tanha) genoemd, de oorzaak is van al het lijden.

Het verlangen werd een belangrijk onderwerp in het neoconfucianisme toen Zhou Dun Yi (1017–1073), beïnvloed door het boeddhisme en vooral het taoïsme, als eerste orthodoxe denker de verlangenloze leegte als een deugd voorstelde. Zhang Zai (1022–1077) was de eerste die zei dat het principe en het verlangen tegendelen zijn: 'Zij die de hogere dingen begrijpen, richten zich naar het Principe van de Natuur, terwijl zij die de lagere dingen begrijpen, de menselijke verlangens volgen.' Hij koppelde yang *aan de morele natuur en* yin *aan materieel verlangen. Zhuxi (1130–1200) werkte de neoconfucianistische gedachten uit over het onderwerp en schreef veel over de polariteit tussen verlangen en principe. Zelfs Wang Yangming (1472–1529), die zich op veel punten tegen Zhuxi afzette, was het met hem eens over dit thema. Het neoconfucianisme richtte zich niet op een ascetische onthechting van alle verlangens: de echte vijand was zelfzuchtig, eenzijdig verlangen.*

Wang Fuzhi (1619–1692) was de eerste filosoof die een andere weg insloeg door zich te richten op de oude leer. Hij schreef: 'Mencius onderwees de leer van Confucius, en die is: waar menselijke verlangens zijn, daar is het Principe van de Natuur.' Zijn invloed was echter klein en pas met Dai Zhen (1723–1777) werd de orthodoxe lijn van Zhuxi doorbroken. Dai Zhen was zijn tijd waarschijnlijk te ver vooruit om populair te worden, maar hij had volgelingen, ook vóór de hernieuwde belangstelling in het begin van de 20ste eeuw.

de als middel tot een doel. Dat doel was, zoals het een confucianist betaamt, moraliserende filosofie en de toepassing ervan.

Als een kind van tien jaar zou Dai Zhen tegenover zijn leraren de authenticiteit van de uitspraken van Confucius in twijfel hebben getrokken: 'Hoe weten we dat Confucius dit gezegd heeft?' Later richtte zijn kritiek zich niet zozeer op wat de meester had gezegd, als wel op de interpretaties die de neoconfucianisten eraan gehecht hadden.[80]
Dai Zhen wees veel van de neoconfucianistische traditie af en herwaardeerde verlangens als een acceptabel en natuurlijk onderdeel van het leven, net als zijn tijdgenoot David Hume in Schotland deed. Hij keerde zich tegen de polariteit van verlangen en principe en betoogde dat 'principe bestaat uit gevoelens die juist zijn'. Dit is een belangwekkende herformulering van de uitspraak van Confucius: 'Op zeventigjarige leeftijd volgde ik het verlangen van mijn hart en deed wat goed was.' Dai Zhen's afwijzing van de neoconfucianistische opvatting over principe is ook in de geest van Hume. Volgens Dai Zhen is het onjuist dat de neoconfucianisten principe als een werkelijk ding beschouwen of als een enkelvoudige essentie die in alle dingen aanwezig is. Principe bestaat niet in een bovennatuurlijk rijk, het huist in het gedisciplineerde menselijke hart. Het is, kortom, gelijk aan *ren* of menselijkheid. Hij schreef: 'De oude wijzen zochten geen goedheid, rechtschapenheid en wijsheid buiten de wereld van verlangens en zagen ze niet als gescheiden van bloed, adem, geest en ziel.' Dai Zhen was tegen alle door het taoïsme en het boeddhisme geïnspireerde ideeën over terugtrekking uit de wereld: 'Anderen laten leven maar zelf niet leven is tegennatuurlijk.' Sterker nog: 'Al het handelen zou louter een aansporing moeten zijn om verlangens te bevredigen en gevoelens te uiten.' Dai Zhen propageert geen hedonisme, maar een oprechte en gedisciplineerde manier van leven waarbij het individu volledig deelneemt aan de wereld.

MAO ZEDONG
(MAO TSE-TUNG)
1893–1976

Mao werd geboren in een arme boerenfamilie in Shaoshan in de provincie Hunan en had een jeugd vol ontberingen. In de loop der tijd ging het beter met zijn familie, maar de jeugdjaren lieten een onuitwisbare indruk achter op Mao. De opleiding op de lagere school omvatte ook de confucianistische klassieken. Op 13-jarige leeftijd haalde zijn vader hem van school om op het land te werken. Maar Mao rebelleerde tegen zijn vader en was vastbesloten om zijn school af te maken. Hij verliet het ouderlijk huis en zette zijn opleiding elders voort. In 1905 werden de examens voor functies bij het rijk, die nog gebaseerd waren op het confucianisme, afgeschaft en begon de westerse invloed op scholen steeds sterker te worden. Dat markeerde het begin van een grote intellectuele onzekerheid in China. In 1911 was Mao betrokken bij de opstand tegen de Manchu-dynastie, zijn eerste oorlogservaring. In 1912 viel het Chinese rijk zoals het min of meer had bestaan vanaf 220 v.C. en werd het vervangen door een republiek. Mao vervolgde zijn opleiding, bestudeerde allerlei onderwerpen, waaronder de westerse tradities, en deed eindexamen in 1918. Daarna studeerde hij aan de universiteit van Beijing, waar hij de grondleggers van de Chinese Communistische Partij leerde kennen. De CCP werd officieel opgericht in 1921 en Mao steeg gaandeweg in de hiërarchie. In 1934–1935 was hij de centrale figuur en leidde hij het Rode Leger tijdens de Lange Mars. Mao assisteerde bij het terugdringen van de Japanse invasie vanaf 1937 en in 1949 eindigde de burgeroorlog met het uitroepen van de Democratische Dictatuur van het Volk (later de Volksrepubliek China). Mao was voorzitter van het partijsecretariaat en het politbureau vanaf 1943, maar beheerste in werkelijkheid de hele Communistische Partij tot aan zijn dood in 1976. Zijn leiderschap had misschien niet de verpletterende wreedheid van Stalin, maar zijn eigenzinnige en meedogenloze beleid leidde tot enorm veel vernietiging en leed onder de Chinese bevolking.

Voordat we Mao's politiek nader bekijken, is het goed even bij zijn filosofie stil te staan. Mao was geen groot origineel denker. Zijn ideeën waren afkomstig van de bekende communistische voorgangers: Marx, Engels, Lenin en Stalin. Maar hij dacht wel diep na over het dialectisch materialisme, dat ten grondslag ligt aan het communisme, en zijn praktische toepassing van de ideeën ervan was origineel. Daarnaast was hij zonder enige twijfel de meest invloedrijke denker in China in de 20ste eeuw.

HET VERRE OOSTEN

Mao (1893–1976) bij een parade met de Rode Gardisten in Beijing. Zijn aanhangers zwaaien hem toe met het 'rode boekje'.

Het belangrijkste concept in de filosofie van Mao is conflict. Hij schreef: 'Het conflict is universeel en absoluut, het is aanwezig in het ontwikkelingsproces van alle dingen en doordringt elk proces van begin tot eind.' Marx' model van de geschiedenis is gebaseerd op het principe van het conflict: de heersende klasse en de onderdrukte klasse, kapitaal en arbeid zijn constant in conflict. Op een dag zal dit tot een crisis leiden en zal de arbeidersklasse overwinnen. Uiteindelijk zal de nieuwe situatie tot een volgende crisis leiden, maar volgens Marx is het logische einde van alle ontwikkelingen een stabiel en gelukkig evenwicht, terwijl Mao denkt dat het conflict 'universeel en absoluut' is en dus van blijvend karakter. Het conflict heeft in het denken van Mao iets weg van de oude *yin-yang*-filosofie.[81] Het lijkt bijna een geloofsartikel, zoals mag blijken uit het volgende stuk, *Over het conflict*:

> *De wetenschappen zijn verdeeld op basis van de specifieke conflicten die inherent zijn aan de objecten van hun onderzoeksveld. Het conflict vormt dus de basis van een bepaalde discipline. Bijvoorbeeld positieve en negatieve getallen in de wiskunde; actie en reactie in de mechanica; positieve en negatieve elektriciteit in de natuurkunde; aantrekking en afstoting in de scheikunde; productiekrachten en productierelaties, klassen en klassenstrijd in de sociale wetenschap; aanval en verdediging in de krijgskunde; idealisme en materialisme, het metafysische en het dialectische perspectief in de filosofie; enzovoort. Dit zijn allemaal onderwerpen van studie voor verschillende disciplines want elke discipline heeft zijn specifieke conflict en zijn eigen essentie.*[82]

Mao's voorbeelden van 'conflicten' in de verschillende disciplines zijn afkomstig van Lenin. Sommige analogieën zijn overtuigend, andere niet. Positieve en negatieve getallen zijn een slecht voorbeeld van de marxistische dialectiek, want hun tegenstelling is niet dynamisch: er komen slechts nieuwe positieve of negatieve getallen uit voort. Mao begeeft zich op nog onvastere grond wanneer hij beweert dat deze 'conflicten' de essentie zijn van de bijbehorende disciplines. Positieve en negatieve getallen zijn niet de 'essentie' van de wiskunde, evenmin als de metafysica en de dialectiek de essentie van de filosofie vormen. Mao was goed opgeleid en zijn misvattingen kunnen alleen verklaard worden uit een obsessie voor het idee van het conflict. Een obsessie die ook zijn politiek bepaalde, zoals we zullen zien.

Het tweede belangrijke concept van Mao is zijn theorie over kennis, ook ontleend aan het marxisme. Mao beweert in zijn essay *Over de praktijk* dat kennis voortkomt uit ervaring van de fysieke wereld en dat ervaring hetzelfde is als betrokkenheid.

> *Als je kennis zoekt, moet je deelnemen aan de veranderende werkelijkheid. Als wilt weten hoe een peer smaakt, moet je de peer veranderen door hem op te eten. Als je de structuur en eigenschappen van een atoom wilt kennen, moet je natuurkundige en scheikundige experimenten uitvoeren om de staat van het atoom te veranderen. Als je de theorie en methoden van de revolutie wilt kennen, moet je eraan deelnemen. Alle echte kennis komt voort uit directe ervaring.*

Pas als men de ervaring heeft gehad, kan men de 'sprong' maken naar de conceptualisering ervan tot kennis. Daarna wordt de kennis weer in praktijk gebracht, wat tot nieuwe waarnemingen leidt. Mao toont hier niet alleen affiniteit met het marxisme, maar ook met het neoconfucianisme van **Wang Yangming** (1472–1529). Wang nam een tegenovergestelde positie in ten opzichte van Mao. Hij was een idealist en voor hem bestond de wereld geheel in de geest. Niettemin beschouwde hij, net als Mao, kennis en actie als hetzelfde. Deze opvatting beïnvloedde latere filosofen als Kang Youwei (1858–1927). Kang's utopisme was een belangrijke niet-marxistische invloed op Mao.

We zullen nu bekijken hoe Mao's ideeën in praktijk werden gebracht. Hij onderscheidt twee soorten conflict: het 'antagonistische' en het 'niet-antagonistische'.[83] Het antagonistische conflict kan alleen door strijd opgelost worden, terwijl het niet-antagonistische conflict opgelost kan worden door discussie. De conflicten tussen het proletariaat en de heersende klassen waren antagonistisch, maar de conflicten tussen het volk en de Communistische Partij waren dat (volgens Mao) niet. In 1956 kondigde Mao een nieuwe politiek van intellectuele vrijheid aan als reactie op de toenemende druk uit de Communistische Partij om de tirannie van het stalinisme te vermijden. De leus die erbij hoorde, was: 'Laat honderd bloemen bloeien en honderd denkrichtingen wedijveren.' De politiek mislukte echter en resulteerde in toenemende kritiek en ontevredenheid. Mao vond dat de intellectuelen hem hadden verraden en vervolgde hen fanatiek om hun ideeën. In een jaar tijd werden ongeveer 700.000 'rechtse' intellectuelen gearresteerd en tewerkgesteld op het land.

Ondanks deze ervaring hanteerde Mao het politieke conflictmodel om zijn greep op de macht te behouden en het principe van het conflict om zijn idee van de 'constante revolutie' te verwerkelijken. Mao geloofde dat bij elke revolutie uiteindelijk contrarevolutionaire elementen zouden ontstaan binnen de nieuwe machtsstructuur. Hij voerde herhaaldelijk zuiveringen uit onder degenen die hij zag als of uitriep tot vijanden van de revolutie. De meest dramatische daarvan was wel de Culturele Revolutie in 1966. Over de hele wereld rebelleerden studenten tegen de gevestigde orde in de jaren zestig. Alleen in China moedigden de leiders hen aan en hielpen hen zelfs. Op de universiteiten formeerden honderdduizenden studenten en docenten spontaan eenheden van de 'Rode Garde' om barbaarse aanvallen uit te voeren op de vermeende contrarevolutionaire bureaucratie. Binnen enkele maanden stond China op het punt van instorten en Mao was gedwongen om het leger in te zetten om de Rode Gardisten in bedwang te houden. De situatie liep volledig uit de hand en resulteerde in een burgeroorlog tussen het leger, de Rode Garde en andere partijen, die pas eindigde in 1968.

Mao als jongeman

De andere grote ramp in Mao's carrière was de 'Grote Sprong Voorwaarts' in 1958, waarbij het platteland compleet werd gereorganiseerd en overal volkscommunes werden gevormd. Dit was de derde grote omwenteling in een paar jaar tijd – alle ingegeven door Mao's passie voor revoluties – en bleek economisch desastreus. De volkscommunes waren veel te grote en onhandelbare eenheden en men schat dat er 19 miljoen mensen zijn overleden aan honger en ziekten.

Het is een interessante vraag of Mao een totale breuk met het verleden vormt of dat hij, ondanks zijn verwerping ervan, door de Chinese filosofie was beïnvloed. In een aantal opzichten kun je zeggen dat het confucianisme de weg heeft bereid voor het maoïsme. Ten eerste hebben beide filosofen een ethisch en sociaal perspectief, waarin de noden en verlangens van het individu ondergeschikt zijn aan die van de groep. Ten tweede verkiest Mao activiteit boven reflectie, wat ook de confucianisten deden. Zoals we zagen in het citaat hierboven vond Mao dat men alleen door ervaring iets kan leren, ervaring door economische activiteit. Ten derde was de confucianistische 'doctrine van het midden' van invloed op de politieke praktijk van Mao: zoals het hoorde liet hij een periode van turbulente veranderingen volgen door een periode van kalmte en rust, soms zelfs enkele veranderingen van de omwenteling terugdraaiend, als voorbereiding op het nieuwe tumult. Ten vierde vertrouwt ook het confucianisme niet op de kracht van God. Over het algemeen gesproken echter

Mao, in gezelschap van enkele van zijn getrouwen, passeert de rijen revolutionairen tijdens een parade in Beijing.

zijn de verschillen groter dan de overeenkomsten. Het is misschien beter om te zeggen dat Mao inzag dat het communisme het best zou functioneren in het verlengde van al bestaande ideeën in de Chinese cultuur. Zo bezien vormen de confucianistische elementen eerder slimme adaptaties dan werkelijke grondslagen van zijn filosofie.

In veel opzichten heeft zijn filosofie meer verwantschap met het taoïsme en de traditionele filosofieën die zijn gebaseerd op *yin* en *yang* en de 'vijf elementen'. Mao identificeerde zich met de verdrukten, kwam op voor de rechten van de vrouw en verzette zich tegen de gevestigde orde, de hoogopgeleide klassen en hun technische kennis. Dat doet denken aan de op *yin* gebaseerde taoïstische ethiek van **Laozi**. En Mao's constante revolutie kan gezien worden als een echo van het revolutionaire principe van de 'vijf elementen-theorie' waarin de elementen om beurten het middelpunt vormen. In het hoofdstuk over **Hanfeizi** zagen we hoe taoïstische ideeën misbruikt konden worden voor tirannie als de Weg (Tao) samenvalt met de weg die door de tiran wordt uitgestippeld. Mao had trekken van de mythische koning-wijze, wiens visie de Weg was. Hij werd in ieder geval als zodanig vereerd, zeker in zijn latere jaren. In dat licht wordt Mao's meedogenloosheid een deugd: alleen hij kon het heilig vuur brandend houden, terwijl anderen zich lieten verleiden door de kapitalistische ideologie. Vaak werd dat hun dood, maar aan de praktijk van zelfverloochening en heropvoeding hangt de geur van een mystieke Weg, waarbij Mao het Mandaat van de Hemel had.

Een kwart eeuw na Mao's dood lijkt China zich hersteld te hebben van een zware periode, veel beter dan bijvoorbeeld Rusland. Het economische lot van de gemiddelde Chinees is verbeterd. Critici zijn het er niet over eens of ze Mao moeten prijzen voor zijn verheffing van de boeren of laken om zijn desastreuze vergissingen.

KOREAANSE FILOSOFIE

De sleutelfiguren in het Koreaanse zenboeddhisme zijn degenen die wilden aantonen dat hun anti-intellectualistische en anti-dogmatische tendensen verenigd konden worden met een zeer complex systeem als het Huayen-boeddhisme.

Een Koreaans meisje bidt, omkranst door het morgenlicht.

Korea heeft als het kleine buurland van China vaak in zijn schaduw moeten staan. In de boeken over religie en filosofie wordt het vaak alleen behandeld als doorvoerland van invloeden in oostelijke richting, als zou het zelf niets hebben bijgedragen. De recente geschiedenis van Korea heeft die situatie niet verbeterd. In 1910 werd het door Japan geannexeerd en later verdeeld in het hermetisch gesloten Noord-Korea en het democratische Zuid-Korea. In de 20ste eeuw viel het ten prooi aan buitenlandse invloeden, wat onvermijdelijk tot een verwaarlozing van de eigen cultuur leidde. De laatste tijd is er sprake van hernieuwde belangstelling en probeert men tot een meer afgewogen oordeel te komen over Korea's filosofie.

In een boek als dit echter kunnen alleen de belangrijkste richtingen worden behandeld. Korea heeft voornamelijk een bijdrage geleverd aan de Chinese traditie van het confucianisme en het boeddhisme in Chinese stijl.[84] Daarom zullen we de centrale figuren niet apart, maar bij elkaar bespreken.

Het boeddhisme moet als eerste genoemd worden. De twee belangrijkste Chinese vormen ervan, zowel wat hun invloed als hun typisch Chinese karakter betreft, zijn het Chan- of zenboeddhisme en het Huayen-boeddhisme of het 'boeddhisme van de Bloemenslinger'. Het laatste was een verfijning van het orthodoxe Mahāyāna-boeddhisme en beschouwde zich als de top van duizend jaar boeddhistisch denken, die alle eerdere vormen incorporeerde en te boven ging. Het was gebaseerd op de *Avatamsaka Sūtra* ('Sūtra van de Bloemenslinger') en al vanaf de begintijd hebben Koreaanse boeddhisten er een belangrijke rol in gespeeld. De centrale persoon in het Huayen-boeddhisme was **Fazang** en de invloed van Koreaanse denkers, vooral Wānhyo (617–686), wordt besproken in het hoofdstuk over

Fazang in het deel over China. Wānhyo was ook belangrijk omdat hij een talent had voor synthese en unificering, iets wat veel Koreaanse filosofen kenmerkt. Hij hoopte dat het boeddhisme de staatsreligie zou worden en spande zich onvermoeibaar in voor de werving van volgelingen. Hij stichtte de Popsong- of Dharmanatuur-school. Wānhyo bestudeerde de verschillende boeddhistische scholen, zoals het Yogācāra- en het Madhyāmika-boeddhisme (in China bekend als Tiantai). Hij typeerde ze aan de hand van een soort *via positiva* en een *via negativa*. De eerstgenoemde school probeerde volgens Wānhyo naar een hoger bewustzijn te klimmen en de laatstgenoemde probeerde alle valse denkbeelden die in de weg staan kwijt te raken. Hij propageerde ook een esoterische vorm van boeddhisme, waarvan de doctrines alleen aan ingewijden werden onthuld.

Het zenboeddhisme viel in minder goede aarde in Korea. Daarom zijn de sleutelfiguren degenen die probeerden aan te tonen dat het anti-intellectualisme en antidogmatisme ervan verenigd konden worden met een zeer complex systeem als het Huayen. Uich'on (1055–1101) werd in China tot Tiantai-priester gewijd en probeerde een klooster te stichten waar Tiantai (in Korea Ch'on'tae genoemd) en zen (in Korea: Sēn) werden samengebracht. Hij slaagde er uiteindelijk niet in, maar de zenboeddhist Chinul (1158–1210) bereikte dat doel een eeuw later. Hij was de eerste in Korea die het gebruik introduceerde van de kernachtige paradoxen die bekendstaan als *kungan* in Korea en als *koan* in Japan. Hij liet zien dat de experimentele zenbenadering gecombineerd kon worden met een geleidelijker, meer op schriftelijke studie gebaseerd boeddhisme, net als de Japanse zenmeester **Dōgen** een generatie later zou doen. Hij stichtte de Chogye-school voor zenboeddhisme en beijverde zich om van zen de dominante richting in het Koreaanse boeddhisme te maken.

Het confucianisme kreeg echter een steeds vastere grond onder de voeten in deze periode en in de Choson-dynastie (1392–1910) werd het al snel tot staatsreligie verheven. In deze periode was Korea nog confucianistischer dan China, omdat de rivaliserende richtingen minder sterk waren. De rijkste tijd van het Koreaanse confucianisme was de 16de eeuw, met Yi T'oegye (1501–1570) en Yi Yulgok (1536–1584). De dominante filosoof van het neoconfucianisme was **Zhuxi**, wiens school in China werd tegengestreefd door de idealistische richting van **Wang Yangming**, die stierf in 1529. Yi T'oegye en Yi Yulgok, die sterker verwant zijn aan Zhuxi, werkten een aantal van de belangrijkste denkbeelden van Zhuxi uit, soms met meer succes dan hun Chinese tijdgenoten.

HET VERRE OOSTEN

JAPANSE FILOSOFIE

Van alle oosterse tradities die behandeld worden in dit boek, hebben er maar weinig werkelijk gereageerd op de uitdaging van de westerse moderniteit en ideologieën als het kapitalisme en het communisme . . . Alleen in Japan zijn de westerse invloeden geaccepteerd en creatief opgenomen.

Boeddhistische monniken in de sneeuw bij het Shingon-klooster in Koyasan, Japan.

De Japanse filosofie is net als de Koreaanse grotendeels gebaseerd op Chinese denkrichtingen. De voornaamste voor Japan is het boeddhisme, gevolgd door het confucianisme. Het taoïsme heeft een veel kleinere rol gespeeld, maar heeft wel invloed uitgeoefend op het zenboeddhisme. De inheemse religie, shinto, wordt hier niet behandeld.

Hoewel er veel Japanse denkers zijn geweest, wordt in dit boek alleen in detail gekeken naar een paar van de meest originele. Daarom slaan we de vroege periode over en beginnen we bij het boeddhisme van de 12de en 13de eeuw. In die periode ontstonden de meest karakteristieke Japanse vormen. Een belangrijke rol speelde het concept van de 'periode van degeneratie' of *mappō*, waarin door het verval van de cultuur Boeddha's doctrines nauwelijks in praktijk gebracht konden worden. Dit idee had specifieke gevolgen in Japan. Ten eerste leidde het tot het ontstaan van verschillende 'gemakkelijke' boeddhistische methoden, waaronder de nieuwe Reine Land-school. Ten tweede erodeerden daardoor de elitaire eisen die aan aspirant-leerlingen werden gesteld. En ten derde zette het aan tot een soort boeddhisme van het gewone leven, dat weer voeding gaf aan zenpraktijken zoals schilderen, tuinieren en de theeceremonie.

Tot de 'gemakkelijke' methoden behoorden, zoals gezegd, die van de Reine Land-school. Dit is een oude boeddhistische richting met wortels in vroege Chinese en Indiase tradities, die de macht van Boeddha over individuen centraal stelt. Het Reine Land is een soort hemel, die wordt beheerst door de Amida-Boeddha, een transcendent wezen waarvan de historische Boeddha slechts een *avatar* (incarnatie) zou zijn. Het doel van het Reine Land-boeddhisme is om daar herboren te worden waar de Amida-Boeddha onderricht zal geven dat tot verlichting leidt. **Honen** en **Shinran** waren zeer vernieuwend in hun interpretatie van deze leer. In reactie op hen ontwikkelde **Nichiren** zijn eigen vorm van 'gemakkelijk' Tendai-boeddhisme gebaseerd op de *Lotus Sūtra*.

Een andere belangrijke ontwikkeling in deze periode was de succesvolle introductie van het zenboeddhisme. Die had niet zozeer te maken met de 'gemakkelijke' methoden als wel met een drang naar anti-intellectualisme en anti-elitarisme. De Rinzai-school, gericht op plotselinge verlichting, werd gesticht door **Eisai** en de richting van het Soto-zenboeddhisme, die geleidelijke verlichting nastreefde, door zijn leerling **Dōgen**, een van de grootste denkers van alle oosterse filosofieën. Maar het Rinzai-zenboeddhisme is nu invloedrijker, vooral door toedoen van de 18de-eeuwse monnik Hakuin. Hij boog Rinzai om tot een praktische doctrine voor de armen. Daarnaast schreef hij veel *koans*, waaronder zeer beroemde zoals: 'Het geluid van twee klappende handen kennen we; maar luister naar het geluid van één klappende hand.' Hij was ook een pionier op het gebied van kalligrafie als zenactiviteit. Hoewel het zenboeddhisme oorspronkelijk Chinees is, komt zijn huidige vorm, en de naam, uit Japan. Het is inmiddels ingebed in veel aspecten van de Japanse kunst en cultuur.

De interessantste ontwikkelingen in de Japanse filosofie zijn echter die van de 20ste eeuw. Van alle oosterse tradities die behandeld worden in dit boek hebben er maar weinig gereageerd op de westerse moderniteit en ideologieën als het kapitalisme en het communisme. De islam, het hindoeïsme en het moderne confucianisme baseren zich nog steeds op oud gedachtegoed. Alleen in Japan is de westerse invloed op een creatieve manier verwerkt door figuren als **Nishida** van de Kyoto-school.

Hierna worden de 12de en 13de eeuw besproken, waarin de karakteristieke vormen van het boeddhisme ontstonden, en de filosofie van Nishida als voorbeeld uit de 20ste eeuw.

Japanse kinderen oefenen in kalligrafie met een 'fude'-penseel.

HONEN
1113-1212

In de 12de eeuw was het Japanse boeddhisme in verval. Sommige kloosters waren decadent en 'nalatig' geworden, andere huurden soldaten voor bescherming en werden vestingen. De eerste grote boeddhistische hervormer was Honen, die het verval wilde tegengaan met een vorm van boeddhisme die eenvoudiger en directer was. Dat kwam voort uit het concept van *mappō*: een theorie over het verval van het boeddhisme sinds de tijd van Boeddha. Honen geloofde dat hij in het derde en laatste stadium leefde.

Honen is de stichter van het Reine Land-boeddhisme als een aparte school – het was in Japan altijd al onderdeel van het Tendai- en Shingon-boeddhisme. Hij had een klassieke training gehad als Tendai-monnik op de berg Hiei. Rond 1175 had hij bepaald wat de beste en meest effectieve boeddhistische oefening was: het eindeloos chanten van 'Amida-Boeddha zij geloofd', wat bekend stond als *nembutsu*. De Amida-Boeddha is de centrale godheid van het Reine Land-boeddhisme. Deze sekte ontstond in India en geloofde dat men gereïncarneerd zou worden, niet op aarde maar in het Reine Land als men genoeg verdiensten had opgebouwd in het leven. Dat Reine Land was een soort hemel waarin de leerling zich kon vervolmaken totdat hij de boeddha-natuur had bereikt. Deze wedergeboorte had een absoluut karakter: het was zeker dat men de verlichting zou bereiken als men in het Reine Land was.

Honen erkende dat zijn reductie van de boeddhistische praktijk tot de *nembutsu* zeer radicaal was, dus hij probeerde het, behalve voor directe leerlingen, geheim te houden. Hij schreef zijn leer uit met de instructie dat die pas na zijn dood geopenbaard mocht worden. Maar er lekte informatie naar buiten en Honen werd met enkele volgelingen (waaronder **Shinran**) enige tijd verbannen. Later werd hun gratie verleend, maar hun relatie met de orthodoxe richtingen bleef problematisch[85].

Honen en zijn leerling Shinran worden wel vergeleken met Luther, de protestantse hervormer van het christendom. In plaats van zich te richten op het vergaren van steeds meer verdienste, om zo het Reine Land te bereiken, benadrukte Honen de bemiddeling van de Amida-Boeddha, die een eed zou hebben afgelegd dat iedereen die zijn naam zou zeggen het Reine Land zou binnengaan. Het was dus niet nodig om iets anders te doen of te mediteren of om zelfs maar de betekenis van de *nembutsu* te kennen: opzeggen was genoeg. Zelfs het verlangen naar verlichting – tot dan toe de essentiële eerste stap in het boeddhisme – was niet nodig. De 'gemakkelijke' weg van de *nembutsu* contrasteerde met de moeizame weg via eigen inspanningen. Honens methode is gebaseerd op geloof, niet op verdienste of menselijke deugd.

SHINRAN
1173–1263

Het Japanse Reine Land-boeddhisme werd gesticht door **Honen**, die de 'gemakkelijke' praktijk onderwees van het opzeggen van de *nembutsu*-formule als de weg naar verlichting. Zijn terughoudendheid ten aanzien van zijn leer zorgde voor enige onzekerheid onder zijn leerlingen. Shinran, zijn belangrijkste leerling, richtte uiteindelijk zijn eigen Ware Reine Land-school op, die gezien kan worden als de apotheose van het Reine Land-boeddhisme. De Amida-Boeddha, de aanbeden godheid in deze richting, moet gezien worden als het transcendente wezen van de historische Boeddha. De boeddha Siddhārtha Gautama is bekend als Shākyamuni, 'de wijze van de Shākya [clan]'. Hij wordt niet beschouwd als een gewoon menselijk wezen – zoals in het Theravāda-boeddhisme – maar als een incarnatie van Amida.

Shinran was een van degenen die in 1207 met Honen werden verbannen naar Echigo aan de kust. Daar nam hij de bijnaam Gutoku aan, wat 'de gekke' of 'de stoppelige' betekent, en trouwde. Hij verhuisde naar de regio Kanto, woonde twintig jaar tussen leken en kreeg een aanzienlijke aanhang. Toen hij in de zestig was, keerde hij terug naar Kyoto, waar hij zijn filosofie op papier zette. Net als Honen had Shinran een frisse benadering van het boeddhisme; bescheiden en gegrond op het vertrouwen in de gratie van Amida-Boeddha. Shinran voerde de 'gemakkelijke' weg nog verder door dan Honen. Amida had een eed gedaan dat iedereen die zijn naam zou herhalen, herboren zou worden in het Reine Land; Shinran zei dat één keer de *nembutsu* uitspreken al genoeg was.

Dat betekende niet dat de gelovigen zeker mochten zijn van hun redding. Aan het volledige vertrouwen in Amida koppelde Shinran de afwijzing van elke vorm van persoonlijke trots. Honen had de traditionele boeddhistische eis dat de leerling naar verlichting verlangt verworpen. Shinran verwierp alle manifestaties van het egoïstische zelf. *Ekō* of 'overdraagbare verdienste' wordt gewoonlijk zo uitgelegd dat de verdiensten die een individu heeft opgebouwd, worden aangewend voor de verlichting van alle anderen, zonder onderscheid. In de unieke interpretatie van Shinran moet *ekō* niet als een persoonlijke verdienste worden gezien, maar als een genadewerk van Amida zelf.

Het doel van de Reine Land-praktijk is traditioneel om herboren te worden. Maar het individu heeft als het zover is, een punt bereikt vanwaar hij niet kan terugkeren en waar verlichting zeker is. Shinran benadrukt in plaats daarvan het verwerven van *shinjin* of de boeddha-geest. Dit is een staat van zijn waarin er geen dualiteit meer is en waarin de echte realiteit hetzelfde is als *samsāra* ofwel de cyclus van wedergeboorten. Voor Shinran was het punt van 'onomkeerbaarheid' gelijk aan het bereiken van *shinjin*. Dit betekent dat het Reine Land bij hem niet zozeer een plaats is waar de verlichting kan worden bereikt, maar gewoon de laatste stap op weg naar het *Nirvāna*. Het verlichte wezen keert vervolgens terug naar de aarde om alle andere zielen tot de boeddha-natuur te brengen.

Het Ware Reine Land-boeddhisme vertegenwoordigt een uiterste in het boeddhisme, waarin Gautama's nadruk op goede werken en goede bedoelingen bijna geheel afwezig is. Desondanks zijn Shinrans mededogen, nederigheid en praktische toepassing van boeddhistische principes een voorbeeld van hoe de idealen van de echte Boeddha gerealiseerd kunnen worden langs een ogenschijnlijk ongewone weg. Net als Christus waarschuwde Shinran voor de zogenaamd 'heilige' man en hij leerde dat de zondige even gemakkelijk gered kon worden. Zijn benadering van het boeddhisme is karakteristiek vanwege de typisch Japanse waardering voor vroomheid. Zij is ook een spiritualiteit van alledag, een tendens die ook herkenbaar is in het geheel anders gerichte zenboeddhisme.[86]

Kolossaal bronzen beeld van de Amida-Boeddha bij Yokohama in Japan.

EISAI
1141–1215

Het verval van het Tendai-boeddhisme en het gevoel dat het einde der tijden naderde, leidde tot allerlei hervormingsbewegingen in Japan. Aan het ene uiterste was er het Ware Reine Land-boeddhisme van **Shinran**, die zich op de goddelijke bemiddeling van Amida-Boeddha richtte. Aan het andere het Rinzai-zenboeddhisme van Eisai, dat de menselijke vermogens benadrukte.

Eisai was opgeleid in de orthodoxe Tendai-traditie en bezocht China toen hij 28 was om manuscripten te verzamelen. Ongeveer twintig jaar later maakte hij een tweede reis, waarop hij een zenmeester ontmoette die hem instrueerde en verklaarde dat hij verlichting had bereikt. Hoewel Eisai beweerde dat de grote boeddhistische monnik Saicho (764–822), stichter van de Tendai-school, het zenboeddhisme al kende en goedkeurde, kan Eisai als de initiator ervan in Japan worden beschouwd. Hij introduceerde niet alleen de op *satori* of 'plotselinge verlichting' gerichte meditatietechniek in Japan, hij gaf het zenboeddhisme ook een typisch Japans karakter.

Net als de Reine Land-richting had Renzai een grote liefde voor het gewone, wat leidde tot de sacralisering van seculiere activiteiten zoals thee drinken. Eisai introduceerde de thee in Japan (vanuit China) en schiep de theeceremonie. Thee was niet alleen een middel om de monniken wakker te houden, het maken en serveren ervan werd zelf een vorm van meditatie. Zo zijn veel zenactiviteiten, zoals boogschieten, tuinieren, bloemschikken en kalligrafie, een typisch onderdeel van de Japanse cultuur geworden.

Gebruiksvoorwerpen voor het maken van thee in een Japans huis.

DŌGEN
1200–1253

Dōgen was van aristocratische komaf. Zijn vader stierf toen hij twee was en zijn moeder toen hij zeven was. Hij beschreef dat de aanblik van de opstijgende en verdwijnende wierook op haar begrafenis hem het directe besef van de vergankelijkheid van alle dingen gaf. Hij ambieerde geen carrière aan het hof en werd op 13-jarige leeftijd ingewijd als boeddhistische monnik. Ontevreden over de decadentie van de Japanse Tendai-sekte verliet hij na korte tijd de berg Hiei en ging in de leer bij de oude **Eisai**, oprichter van de Rinzai-sekte in Japan. Hij was diep onder de indruk van Eisai, die in 1214 overleed. Daarna reisde de 14-jarige Dōgen drie jaar rond, waarna hij weer terugkeerde om bij Eisai's belangrijkste leerling Myozen te studeren. Toen hij 23 was, stelde hij Myozen voor om naar China te gaan en het zenboeddhisme te bestuderen.[87] Dōgen vond de manier waarop Rinzai-zen in China werd beoefend zeer onbevredigend, maar de ontmoeting met de abt Rujing van de zensekte Caodong (Tsaotung) veranderde zijn leven. Rujing erkende Dōgens kwaliteiten en benoemde hem tot zijn officiële opvolger. Dōgen keerde terug naar Japan, waar Caodong bekend is als Soto-zen.

Wat Dōgen al vanaf het begin van zijn tijd als Tendai-monnik onbevredigend had gevonden, was het Tendai-concept van twee niveaus van verlichting: *hongaku* of 'oorspronkelijke verlichting' en *shikaku* of 'verworven verlichting'. Als iedereen *hongaku* al zou bezitten, waarvoor moest men zich dan nog inspannen? Dōgen begreep niet waarom al verlichte boeddha's moesten oefenen om wijsheid te bereiken. Dōgen zag dat het boeddhisme slap was geworden en niet meer in staat was om de theorie goed te doorgronden en de praktijk goed in te richten. De overheersende visie was fatalistisch: de waarheden van het boeddhisme werden eens begrepen, maar waren nu onbegrijpbaar geworden. Een van de reacties hierop was de roep om een 'gemakkelijke' methode. Dōgen verwierp het fatalisme: 'Als je geen verlichting zoekt in het hier en nu omdat je in de Periode van de Vervallen Wet leeft of vanwege de verloedering – wanneer denk je haar dan te bereiken?'

Dōgens koppige weigering om middelmatigheid te accepteren in enig aspect van het boeddhisme leidde tot de opmerkelijke wedergeboorte van Soto-zen. Terwijl Rinzai plotselinge verlichting najoeg met behulp van *koans*, volgden de monniken van Soto-zen een geleidelijk pad van *zazen* (constante meditatie). Dōgens typisch Japanse vorm van Soto-zen maakt echter gebruik van *zazen* én *koans*. Dōgen paste de *koans* op een andere manier toe, met subtielere inter-

Een boeddhistisch tempeltje in Japan.

pretaties. Terwijl de Rinzai-richting *koans* gebruikte om het gewone denken te doorbreken en zo een plotseling besef te bereiken, konden ze volgens Dōgen ook de uitdrukking zijn van de essentiële leegte (*shūnyata*) in alles.

Rinzai-zen correspondeert met de Yogācāra-school ('Bewustzijn Alleen') en wil het gewone bewustzijn overwinnen met behulp van de hoofdbrekende *koan*-techniek. De *koan* ondergraaft de gewone manier van zien en maakt de weg vrij voor het werkelijke bewustzijn. Soto-zen, zoals onderwezen door Dōgen, correspondeert daarentegen met de Madhyāmika-school (school van de 'Middenweg'), gesticht door **Nāgārjuna**. De Middenweg betekent de weigering om de werkelijkheid van wat dan ook te ontkennen of te bevestigen. Rinzai verwerpt het gewone bewustzijn; Soto stelt het gewone en het hogere bewustzijn op hetzelfde niveau. Dat verklaart de oude paradox dat *Nirvāna* en *samsāra* hetzelfde zijn. Geen van beide heeft een absolute realiteit. Het boeddha-bewustzijn is niet het werkelijke bewustzijn dat een ander bewustzijn als vals ontmaskert, maar het constante besef dat alle bewustzijnsstaten van voorbijgaande aard zijn.

Dōgen gaat nog verder dan Nāgārjuna in zijn bewering dat de boeddha-natuur zelf onophoudelijk verandert en onderworpen is aan de tijd. Nāgārjuna's concept van de leegte dient om een nieuwe basis voor de werkelijkheid te creëren. Afgezien van zijn boeddhistische ornamenten lijkt dat sterk op het hindoeïsme. Voor Nāgārjuna is de leegte de enige rustplaats. Maar Dōgen heeft, net als de Mensenzoon, geen plek om zijn hoofd neer te leggen. Zijn visie is niet gemakkelijk te begrijpen, combineert innerlijke waakzaamheid en oefening met een constante aandacht voor wereldse zaken. Een leek kan de noodzaak van oefening niet ontkennen, een monnik kan de wereld niet ontkennen. Dat hoeft niet te leiden tot een middelmatig compromis. Dōgen verwelkomde iedereen in zijn kloosters, ongeacht zijn talent, geslacht of achtergrond. Zijn criterium was oprechtheid. Hij lichtte de weg van de 'Boeddha in spe' toe met: 'I ben zo-zijn, jij bent zo-zijn.' Nāgārjuna verkondigde de leegte van alles, Dōgen de volheid:

> 'Wanneer het zelf naar voren treedt en de myriaden dingen bevestigt, is dat misleiding; wanneer de myriaden dingen naar voren treden en het zelf bevestigen, is dat verlichting.' Het probleem ligt niet buiten ons, het is ons geloof dat er een buiten is, ons verlangen om een deel van de werkelijkheid 'ik' te noemen in plaats van de totale werkelijkheid te ervaren.

De nadruk van Soto-zen op meditatie doet denken aan de leer van het oude Theravāda-boeddhisme, maar zonder het zich afkeren van de wereld. Dōgen is ook een groot dich-

Dōgen

ter, wiens visie op de natuur taoïstische trekken heeft. In zijn nadruk op oefening ging Dōgen tegen de stroom van de tijd in. Het was moeilijk voor de Soto-school om te bloeien naast de snellere methoden die minder elitair leken. Desondanks wordt Dōgen door velen beschouwd als de grootste Japanse filosoof en boeddhistische meester. Zijn lucide inzichten worden nog steeds bediscussieerd en leidde tot de opvallende wedergeboorte van het moderne zenboeddhisme als de misschien wel enige oosterse filosofie die zich volledig, maar op eigen voorwaarden, inlaat met het Westen.

NICHIREN
1222–1282

De grote hervormingen van het Reine Land- en het zenboeddhisme in de 12de eeuw kwamen voort uit het idee dat men in het derde en laatste stadium verkeerde van het boeddhisme, een stadium van verval (*mappō*). Als reactie hierop zochten ze naar een 'gemakkelijke weg' om in een tijd van anarchie en religieus verval verlossing te bereiken. De derde grote beweging die hieruit voortkwam was die van Nichiren, een strijdlustige en felle monnik, die zich keerde tegen de politieke heersers van zijn tijd.

Opgeleid in de traditie van het Tendai-boeddhisme geloofde Nichiren dat de essentie van het boeddhisme te vinden was in de *Lotus Sūtra*. Geheel tegen de geest van het boeddhisme in bestreed hij alle andere sekten als ketters en probeerde ze te laten verbieden. Vooral het Reine Land- en het zenboeddhisme beschouwde hij als afvallige noviteiten. Hij wees op natuurrampen en de dreigende invasie van de Mongolen onder Kublai Khan als aanwijzingen dat Japan het ware pad van de *Lotus Sūtra* had verlaten. Hij werd twee keer verbannen vanwege zijn opstandigheid en toen een derde keer in aantocht was, trok hij zich, op hoge leeftijd, met leerlingen terug op de berg Minobu. De politieke betrokkenheid van Nichiren was op zijn zachtst gezegd ongebruikelijk, maar niet succesvol. In latere tijden kreeg hij veel invloed door zijn hartgrondig nationalisme en zijn verlangen om 'het kussen van Japan, de ogen van Japan, het grote schip van Japan' te zijn. Verschillende nieuwe bewegingen en religieuze richtingen waren geïnspireerd op Nichirens ongewone boeddhisme, dat nu nog gedijt.

Net als de Reine Land-boeddhisten **Honen** en **Shinran** reduceerde Nichiren zijn praktijk tot het absolute minimum. Volgens hem was het reciteren van een heilige formule, *Namu Myōhōrengekyō* ('Geloofd zij de Lotus van de Ware Wet') genoeg om verlost te worden. Zoals zijn voorgangers beweerde hij dat het niet nodig was om de *Lotus Sūtra* te begrijpen: de woorden alleen waren genoeg. Zelfs als iemand pauzeerde tijdens het reciteren van de ketterse formule van het Reine Land, de *nembutsu,* zou men verlichting bereiken. Nichiren was de enige grote figuur uit zijn tijd die leerde dat ook vrouwen verlichting konden bereiken – waarover enige discussie bestond – zonder eerst tot man gereïncarneerd te zijn.

HET VERRE OOSTEN

Beeld van Nichiren op de top van de Asahi-ga-Mori-heuvel op de berg Kiyosumi, Japan.

NISHIDA KITARO
1870–1945

De twee belangrijkste figuren van de moderne Japanse filosofie zijn D.T. Suzuki en Nishida Kitaro. Beiden zijn beïnvloed door het zenboeddhisme en hebben zich grondig verdiept in de westerse filosofie. Suzuki en Nishida waren al bevriend op school en onderhielden hun hele leven nauw contact. Suzuki was een van de afgevaardigden naar het Wereldparlement van Religies in 1893[88] en speelde een belangrijke rol in de vergelijkende studie van westerse en oosterse denkrichtingen. Nishida creëerde daarentegen een oorspronkelijke en natuurlijke synthese van beide. Zijn richting, die bekend werd als de Kyoto-school, vormt de interessantste reactie op de uitdagingen van het Westen.

Nishida wijdde zijn hele leven aan studie en onderwijs, een leven dat zo saai was als dat van Kant, die hem sterk beïnvloedde. Hij omschreef zijn leven ooit als bestaande uit twee delen: de eerste helft keek hij naar een schoolbord, de tweede stond hij ervoor les te geven. 'In mijn relatie tot het schoolbord heb ik één ommekeer meegemaakt – en daarmee is mijn biografie compleet.'

Nishida's filosofie volgt onvermoeibaar de lijnen van de logica, maar in het voorwoord van een werk uit 1917 geeft hij toe: 'Na een lange worsteling met het Onkenbare gelastte de logica mij om mij over te geven aan de mystiek.' Nishida beoefende zenmeditatie in zijn jonge jaren en het merendeel van zijn werk kan gezien worden als een poging om die ervaring te onderzoeken. In de visie van Nishida brengt intellectualisme de denker maar tot een bepaald punt; logica, zoals Gödel in 1925 zou bewijzen, toont de tekortkomingen van de logica aan. De mystiek, ofwel het streven naar directe waarneming van het transcendente, heeft altijd deel uitgemaakt van het oosterse denken, in de vorm van meditatie, yoga, *zazen*, *koans* of de devotie van de bhakti's.

Een van de fundamentele thema's waar Nishida zich mee bezig hield, was de relatie tussen subject en object. Zijn oplossing voor de tegenstellingen tussen lichaam en geest, het zelf en de wereld is het aannemen van een oorspronkelijke zijnsbasis waarin dergelijke vormen van onderscheid niet bestaan. In zijn eerste werk, *Een studie over het Goede*, schrijft hij:

> *Wanneer men zijn bewuste staat direct ervaart, is er geen subject of object meer en vallen kennis en object compleet samen. Dit is de puurste vorm van ervaring.*
>
> *Waarom is liefde de vereniging van subject en object? Van iets houden is het zelf tenietdoen en zich verenigen met dat andere.*
>
> *Zoals in het boeddhisme wordt gezegd: het zelf en het universum delen dezelfde basis, of beter: ze zijn hetzelfde.*

Dit is traditioneel oosters monisme gebaseerd op mystieke ervaring. Deze inzichten zijn niet alleen in het boeddhisme te vinden, maar ook in de Advaita Vedānta, het soefisme en het taoïsme. Maar door Nishida's kennis van de westerse filosofie spelen de concepten die al duizenden jaren deel uitmaken van het oosterse denken, een rol in een andere context.

Nishida erkende dat zijn inzichten op gespannen voet stonden met de psychologie van het individu. Het beroep op mystieke ervaring was onbevredigend en Nishida boog zich vervolgens over de ideeën van de Duitse filosoof Fichte, een idealist en monist in westerse stijl. Nishida werkte Fichte's concept van zelfbewustzijn als volkomen vrije wil uit, maar dat bleek ook niet toereikend.

In de late jaren twintig poneerde Nishida een nieuwe these, dat de ultieme realiteit de *mu no basho* is, de 'plaats van het absolute

> *Voor Nishida als boeddhist was het absoluut goede de verwerkelijking van het ware zelf, de boeddha-natuur.*

niets'. Dit niets komt sterk overeen met **Nāgārjuna's** *shūnyata* (leegte). Het is niet de afwezigheid van God of het zelf, maar de afwezigheid van kwaliteiten, indelingen en concepten – van alle dingen die we nodig hebben om het aparte bestaan van het egozelf te definiëren. Nishida noemt het ook wel 'zelf zonder het zelf'. Door niet iets in het bijzonder te zijn, zijn we alles. Nishida elimineert hier de psychologische terminologie die zijn eerdere werk karakteriseert. Door ons van 'het handelende naar het ziende zelf' te bewegen, worden we eeuwige, transcendente en ondefinieerbare getuigen.

De invloed van het verleden is duidelijk, maar Nishida's *basho* is een radicaal nieuw concept. Het lijkt te functioneren als een tegengif voor de westerse preoccupatie met het individuele subjectieve zelf. Door het zelf als 'plaats' voor te stellen en niet als een bewustzijn of aanwezigheid, komt men los van alle ideeën van individualiteit. Nishida ziet het verdwijnen van het ego-zelf in het *basho* als de geboorte van 'het zelf als basho'.

Een andere belangrijke invloed op Nishida's concept van *basho* is de dialectiek van Hegel. *Basho* heeft de kracht om de contradicties die ten grondslag liggen aan alle bestaan op te heffen, om de 'continuïteit van de discontinuïteit' te bewerkstelligen. In de termen van de westerse logica overtreedt *basho* de principes van de contradictie (iets kan niet *p* en *niet-p* zijn) en identiteit (iets is zichzelf en niet iets anders). Deze selectieve overtredingen bleken zeer vruchtbaar voor zijn latere filosofie. Nishida beweerde dat de contradicties die aan alles ten grondslag liggen de constante verandering en beweging die we in het universum zien veroorzaken. Alleen in het *mu no basho* zijn deze dynamische opposities in harmonie.

Hoewel Nishida een rustig, academisch leven leidde (en werd gehekeld door Japanse nationalisten voor de Tweede Wereldoorlog), had zijn filosofie een sterke ethische teneur. Voor Nishida als boeddhist is het absoluut goede de verwerkelijking van het ware zelf, de boeddha-natuur. Als zenboeddhist bepleitte hij dat deze verwerkelijking moest plaatsvinden in de actieve wereld. Zijn concept van 'handelende intuïtie' laat dat zien – de fysieke wereld van activiteiten drukt de innerlijke creativiteit uit van het *basho*. Alleen door volledig als een historisch individu te leven, zal de kracht van het zelf als *basho* zich manifesteren. Nishida's filosofie is verwant met het zen van **Dōgen,** die een volledig engagement verlangde, zowel in de wereld als in de meditatie.

BEKNOPTE BIBLIOGRAFIE

INDIA

Cenkner, William, *A Tradition of Teachers: Shankara and the Jagadgurus of Today*, Delhi: Motilal Banarsidass, 1983.

Conze, Edward (vert.), *Buddhist Scriptures*, Harmondsworth: Penguin 1957.

Gambhīrānanda (vert.), *Eight Upanishads*, Calcutta: Advaita Ashrama, 1957.

Isherwood, Christopher, *Ramakrishna and his Disciples*, Hollywood: Vedanta Press, 1965.

Mādhavānananda, *The Brihadāranyaka Upanishad*, Calcutta: Advaita Ashrama, 1934.

Nāgārjuna, *The Fundamental Wisdom of the Middle Way: Nagarjuna's 'Mulamadhyamakakarika', with a Philosophical Commentary*, vert. Jay L. Garfield, New York and Oxford: Oxford University Press, 1992.

Radhakrishnan, Sarvepalli, *Indian Philosophy*, 2 delen, London: George Allen & Unwin, 1923.

Rahula, Walpola, *What the Buddha Taught*, London: Wisdom Books, 1990.

Raju, P.T., *The Philosophical Traditions of India*, London: George Allen & Unwin, 1971.

Sargeant, Winthrop (vert.), *The Bhagavad Gītā*, Albany: State University of New York, 1994.

Sen, K.M., *Hinduism,* Harmondsworth: Penguin, 1987.

Thera, Nārada (vert.), *Dhammapada*, London: Butler & Tanner, 1954.

Vivekānanda, *The Complete Works,* 8 vols, Calcutta: Advaita Ashrama, 1948-1955.

BEKNOPTE BIBLIOGRAFIE

HET MIDDEN-OOSTEN

Afnan, Soheil M., *Avicenna: His Life and Works,* Londen: George Allen & Unwin, 1958.

Al-Fārābi, *Philosophy of Plato and Aristotle,* vert. Muhsin Mahdi, Glencoe Free Press, 1962.

Al-Ghazālī, *Tahafut al-Falasifah (The Incoherence of the Philosophers)*, vert. Sabih Ahmad Kamali, Lahore: Pakistan Philosophical Congress, 1963.

Al-Kindī, *On First Philosophy,* vert. Alfred L. Ivry, Albany: State University of New York, 1974.

Armstrong, Karen, *Islam: A Short History*, Londen: Phoenix, 2000.

Averroës, *Tahafut al-Tahafut (The Incoherence of 'The Incoherence')*, vert. Simon van den Bergh, Londen: Luzac, 1969.

Enan, Mohammad Abdullah, *Ibn Khaldun: His Life and Works,* New Delhi: Kitab Bhavan, 1979.

Fakhry, Majid, *A History of Islamic Philosophy,* New York: Columbia University Press, 1983.

Leezenberg, Michiel, *Islamitische filosofie: Een geschiedenis,* Amsterdam: Bulaaq, 2002.

Sharif, M.M. (red.), *A History of Muslim Philosophy*, 2 delen, Wiesbaden: Harrassowitz, 1963–65.

Zaehner, R.C., *Hindu & Muslim Mysticism,* Oxford: One World, 1994.

BEKNOPTE BIBLIOGRAFIE

HET VERRE OOSTEN

Chan, Wing-Tsit, *A Source Book in Chinese Philosophy*, Princeton: Princeton University Press, 1963.

Confucius, *The Analects*, vert. D.C. Lau, Harmondsworth: Penguin, 1979.

Cotterell, Arthur, *China: A Concise Cultural History*, London: John Murray, 1988.

Fung Yu-Lan, *A History of Chinese Philosophy*, vert. Derk Bodde, 2 delen, Princeton: Princeton University Press, 1952–1953.

Kitaro, N., *A Study of Good,* vert. Masao Abe en Christopher Ives, Newhaven CN, 1990.

Mao Zedong, *Selected Works,* Peking: Peking Foreign Press, 1967.

Mencius, *Mencius*, vert. D.C. Lau, Harmondsworth: Penguin, 1970.

BEKNOPTE BIBLIOGRAFIE

OVERIG

Collinson, Diané e.a., *Fifty Eastern Thinkers*, Londen en New York: Routledge, 2000.

Dante, *Divine Comedy*, vert. Francis Cary, Londen: Bibliophile Books, 1988.

Grenville, J.A.S., *The Collins History of the World in the Twentieth Century*, Londen: HarperCollins, 1994.

McGreal, Ian (red.), *Great Thinkers of the Eastern World*, New York: HarperCollins, 1995.

Russell, Bertrand, *A History of Western Philosophy*, Londen: George Allen & Unwin, 1946.

Smart, Ninian, *World Philosophies,* Londen: Routledge, 1999.

WEBSITES

Chad Hansens website over Chinese filosofie
http://www.hku.hk/philodep/ch/

De *Sūtra van de diamant*
http://community.palouse.net/lotus/diamondsutra.htm

Dvaita Vedanta
www.dvaita.org

Informatie over hindoeïsme
www.swaveda.com

The Internet Indian History Sourcebook
www.fordham.edu/halsall/india/indiasbook.html

Islamitische filosofie
www.muslimphilosophy.com

Ramanuja
www.ramanuja.org

The Stanford Encyclopedia of Philosophy (Online) over Laozi, artikel door Alan KL Chan
http://plato.stanford.edu/archives/win2001/entries/laozi/

The Stanford Encyclopedia of Philosophy (Online) over Zhuangzi, artikel door Harold Roth
http://plato.stanford.edu/archives/win2001/entries/zhuangzi/

Zhuangzi vertaald door Burton Watson
http://users.compaqnet.be/cn111132/chuang-tzu/

NOTEN

1. De auteur spreekt in de oorspronkelijke versie van dit boek expliciet zijn voorkeur uit voor de aanduidingen 'BCE' *(Before the Common/Christian Era)* en 'CE' *(Common/Christian Era)* in jaartallen. In het Nederlands staan alleen 'v.C' en 'n.C.' ter beschikking.
2. 'Brahmanen' en 'brahmaan' duidt op de priesterkaste, dit ter onderscheiding van 'brahman' (het Absolute) en 'Brahma' (de Schepper).
3. Deze houding toont veel overeenkomst met die van Confucius in zijn eigen cultuur.
4. De *Chandogya Upanishad* en *Mandukya Upanishad* zijn vroege en late voorbeelden van deze redenering.
5. Madhva vertaalt dit als 'dat Zelf, jij bent dat niet', een uiterst vergezochte interpretatie.
6. Zie Jaimini.
7. Andere Machiavelli's van het Oosten in dit boek zijn Hanfeizi in China en Ibn Khaldūn in de islam.
8. Zie het hoofdstuk over Boeddha.
9. Zie het hoofdstuk over Vasubandhu.
10. Voor een verhandeling over de Veda, zie het inleidende hoofdstuk van deze sectie.
11. Jaimini's standpunt wordt niet geheel ondersteund door de Veda's: daarin wordt wel degelijk beschreven hoe anderen offers brengen. Bādari werd ook wel bekritiseerd omdat hij bereid was *shudra's* deel te laten nemen aan de offers, dus was de strikte Mīmāmsā-leer die zich vanuit Jaimini's ideeën ontwikkelde niet echt onvermijdelijk. Latere Mīmāmsāka's ontwikkelden redelijker doctrines.
12. Volgens sommige autoriteiten leefde hij al in de 4de eeuw v.C.
13. De in de oorspronkelijke versie van dit boek gebruikte vertalingen van de *Gītā* zijn doorgaans van Sargeant, Winthrop (vert.), *The Bhagavad Gītā*, Albany, State University of New York, 1994. De Nederlandse vertalingen zijn hierop gebaseerd.
14. De enige significante verandering die Yoga heeft aangebracht in Sānkhya's categorieën is de toevoeging van God.
15. In Sānkhya-Yoga zijn de drie krachten een aspect van de natuur en daarom vreemd aan de *purusha* of geest. Voor meer informatie, zie het hoofdstuk over Kapila.
16. Voor een uitleg van dit belangrijke concept, zie het hoofdstuk over Boeddha.
17. Gebaseerd op de Engelse vertaling van Jay L. Garfield.
18. Bijvoorbeeld *Mundaka* Up. I. i. 4: 'Er zijn twee soorten kennis die men kan verwerven – de hogere en de lagere.'
19. Zie het hoofdstuk over Kapila.
20. Vergelijk de Chinese filosofen Cheng-I en Cheng-Hao in het hoofdstuk over Zhuxi.
21. De *Prajñāpāramitā*, waarop Nāgārjuna zijn Mādhyamika-leer baseerde.
22. De *Avatamsaka Sūtra* (Sūtra van de Bloemenslinger) had een grote invloed op het Chinese boeddhisme. Zie het hoofdstuk over Fazang.
23. Idealisme wordt hier gebruikt in de filosofische zin dat men gelooft in de heerschappij van de geest over de materie, niet in de algemene betekenis van 'het hebben en nastreven van idealen'.
24. Zie de hoofdstukken over Bādarāyana, Gaudapāda, Shankara enzovoort.
25. Zie de hoofdstukken over al-Fārābi en Avicenna.
26. Zie het hoofdstuk over Fazang.
27. Geciteerd in Zaehner, *Hindu & Muslim Mysticism*.
28. Zie de hoofdstukken over Rābi'ah, al-Hallāj, al-Ghazālī en Rūmī in het deel over het Midden-Oosten.
29. Zie de inleiding van dit deel.
30. *Mundaka Upanishad*, III, i, 6.
31. *Hadith* (uitspraak van de Profeet).
32. *Hadith* (uitspraak van de Profeet).
33. Zie de hoofdstukken over Shankara et al. elders in dit boek.
34. De term 'fundamentalist' is niet echt van toepassing, omdat elke moslim zich als fundamentalist beschouwt. De westerse betekenis impliceert het extremistische, agressieve element in de hedendaagse islam.
35. Geciteerd in *Islam, a Short History* door Karen Armstrong, blz. 9.
36. Koran 5:54
37. Een dreigement voor vele islamitische filosofen, hoewel het niet altijd werd uitgevoerd.
38. Ibrahim Madkour, *A History of Muslim Philosophy*, red. Sharif, blz. 463.
39. Zie het hoofdstuk over Rāmānuja.
40. MacDonald, *Development of Muslim Theology,*

NOTEN

Jurisprudence and Constitutional Theory, blz. 200–201, geciteerd in Sharif, *A History of Muslim Philosophy*.

41 *Encyclopaedia Britannica*

42 Geciteerd in Sharif, *A History of Muslim Philosophy*, blz. 588.

43 De islamitische jaartelling begint bij de *hijra*, de vlucht van de Profeet van Mekka naar Medina in 622. In dit boek wordt de christelijke jaartelling gebruikt.

44 Zie het hoofdstuk over al-Hallāj.

45 Zie al-Fārābī en Avicenna.

46 Tahāfut al-tahāfut, geciteerd in *A History of Muslim Philosophy*, red. Sharif, blz. 559.

47 Geciteerd in Sharif, *A History of Muslim Philosophy*, blz. 1963–1965.

48 Alle citaten uit *The Analects*, vert. D.C. Lau, Penguin, 1979.

49 Zie het hoofdstuk over Zhang Zai voor een uitleg over dit concept.

50 Wing-Tsit Chan, *A Source Book in Chinese Philosophy*, Princeton, 1963, blz. 218.

51 Geciteerd in het hoofdstuk over Confucius.

52 Vergelijk Zhuangzi's discussie over het 'geluk van vissen' ongeveer 150 jaar later.

53 Alle citaten uit de *Daode Jing* zijn afkomstig uit: Wing-Tsit Chan, *A Source Book in Chinese Philosophy*.

54 Een uitleg over de 'correctie der namen' is te vinden op blz. 130.

55 Alle vertalingen van Zhuangzi zijn van Burton Watson, tenzij anders vermeld.

56 Vertaald door Harold Roth, 'Zhuangzi', *The Stanford Encyclopedia of Philosophy*.

57 *Kena Upanishad*, I. 5.

58 Vertaald door Lin Yutang.

59 Hier en elders gebruiken we de verwesterde schrijfwijze van de naam als die beter bekend is.

60 Een filosoof die geweigerd zou hebben zelfs maar een haar van zijn hoofd op te offeren voor het welzijn van de staat.

61 Mencius omschreef *ren* als 'het menselijk hart'.

62 *Mencius*, vert. D.C. Lau, Penguin, 1970. IV.B.19.

63 Citaten, tenzij anders vermeld, afkomstig uit: Wing Tsit Chan, *A Source Book in Chinese Philosophy*, Princeton, 1963. blz. 49–83.

64 *Mencius*, vert. D.C. Lau, Penguin 1970. II.A.2.

65 Zie het hoofdstuk over Hanfeizi.

66 Alle citaten van Xunzi zijn afkomstig uit Wing-Tsit Chan, *A Source Book in Chinese Philosophy*, Princeton 1963, blz. 115–135.

67 Citaten uit Wing-Tsit Chan, *A Source Book of Chinese Philosophy*, Princeton, 1963.

68 Om een wiel voor een strijdwagen te maken.

69 Ibid. blz. 254.

70 Geciteerd in: Cotterell, *China: A Concise Cultural History*, John Murray, 1988, blz. 87.

71 Zie het hoofdstuk over Nāgārjuna voor meer informatie hierover.

72 Zie het hoofdstuk over Huineng.

73 Zie het hoofdstuk over Boeddha.

74 Zie het hoofdstuk over Vasubandhu.

75 De 6de-eeuwse boeddhistische denker Vasubandhu en zijn broer Asanga zijn misschien het enige andere voorbeeld, maar er is minder bekend over hen. Zie het hoofdstuk over Vasubandhu.

76 Niet te verwarren met het *li* dat riten of fatsoensregels betekent, zoals besproken in het hoofdstuk over Confucius.

77 Zie het hoofdstuk over Fazang.

78 Zie het hoofdstuk over Zhuxi.

79 Zie het kader op blz. 127.

80 Meer informatie over het neoconfucianisme is te vinden in het hoofdstuk over Zhuxi.

81 Zie kader op blz. 165.

82 *Over het conflict*, uit Mao Zedong, *Selected Works of Mao Tse-Tung*, deel I, Peking: Foreign Language Press 1967, blz. 311–346.

83 Ook een idee dat hij aan Lenin ontleende.

84 Het taoïsme, de derde belangrijke filosofische richting van China, was van minder belang in Korea.

85 Het hoofdstuk over Shinran geeft meer details over zijn ervaringen in deze periode.

86 Zie het hoofdstuk over Dōgen.

87 Informatie over het Chinese zenboeddhisme is te vinden in het hoofdstuk over Huineng.

88 Vivekānanda was de afgevaardigde van de hindoes.

REGISTER

A
absolute niets 193
absoluut monisme 92
Achtvoudige Pad 39
actief intellect 100, 102
activistische taalkunde 40
Adi Shankara 61
Advaita Vedānta 13, 50, 55, 56, 58-62, 69
advaitins 15
afhankelijke oorsprong 23
afwezigheid van gedachten 159
ahankāra 14
āhimsa 28
Ahura Mazda 83-85
ahura's 83, 84
ajata 55
Ajivika's 27
Al-Ash'ari 81, 82, 94, 97-98, 105, 108, 109
Al-Baqillani 98
Al-Bistami 90
Al-Fārābī 80, 88, 89, 93-96, 98, 100, 108, 110, 112, 116
Al-Ghāzālī 78-79, 81, 82, 89, 91-92, 94, 95, 97, 98, 101, 102, 103-106, 116
Al-Hallāj 80, 82, 90-92, 106, 111
Al-Haqq 91
Al-Junayd 82, 90, 91, 92, 106
Al-Khwarazmi 79
Al-Kindī 88-89, 93, 94, 97, 108
Al-Razi 81, 95, 112
alaya-Vijnāna 53
'alle religies zijn waar' 70
amesha spenta 85
Amida Boeddha 181, 183-185
Analecten 15, 123-125, 127, 128, 130, 164
Ānanda-Tirtha 67
an-ātman 23
Angra Mainyu 84, 85
'annihilatie-denkers' 23
'Arabische' cijfers 80
Aristoteles 32, 54, 77, 79, 81, 88, 89, 93, 94, 95, 96, 98, 101, 102, 105, 107
'*asabīya* 116-117
Asanga 51
asceticsme 28
ash'arisme 97-98

Ashoka, koning 19, 26
astika scholen 10, 11, 12
Atharva Veda 10
ātman 14, 23
Augustinus 103
AUM 56
Averroës 79, 81, 89, 93, 96, 100, 102, 106, 107-110, 116
Avesta 83
Avicenna 79, 81, 89, 93, 95, 96, 98, 100-102, 105, 107, 112, 116
avidya 50
'Ayn al-Qudat 82

B
Bādarāyana 13, 34, 41, 42, 44, 46, 57, 58
Bādari 40, 41
basho 193
begrafenisrituelen 147
bestaanscategorieën 36-37
bewustzijn, acht soorten 53
Bewustzijn, Leer van het 20
Bhagavad Gītā 11, 12, 19, 31, 36, 37, 39, 42, 44, 45-47, 58
Bhakti 61
Bhakti-Yoga 47, 63
Bhartriprapanca 64
Bhāskara 61, 65
bhedābheda 61, 65, 98
Bheda-vāda 67
bibliografie 194-197
Bijbel 45
Bittideva, koning 63
bodhi-boom 23
Bodhidharma 157
Bodhisattva 160
Boeddha 21-26, 48, 53, 56, 77, 120, 146, 184
boeddhisme 121-122
boeddhisme in India 19-20
Brahma 10
Brihadāranyaka 15
buddhi 38

C
Calvijn, Johannes 68
Caodong (zenboeddhisme) 187

REGISTER

Cardano 88
causaliteitsidee 105
Ch'on'tae 180
Chan 157
Chandragupta, koning 18
Chārvakā 16-18, 49, 105, 146
Cheng Hao 162, 165
Cheng Yi 162, 165-166
Cheng Zhu 165
Chinese Communistische Partij 174
Chinese Muur 155
Chinese taal, transcriptie 122
Chinul 180
Chogye-school (zenboeddhisme) 180
Chosan-dynastie 180
christendom 68, 79, 80, 86, 96, 107
Chu Hsi 164
Chuang Tzu 141
communisme 174, 178
conflict (concept van Mao) 175-177
'confuciaanse klassieken' 124
confucianisme (term) 122
Confucius en het confucianisme 15, 21, 77, 120, 123-129, 130-131, 133, 146-148, 149, 150, 153, 164, 172, 180
'correctie der namen' 128, 130-132, 151, 153
Culturele Revolutie 177
cultuurhistorie 114

D

Dai Zhen 171-173
'dansende derwisjen' 111, 113
Dante 46, 107
Daode Jing 138-139, 141
Daoïsme 120-122, 124-125, 137-145, 150, 159, 178
darshana's 30
Davids, Rhys 25
debatteren 32
determinisme 109-110
deva's 83, 84
dharma 40
Dharmakāya 19
Dharmanatuur-school 180
dhyana 157

dialectische theologie 116
Dickens, Charles 70, 135
Digambara's 29
doen door niet-doen 145
Dōgen 159, 180, 182, 187-189, 193
Drie Kenmerken van het Bestaan 23
dromen 53
'dronken' soefisme 82, 90
dualisme, leer van 67-68
Dvaita Vedānta 67-68
Dvaraka-klooster 61

E

'edele man' 135
één werkelijkheid 14-15
'eeuwige filosofie' 93
Eeuwige Religie 70
'eeuwigheidsdenkers' 23
Eisai 159, 182, 186, 187
Ekō 184
Eliot, T. S. 46, 69
emanationisme 94, 100, 105-106, 112
empiristen 16, 171
Engels, Friedrich 174
examens voor openbare functies 129, 164, 174

F

Fa Tsang 160
falāsifah 104
falsafah 76, 77, 79
fanā' 87
Farid al-Din 'Attar 86
Fazang 160-161, 166, 179-180
Ficino, Marsilio 93
Fichte 193
filosofieën, inleidingen
    Chinese 120-122
    Indiase 10-12
    islamitische 76-82
    Japanse 181-182
    Koreaanse 179-180
'fundamentalisme' 76
Fung Yu-Lan 120

REGISTER

G

Gabriël, aartsengel 95, 100
Galenus 100
Gallilei 109
Gandhi (Mohandas Gandhi) 29, 71-73
Ganesha 12
gatha's 83
Gaudapāda 13, 50, 55-56, 57, 58, 59, 143
Gautama 32
Geschiedenis (Ibn Khaldun) 115
geweldloosheid 28
God
    aard van 15
    almachtige 38
    Opperste Zelf 35
goddelijk principe, fundamenteel 14-15
Goddelijke komedie 46
goddelijke wetenschap 116
Gödel 192
Gongsun Long 151-152
Gosala 21, 27
Govindapada 55, 57
'Grote Sprong Voorwaarts' 177
guna's 37, 68
Guo Xiang 141
Gutoku 184

H

hadith 77
Hakuin 182
Han-dynastie 128, 133, 149, 171
Han Fei Tzu 153
Han-geleerdheid 171
Hanfei 150
Hanfeizi 131, 140, 146-147, 150, 153-156, 178
harijan 73
Hasan al-Basri 86-87
Herleving van de religieuze wetenschappen 103
Hīnayāna-boeddhisme 19, 48, 160
hindoe (term) 12
hindoeïsme 11, 62
Hippocrates 100
Homerus 45

Honen 181, 184
hongaku 187
Hongren 157
Hsun Tzu 149
Huayen-boeddhisme 54, 121, 160, 166
Huineng 157-159, 160
Huishi 144-145
humanisme 124
Hume, David 16, 105, 173

I

Ibn al-Khatīb 115
Ibn Khaldūn 77, 80, 82, 97, 102, 114-117, 154
Ibn Mansur 90
Ibn Sīnā 100
illusionisme 15, 55, 59
inconsistentie van de 'De inconsistentie', De 106, 108
inconsistentie van de filosofen, De 104, 106, 108
Indiase onafhankelijkheid 71
Indra 160-161
ingeschapen kennis van het goede 170
intellectniveaus 95-96
internet 198
Ishvara 15, 45, 66
Ishvarakrishna 36
islamitische jaartelling 78

J

jagadguru's 61
Jaimini 40-41
jainisme 21, 27-29, 57, 71, 72
Japanse zenboeddhisme 180
Jayarasi 16, 17
Jezus Christus 67, 91, 185
jianai 133
Jnāna-Yoga 39, 47, 63
Joshimath-klooster 61

K

kalam 76, 77, 87, 97, 116
Kama Sūtra 34
Kanāda 35
Kang Youwei 176

REGISTER

Kant, Immanuel 161, 192
Kapila 34, 36-37, 49, 68
karma 23, 136
Karma-Yoga 39, 63-64
Kâshyapa 35
kastensysteem 11, 25, 30, 73
Kātyāyana 38
Kautilya 18
Kegon 160
kennis, theorie over (Mao) 176
kevala 29
King, Martin Luther 73
Kitab al-Shifa 100
koan 187-188
Kongfuzi 123
Koran 87-89, 97-98, 101, 104, 105
Koreaanse zenboeddhisme 179-180
Krishna 45, 47, 64
Kruistochten 80
Kumarila 18
Kumarila Bhatta 20, 41
Kumbha Mela 17
Kung Fu-Tsu 123
Kyoto-school 182, 192

L

Lakshmi 68
Lange Mars, de 174
Lao Tzu 120, 137
Laozi 121, 132, 137-140, 141, 145, 154, 172, 178
Latijns averroïsme 107-108
leegte 14, 20, 48, 87, 140, 193
'Leeuw die alle categorieën verslindt, De' 17
legalisme 146-147, 153-156
Leibnitz 112-113
Lenin, Vladimir 174, 176
li 149
lichamelijke opstanding 85
lichaam-zieldualisme 27
'Lied van de Verhevene' 45
Li Si 150, 155
Locke, John 50
logica 32

Lokāyata 16
Lu Xiangshan 167, 168
Luther, Martin 183

M

ma'rifah 87, 90
Machiavelli 18, 114, 154
Madhva 44, 62, 67-68
Madhyāmika 20, 23, 51
Madhyāmika-boeddhisme 48, 49, 140, 180
Mahābhārata 42, 45
Mahabhashya 38
Mahāvīra 27, 32
Mahāyāna-boeddhisme 19-20, 48, 51, 160
Malebranche 98
Manchu-dynastie 174
Mandela, Nelson 73
manicheïsme 85
mantra's 10
Mao Tse Tung 73, 122, 170, 174-178
Mao Zedong 73, 122, 170, 174-178
maoïsme 174-178
mappō 181, 183, 190
Marx, Karl 174
marxisme 176
mazdeïsme 78, 83-85
medemenselijkheid 147
meditatie 157
Mekka 82
Mencius 123, 136, 138, 140, 146-148, 150, 152, 162, 164, 170, 172
Menge K'e 146
Mengzi 146
mens als manipulator van natuur 151
metafysica 35
Mevlevi-orde 111
Midden, Doctrine van het 177-178
Middenweg 23, 188
Mīmāmsā 17-18, 40-41, 57
Mīmāmsā-Vedānta 31
'mindere man' 135
Ming-dynastie 168-169
'miscellaneous chapters' (*Zhuangzi*) 141
'misschien-isme' 29

REGISTER

Mitra 84
Mo Tzu 133
Mohammed, Profeet 76-77, 80, 81
Mohandas Gandhi 29, 71-73
mohisme 133-136, 147, 151
monaden 112-113
monisme 51
Mozart, W. A. 85
Mozi 131-136, 138, 147, 150, 167
mu no basho 193
mu'tazilieten 97
mu'tazilisme 104
Mulamadhyamakakarika 48
muziek als extravagantie 134-135
Myozen 187
mystiek 76, 192

N

Nāgārjuna 15, 20, 23, 48-50, 51, 56, 158, 159, 188, 193
Narendranath Datta 70
nastika scholen 10, 11, 12
natuurlijke wetenschap 116
nembutsu 183
neoconfucianisme 121, 161-167, 173
neoplatonisme 78, 79, 86
net van de god Indra 160-161
nibbana 24
Nichiren 181, 190-191
niets, het 193
'niet-wording' 55
Nietzsche, Friedrich 85
Nigantha Nataputta 27
Nimbarka 44
Nirguna Brahman 15, 64
nirvāna 20, 24, 29, 49, 50, 54, 56, 188
Nishida 182
Nishida Kitaro 192-193
non-dualisme 59, 64-66
'nuchter' soefisme 82, 90, 106
Nyāya 11, 32
Nyāya, moderne school 32
Nyāya Prasthana 44
Nyāya-Vaisheshika 27, 30, 35

O

occasionalisme 98, 105
onaanraakbaren 73
onwetendheid 50
oorspronkelijke verlichting 187
'outer chapters' (*Zhuangzi*) 141

P

paardenparadox 151-152
Padma Purāna 34
pad van de devotie 47, 63
pad van de kennis 47, 63
pad van het handelen 63-64
Pāli 20, 21
Pānini 38
Paramartha 51
Patanjali 34, 38-39
Periode van de Strijdende Staten 153
pest (1349) 114
pinyin-transcriptie 122
Plato 27, 56, 59, 77, 79, 81, 93, 96, 100, 102, 107, 116, 117, 127, 146, 161
Plotinus 79, 88, 94, 100
Popsong-school 180
Porfyrius 93
Prabhakara 41
prajna 157
prakriti 36-37, 38, 68
predestinatie 68, 109-110
Principe van de Hemel 165
profeetschap, theorie over 95
Purāna 42, 58
Puri-klooster 61
purusha 36-37, 38
Purva-Mīmāmsā 10, 31, 40-41

Q

Qin-dynastie 133, 149, 155-156

R

Rābi'ah al-'Adawiyah 80, 82, 86-87, 90
Radhakrishnan 13, 18, 19, 24, 36, 46, 50, 54, 55, 58, 62
Rahula, Walpola 24, 25
Rama 64

REGISTER

Ramakrishna 70
Rāmānuja 13, 15, 44, 46, 58, 61, 62, 63-66, 68, 92
rationele filosofie 125
'realiteit-isme' 67
'Rode Garde' 177
Reine Land-boeddhisme 181, 183, 184
ren 127, 137, 147, 162, 167
rida 87
Rig Veda 10, 83
Rinzai-zenboeddhisme 159, 182, 186, 187, 188
riten, traditionele 126
ru 122
Rūmī 111-113
Russell, Bertrand 50, 76, 107

S
Sabara 41
Saguna Brahman 15, 64
Saicho 186
samadhi 39
Sāma Veda 10
Samhitā 10
samsāra 188
Sanatana Dharma 70
Sānkhya 36-37, 46
Sānkhya-Yoga 27, 31, 46
sannyasin 62
Sanskriet 20, 21
sarvodaya 72-73
satya 71
satyagraha 71
School der Namen 151
School van de Bloemenslinger 160, 179
School voor Onderzoek op Basis van Bewijzen 171
Schopenhauer 69
Sen, K. M. 11
shabda 40
shaivisme 58
shaktisme 58
Shākyamuni 184
Shams van Tabriz 111
Shankara 13, 15, 20, 42, 44, 46, 49, 50, 53, 55, 57-62, 63-64, 71, 164
Shankaracharya's 57, 61, 62

Shāntānanda Saraswatī 62
Shao Yong 165
Shenhui 158
Shenxiu 157-158
Shih-huang-di, koning 155
shikaku 187
Shingon-boeddhisme 183
shinjin 184-185
Shinran 181, 183-186
shinto 181
Shiva 10
Shriharsha 32
shūnyata 15, 48, 87, 140, 193
Shūnyavāda 20
Siddhārta Gautama (Boeddha) 21-26, 48, 53, 56, 77, 120, 146, 184
Siva 64
Sivānanda 44
sjiieten 97, 104
skandha's 23-24
sociologie 114
Socrates 15, 21, 27, 120, 122, 126, 146
soefisme 77-81, 82, 86-87, 90-92, 106
soennieten 97, 104
Song-dynastie 128
Soto-zenboeddhisme 159, 182, 187-189
Spenta Mainyu 85
spinnewiel 73
Sringeri-klooster 60
Srirangam 63
Sri Vaishnavisme 66
staatsinrichting, typen 115
Stalin, Josef 73, 174
Sureshvara 60
sūtra's
    Altaar Sūtra 158-159
    Avatamsaka Sūtra 160
    Barhaspatya Sūtra 16
    boeddhistische sūtra's 34
    Brahma Sūtra's 42-44, 57
    hindoeïstische sūtra's 34
    Kama Sūtra 34
    Lotus Sūtra 181, 190
    Sūtra van de diamant 157, 158

REGISTER

Vedānta Sūtra's **42**
term **34**
Yoga Sūtra's **38**
Suzuki, D. T. **192**
Svetāmbara's **29**
syādvāda **29**

T

Tahāfut al-falāsifah **104, 106, 108**
Tahafut al-tahafut **106 108**
Tai Chen **171**
Taoïsme **120-122, 124-125, 137-145, 150, 159, 178**
Tao Te Ching **138-139, 141**
tathata **53**
Tattva-vāda **67**
Tattvopaplavasimha **16, 17**
Tawakkul **87**
tempelcultuur **58**
Tendai-boeddhisme **181, 186**
theeceremonie **186**
Theravāda **19, 20, 22, 160, 184**
Thomas, apostel **68**
Thomas van Aquino **77, 107**
Tiantai-boeddhisme **160, 180**
Timur Lenk **115**
traditionele riten **126**
'tweede leermeester' **93**

U

Uich'on **180**
ulama **108**
ultieme werkelijkheid **24**
'umran **116-117**
universele liefde **133**
Upanishaden **54, 126**
    belangrijkste **13-15**
    Bhagavad Gita, vergelijking met **45**
    fundamentele werken **10, 11, 12**
    Isa **60**
    latere **36**
    Mandukya **53, 55**
    Mundaka **24, 65**
    non-dualisme **67**
    term **13**

utilitarisme **73**
Uttara-Mīmāmsā **11, 31, 40-41**

V

Vaisheshika **11, 32, 35**
vaishnavisme **58, 63**
Vallabha **44**
Vardhamāna **21, 27-29**
Varuna **84**
Vasubandhu **20, 48, 50, 51-54**
'Veda' (term) **11**
Vedānta **11, 40-41**
Vedānta van Madhva **65**
vedische hymnen **11, 13**
veganisme **28**
Verheven Uiterste **162, 166-167**
verlangen **172-173**
verlichting **190**
verlichting, verworven **187**
'verschil-isme' **67**
verval, periode van (boeddhisme) **181**
Verzen van het fundamentele middenpad **48**
Vier Beginpunten **147**
Vier Waarheden **23**
'vijf soorten argumenten' **108**
Vijnānabhiksu **36**
Vijnāna-vāda **20, 53**
Vishishta-Advaita **63-66**
Vishnu **10, 64**
Vishtaspa, koning **83**
vivarta **15, 55, 59**
Vivekacudamani **57**
Vivekānanda **69-70, 73**
vrije wil **98, 105**
vrouwen en verlichting **190**
Vyāsa **42**

W

Wade-Giles-transcriptie **122**
wahabisme **79**
Wang Fuzhi **173**
Wang-Lu **168**
Wang Yangming **132, 162-163, 167-170, 171, 176, 180**
Wănhyo **180**

REGISTER

Ware Reine Land-school **184-185**
Weerlegging van bezwaren **48**
weg der devotie **47, 63**
weg der kennis **47, 63**
Weg van het Midden **23, 188**
'weldoende onsterfelijken' **85**
'wereldleraren' **61**
Wereldparlement van Religies **69, 192**
Wing Tsit-Chan **143, 166**
wonderen, bestaan van **109**
wuwei **145, 154**

X

Xia-dynastie **136**
xiaoren **135**
xu **140**
Xunzi **131, 134, 147, 149-152, 153, 154, 166, 172**

Y

Yādvaprakāsha **63**
Yājnywalkya **15**
Yajur-Veda **10, 27**
Yamuna **63**
yang **120, 139**
Yeats, W. B. **69**

Yi T'oegye **180**
Yi Yulgok **180**
yin **120, 139**
yoga **11, 38-39, 46**
Yogācāra-boeddhisme **20, 50, 51-54, 180**

Z

Zarathoestra **83-85**
zazen **187**
zelf-realisatie **65, 66**
zen, aantrekkingskracht op het Westen **159**
zen van de patriarchen **159**
zen van de Voltooide **159**
zenactiviteiten **186**
zenboeddhisme **24, 121, 157, 158, 160, 180, 185, 192, 193**
Zhang Zai **127, 162-163, 165, 172-173**
Zhou Dun Yi **164-165, 172**
Zhuangzi (persoon) **121, 132, 137, 138, 141-146, 154**
Zhuangzi (werk) **141-142**
zhunzi **135**
Zhuxi **128-129, 162, 164-167, 168, 171, 180**
zintuiglijke waarneming **16**
Zoroaster **83**
Zurvan **85**
zwevende brahmaan **18**